财政部规划教材
全国财政职业教育教学指导委员会推荐教材
全国高职高专院校财经类教材

商业银行客户经理

主 编 钟 用 李 琳

经济科学出版社

图书在版编目（CIP）数据

商业银行客户经理/钟用等主编. —北京：经济科学出版社，2016.1

财政部规划教材　全国财政职业教育教学指导委员会推荐教材　全国高职高专院校财经类教材

ISBN 978-7-5141-6651-4

Ⅰ.①商… Ⅱ.①钟… Ⅲ.①商业银行-银行业务-高等职业教育-教材 Ⅳ.①F830.4

中国版本图书馆 CIP 数据核字（2016）第 044240 号

责任编辑：刘殿和
责任校对：刘　昕
责任印制：李　鹏

商业银行客户经理
主　编　钟　用　李　琳
经济科学出版社出版、发行　新华书店经销
社址：北京市海淀区阜成路甲 28 号　邮编：100142
总编部电话：010-88191217　发行部电话：010-88191522
网址：www.esp.com.cn
电子邮件：esp@esp.com.cn
天猫网店：经济科学出版社旗舰店
网址：http://jjkxcbs.tmall.com
北京密兴印刷有限公司印装
787×1092　16 开　15.75 印张　390000 字
2016 年 4 月第 1 版　2016 年 4 月第 1 次印刷
ISBN 978-7-5141-6651-4　定价：35.00 元
(图书出现印装问题，本社负责调换。电话：010-88191502)
(版权所有　侵权必究　举报电话：010-88191586
电子邮箱：dbts@esp.com.cn)

编写说明

本书是财政部规划教材、全国财政职业教育教学指导委员会推荐教材，由财政部教材编审委员会组织编写并审定，作为全国高职高专院校财经类教材使用。

商业银行客户经理制是商业银行服务理念和制度的创新，也是各大商业银行广泛采纳的一种与国际接轨的制度。它是商业银行为应对瞬息万变的金融市场、层出不穷的客户需求，以及白热化的市场竞争的必然选择。在全球经济一体化的今天，我国银行走出国门接受来自世界客户的检验，同时也应对进入中国大门来自国外银行的挑战。拥有尽可能多的客户资源，不断优化客户结构，培养客户忠诚度，是抢占市场先机，在竞争中处于有利地位的必由之路。因此，商业银行为客户经理赋予了极高的权重。

为适应商业银行客户经理制对人才需求，满足高职高专院校培养实用型金融人才——商业银行客户经理的需要，财政部干教中心组织长期从事金融专业教学科研的一线教师与金融理论扎实、实践经验丰富的商业银行业务骨干共同编写了《商业银行客户经理》教材。

为贯彻高等职业教育的办学宗旨和培养目标，本教材以"商业银行客户经理"这一专业岗位的各项业务规范和素质要求作为本书的基本构架，根据特定岗位所需的理论知识、专业素质、基本技能来编排教材内容，同时配有案例专栏和模拟实训，便于学生进行银行业务情景模拟操作，充分体现高等职业教育"工学结合"的特点。学生通过本门课程的学习，既能掌握与工作岗位密切相关的理论知识，又能通过各种仿真实训体验岗位任务，深入了解工作岗位的实践操作要求，将岗位流程融会贯通，减少学生进入工作岗位的磨合时间。

本教材遵循"必需、适用、实用"原则，详略得当，取舍有度，不仅适合高职院校金融类专业学生使用，亦可作为财经类其他专业学生及金融机构从业人员培训用书。

本教材由四川财经职业学院钟用、李琳担任主编，财政部干教中心主审。具体编写分工如下：李琳编写项目一、项目二、项目五；钟用编写项目三、项目六；内蒙古财经大学职业技术学院王永成编写项目四、项目七。李琳负责专业技术审定、修改，钟用总纂并定稿。

本教材在编写中参考了大量的相关文献资料和论著，并吸收了其中的部分研究成果。同时，在教材编写过程中，也得到了来自有关商业银行、金融机构的大力支持，得到许多从事金融教育的专家、学者及银行专业人士的赐教和指点。值此，本教材编写组全体成员对他们一并表示诚挚的谢意。

本教材与商业银行客户经理业务紧密相连，力求在教材中体现务实性、全面性，但因编者学识有限，编写时间仓促，难免存在纰漏，敬请业内专家同行及读者提出宝贵意见和建议，以便进行改进和完善。

本书编写组
2015 年 9 月

目录

项目一　商业银行客户经理从业准备 ·· 1
　　模块一　商业银行客户经理（制）认知 ··· 1
　　模块二　商业银行客户经理职业素养 ·· 9
　　模块三　客户经理职业礼仪修养 ·· 15
　　模块四　客户经理职业技能训练 ·· 24

项目二　商业银行客户开发流程 ·· 39
　　模块一　客户调查 ·· 40
　　模块二　客户选择 ·· 53
　　模块三　拜访客户 ·· 75
　　模块四　促成交易 ·· 92

项目三　商业银行产品营销 ··· 102
　　模块一　商业银行产品营销认知 ··· 102
　　模块二　银行产品营销策略 ·· 111

项目四　商业银行客户风险管理 ·· 122
　　模块一　客户风险认知 ·· 123
　　模块二　客户风险分析与识别 ·· 131
　　模块三　客户风险防范与控制 ·· 158

项目五　商业银行客户关系管理与维护 ·· 168
　　模块一　客户关系维护 ·· 168
　　模块二　客户关系管理（CRM）系统 ·· 188

项目六　商业银行客户经理团队建设 ··· 199
　　模块一　客户经理营销团队组建 ··· 199
　　模块二　客户经理营销团队建设 ··· 213

项目七　商业银行服务文化建设···221
模块一　商业银行服务文化认知···222
模块二　商业银行服务文化建设···228

参考文献···246

项目一
商业银行客户经理从业准备

【职业能力目标】
1. 知识学习目标。
(1) 能对商业银行客户经理、客户经理制有基本认知；
(2) 能熟练掌握职业礼仪，客户经理职业素养；
(3) 能按照职业要求与客户进行沟通，积极开展业务。
2. 技能训练目标。
(1) 具有良好的基本职业素质；
(2) 熟练掌握并运用职业礼仪。

【典型工作任务】
1. 本项目的工作任务：为商业银行客户经理开展工作做相应准备。
2. 完成工作任务应提交的标志性成果：具有良好的品德素质、心理素质及业务素质，能在工作完成后形成工作报告并做出分析。

【业务场景】
模拟银行营业大厅

【导入案例】
小张是金融专业刚毕业的大学生，在银行完成了初期的培训，岗位是商业银行客户经理。在银行上班的第一天，小张就迎来了非常重要的一个客户——××公司财务总监。作为职场新人，小张既兴奋又紧张，一个良好的机会可能奠定将来职业发展的基石，一个疏忽大意也可能让他和这个改变命运的机会失之交臂。小张想"拿下"这个客户，该怎么做呢？

模块一 商业银行客户经理（制）认知

【任务描述】
1. 本模块的操作任务。
(1) 认识商业银行客户经理的职业定位、职业生涯；
(2) 了解商业银行客户经理制的基本内容。
2. 完成工作任务的标志性成果。
(1) 掌握商业银行客户经理职业定位，能对自身形成清晰的职业生涯规划；
(2) 掌握商业银行客户经理制的基本内容。

任务一　认识商业银行客户经理

【案例导入】

招行成功的客户经理制

"前不久那英打电话给我，说要办招行的信用卡，我就非常好奇她从哪里得到我的联系方式，她告诉我她现在和赵本山在一起，是赵本山告诉她的，而且现在很多的社会名流都用招行的信用卡。"这是招行行长马蔚华曾跟人说的一个小故事。

一、商业银行客户经理概述

客户经理制是目前我国银行业较为普遍的一种服务制度和服务方式，它是金融市场发展到一定阶段，诸多环境交汇之下的必然产物。广义的客户经理是指凡是接触客户、营销金融产品的商业银行员工——上至行长，下至柜员都可称之为客户经理。狭义的客户经理是指直接接触客户并营销金融产品与服务的专职营销人员。在西方商业银行，客户经理亦称客户关系经理、客户服务代表、理财顾问等。客户经理制度的采用，是"以客户为中心"思想的全面体现。其核心内涵是：

（1）客户经理是特殊的市场营销人员。对外以客户经理的身份开展业务，与客户建立一对一的关系，负责开发客户的所有业务，包括资产业务、负债业务和中间业务等。

（2）对客户而言，客户经理是客户的经理人，发掘并引导客户对金融服务的需求，进而将银行的不同产品设计包装成各类产品组合，全方位满足客户个性化金融服务的需求。

（3）对银行而言，客户经理是银行的业务代表，代表银行向客户提供全方位的金融服务。按主体经营机构可将客户经理分为：总行级客户经理、分行级客户经理、经办行客户经理；按客户经理等级划分为：资深级客户经理、高级客户经理、客户经理、客户经理助理；按客户经理的业务对象分为：零售客户经理、对公客户经理、信贷客户经理、理财经理、大堂经理、产品经理。

【想一想】

作为银行客户，商业银行客户经理曾经为你提供过什么产品和服务？为你提供服务的客户经理是什么等级？

二、商业银行客户经理职业定位

客户经理是客户和银行之间的桥梁，一方面向客户输送新的产品和服务，负责客户教育；另一方面将客户的需求及时准确地反馈到银行，从而帮助银行设计出更符合市场需求的产品和服务。

从另一个具有挑战性的角度上说，客户经理的工作也是在情感层面进行的。站在客户角度，思客户之所思，想客户之所想。通过与客户进行感情的交流达成共识，通过产品、服务和情感等方面多维地为客户服务。

三、商业银行客户经理职业生涯

职业生涯是指人一生中的职业历程。人的职业生活是人生全部生活的主体，占据核心与关键的位置。

职业生涯发展划分为5个阶段（图1-1）：一是职业准备阶段，典型年龄为0~18岁，其主要任务是职业想象力，评估不同的职业，选择第一份工作，接受必需的教育；二是进入组织（学校）阶段，典型年龄在18~25岁，其主要任务是在一个理想的组织中获得一份工作或学到足够的知识、技能、信息以后，选择一份合适的工作；三是职业生涯初期阶段，典型年龄为25~40岁，其主要任务是学习职业技术，提高工作能力，学习组织规范，学会协作与共处，逐步适应职业与组织，期望未来职业成功；四是职业生涯中期阶段，典型年龄为40~55岁，其主要任务是对早期职业生涯重新评估，强化或转变职业理想，在工作中再接再厉；五是职业生涯后期阶段，典型年龄为55岁到退休，主要任务是继续保持职业成就，维持自尊，准备引退。其特点是调整心态，做好退休后的打算。

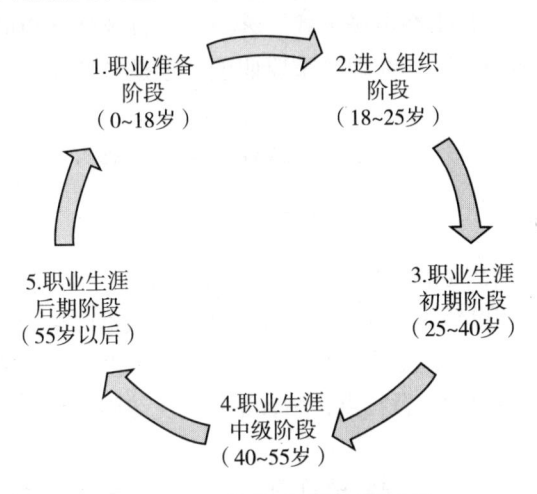

```
1.职业准备阶段 (0~18岁) → 2.进入组织阶段 (18~25岁)
                              ↓
5.职业生涯后期阶段 (55岁以后) ← 4.职业生涯中级阶段 (40~55岁) ← 3.职业生涯初期阶段 (25~40岁)
```

图1-1 职业生涯发展阶段

作为银行客户经理也应该在从事职业之初为自己制定明确的职业目标，拟定清晰的职业规划。清晰的职业规划能帮助商业银行客户经理明确发展方向，也在一定程度上决定了工作的态度、方法，有利于个人发展。

【想一想】
你对将来从事银行客户经理工作有什么样的职业生涯规划？

四、商业银行客户经理职能与权限

（一）客户经理职能

客户经理的职能的中心是拓宽银行客户范围，为客户提供高质量服务。客户经理是联系客户与银行的重要桥梁，客户经理的作用，一方面是确保银行的产品和服务与客户的需求实现无缝对接；另一方面在满足客户需求和不断挖掘客户新需求的基础上提高客户忠诚度，从而增加银行利润。具体来说，客户经理的职能包括以下几个方面。

1. 市场分析职能。

市场分析职能是指商业银行发掘潜在客户，确定目标客户，开拓新业务。市场分析职能是客户经理的首要职能。通过定期分析国内外金融市场的发展趋势，研究不同类型客户的特点和金融需求变化，分析各行各业人士的资金运行规律或理财习惯，掌握相应的客户、行业和产品开发方案。具体来说，就是客户经理利用科学合理的方法收集市场信息，并对信息加以分析，为制定符合客户需要的产品和服务提供有力依据。市场分析可以通过两种途径实现，第一是由客户经理在工作的过程中实现，收集市场信息，包括客户信息、行业动态及同业信息。了解客户对银行产品和服务的评价，反馈业务操作过程中存在的问题，提出改进意见。第二是通过专业的市场调研机构进行收集。可以通过网上问卷调查、电话访谈、商业报刊、询问、阅读公司年度报告来实现。通过分析，可以找出对银行而言最有价值的客户，淘汰负效应客户，关注高风险行业客户，等等。

2. 市场拓展、开发客户职能。

市场拓展、开发新客户是指在市场上找寻客户，并且评估客户的潜力，从而采取相应的行动。市场拓展、开发客户是客户经理的重要职能，也是考核客户经理的核心指标之一。

3. 客户关系维护。

开发客户、维护银行与客户的关系，记载客户业务往来的重要情况，并为客户建立详细的业务档案。

4. 客户需求挖掘。

客户需求挖掘是指不断满足客户现有需求，充分挖掘客户的潜在需求。这项工作有赖于定期地进行客户访问并且定期更新客户需求数据库，通过大数据收集分析，利用客户关系管理系统，掌握客户需求，为客户量身定做个性化的产品和服务；及时向相关的市场管理部门反映客户对新业务的需求，根据客户的经营特点，结合银行的优势引导和开发客户的潜在需求。

5. 客户教育。

客户教育是指商业银行为了实现营销目的，充分利用各种经营资源和营销手段，在客户细分和市场细分的基础上向客户传递企业价值观，清除客户疑虑，以提高与客户之间的关系质量为目的的一项活动。通过客户教育，宣传最新的金融知识，激发和引导客户对新产品及服务的认可，推动银行与客户业务向纵深方向发展。

（二）客户经理的主要权限

客户经理的主要权限（表1-1）包括以下内容：一是客户经理对客户享有金融业务推荐权、独立的客户调查和公正评价权、优质客户的营销建议权和根据授权作为银行代表与客户的业务谈判权。二是在客户服务方面，有针对行内各部门进行组织协调，并在服务态度、服务效率及业务配合等方面的要求建议权。为实施营销对行内服务资源的调动权。三是根据客户需求，对核定授信额度的使用具有决定权。四是经考核达标的客户经理享有与其相应等级匹配的一切待遇。五是客户经理对考评结果有申诉权和请求复议权。六是客户经理申请接受专业培训的权利。

表1-1　　　　　　　　　　某银行客户经理主要权限

级别	权重	营销权	决策权	动用资源	协调权	服务手段	培训
一级	2	全部	全部	全部	全部	全部	全部
二级	1.8	全部	全部	全部	全部	全部	全部
三级	1.6	全部	全部	全部	全部	全部	全部
四级	1.4	部分	部分	全部	全部	全部	全部
五级	1.2	部分	部分	全部	全部	全部	全部
六级	1	部分	个别	全部	部分	全部	全部
七级	0.9	部分	无	部分	部分	全部	全部
八级	0.7	个别	无	部分	无	部分	部分
九级	0.5	个别	无	部分	无	部分	部分

【案例分享】

"一对一"师傅带徒弟锻造新型客户经理

在包头商业银行,客户经理的选拔、培训及工作方式都令人耳目一新。

新颖的招聘

为做好小企业贷款业务,包商行设置了独立的信贷机构,全力打造专业的客户经理队伍。包商行在微小企业贷款客户经理的招聘过程中,对应聘人不要求一定是学金融专业出身,但对与客户的沟通能力、推介能力和突破力等素质相当看重。面试的问题也很新颖,比如,"你认为街边的小超市或豆腐坊是不是贷款客户"等。包头市商业银行副行长金岩告诉记者,给出肯定回答的应聘者会被看重,被录用的客户经理是天然具有为小企业服务意识和服务激情的人,应聘者是否具备金融专业知识则被列在其次。

"一对一"师傅带徒弟

包商行引进德国IPC公司的"学徒制",实行一对一、手把手的培训,以及业务实战操作。包商行的第一批小企业贷款客户经理已经承担起"师傅带徒弟"的角色。这种"细胞分裂"培训机制下培养的客户经理实战能力特强,干了3个月的客户经理的经验、工作质量和效率不比在传统机制下干了3年的信贷员差。

走街串巷找"朋友"

在包商行,客户经理与传统意义上的信贷员完全不同。他们不坐等客户上门,而是主动寻找目标客户。根据银行确定的服务区域,进行陌生拜访,推介小企业贷款。不断增加的小企业贷款客户就是靠这些客户经理的双腿跑出来的。

客户经理从和客户的第一次接触开始就要为客户建立信息档案,细致到每个来访电话和每一次登门拜访的记录。客户经理不仅对客户的经营情况保持贷前、贷中和贷后的持续关注,同时对客户本人及其家庭、朋友等相关信息也尽量掌握。这些共同组成对客户的风险识别因素。这种朋友式的相互了解对有效控制小企业贷款的风险至关重要。

客户经理会把自己掌握的客户信息及时传递给后台人员,并经过分析整理输入到小企业贷款信息管理系统中,即便是被否决的申请客户信息也都会被登记并单独归类到"被否决客户文件夹"下。在详细收录小企业贷款信息的基础上,包商行建立了小企业客户违约通报机制。

客户经理为何动力十足?

包商行坚持以正向激励为主,专门设计了按小企业贷款发放笔数、余额及贷款质量三重要素为核心的绩效考核办法,分客户经理、支行和审贷委员会三个层面进行考核。

零售业务部和微小贷款业务部按月统计评估小企业信贷人员业务量和工作质量,小企业信贷人员绩效工资收入的高低主要取决于发放的贷款笔数和贷款组合质量。例如，对客户经理的绩效奖惩为：月发放贷款3笔以内，每发放1笔奖励50元；月发放贷款4~5笔，每发放1笔奖励60元；月发放贷款6~9笔，每发放1笔奖励80元；月发放贷款10笔以上，每发放1笔奖励100元。并且贷款总额每增加100万元奖励400元。如果发放的贷款形成不良，不良率在1%以下，不扣除当月绩效工资；不良率在1%~5%，扣除当月绩效工资的40%；不良率超过5%，扣除当月全部绩效工资；对支行的绩效奖惩为：小企业贷款余额每新增2 000万元，奖励支行2万元，但如果支行违反了小企业贷款制度，则该支行将会被暂停业务，直至取消该支行的小企业贷款业务资格，支行行长也将被撤换；对审贷小组的绩效奖惩为：按当月新增贷款每笔奖励10元，余额每增加10万元奖励40元；若贷款形成不良，则每10万元不良贷款，扣除绩效工资100元且每笔加扣20元，如连续3个月所审核贷款均有不良，则取消其审贷小组成员资格。有效的激励约束确保了付出得到回报，决策承担责任，既调动了工作人员的积极性，推动了全行小企业贷款的快速发展，又保证了小企业贷款的质量。

任务二　认识商业银行客户经理制

【案例导入】

德累斯顿银行"一站式"的客户经理负责制

德累斯顿银行是德国第二大国际化商业银行，银行"一站式"的客户经理负责制，包含两方面的含义：一是指每个客户，包括跨国公司、大型企业集团，不管其有多少个下属子公司、附属公司和控股公司，都只有一个客户经理全权负责其业务；二是客户经理是客户的金融总顾问，不仅要做好客户的拓展、管理与维护，而且要为客户提供包括战略规划、市场研判、投资专家、理财顾问、业务操作等一系列的综合金融服务。因此，其客户经理的职能发生了很大的变化，眼光已不再仅仅局限于信贷业务或其他产品销售上，而是注重为客户提供全方位的综合服务。

每个客户经理都是一个利润点，不仅是管理客户，而且直接受理客户业务，业务权限也较大，如在其授权范围内可决定具体客户的产品收费标准，在同风险部派驻的风险经理共同签字后即可发放在风险经理审批范围内的贷款。超过风险经理的审批权限时，则由风险经理向总行申请授权，客户经理有权解释和申辩。因此，从一笔贷款的受理到发放基本只有两个环节，第一个是分行的风险经理，第二个是总行的风险部，而没有其他的中间过程。

德累斯顿银行的这种客户经理负责制，是2003年才创建的，目前已取得明显成效，从根本上解决了决策链条过长、内部工作效率低等问题。如汉堡分行采用这种体制后，大力进行机构重组，实行中心化管理，将原来分散的客户经理办公室基本都集中到了汉堡，全区原来8个国际业务单证部已削减到3个，与3年前比，人员减少了约40%，但效益提高了30%。

一、商业银行客户经理制的组织架构与模式

（一）组织体制和组织模式

商业银行客户经理制是商业银行通过指定专人作为客户经理与客户建立一个全面、明确、稳定的服务对应关系，推销银行产品、满足客户需求，为客户提供高质量、高效率、全方位的金融一体化服务，从而实现银行客户资源配置优良化，推进金融服务商品化，增强自身竞争力的经营管理模式。总的来说，客户经理制是以客户经理为主体所进行的组织结构设

计和营销制度安排（图1-2）。

我国商业银行基本上是按照行政区划和行政级别在全国范围内设置分支机构。跨地区、跨省市经营的客观现实都必须保持总分行结构。总分行衔接有两种模式。

一是总行与省市分行各部门一一对应，均建立客户经理（营销部门）及其他业务部门，横向协作与纵向管理相结合。其中对于客户经理系列，各级行按客户规模、类型及对银行的重要程度均对应一定的客户，同时由上级行统一协调，指导下级行的营销工作。

二是各级行分别设置不同部门，如将市场调查、为客户提供个性化服务等职能置于市分行或县支行。将市场定位、战略计划、风险控制等职能集中在总行和省分行，上级行对下级行采取总量控制和指标约束。

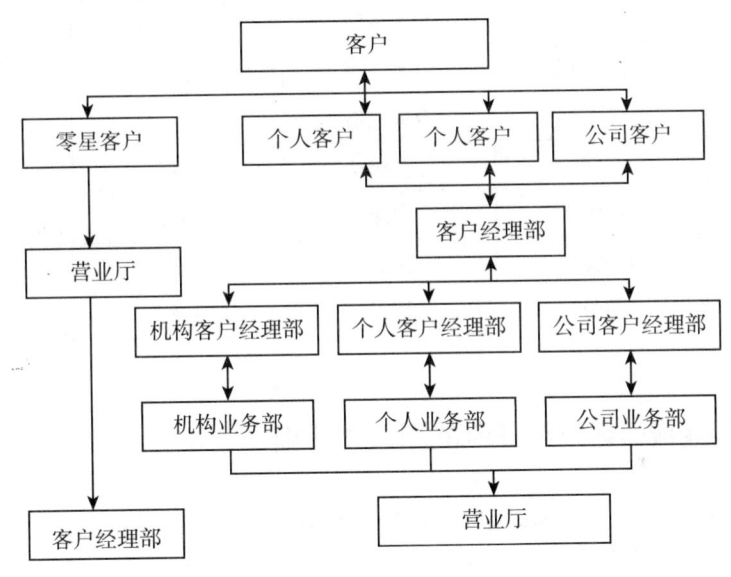

图1-2 客户经理组织模式

（二）客户部门与其他部门之间的关系

客户经理组成的前台营销层和银行业务审批和风险控制层，以及后台产品层共同构成银行的经营管理体系，形成便于业务开拓和风险控制的现代商业银行经营架构。客户经理部门与其他部门的关系应包括两个层次。

（1）前台营销层与后台产品层之间的线性关系（业务支持与被支持的关系）。客户经理部门是前台，在银行业务流程链条上，客户经理是起点，要为客户提供满意的服务，后台部门的全力配合十分重要。在部门关系中，客户经理部门发挥着协调者的作用。

（2）前台营销层与中间业务审批及风险控制层之间的制衡关系，实行审贷部门分离，防范经营风险。客户经理部门负责信贷客户的开发、授信报告的提出，风险管理部门（或信贷审批委员会）负责审查、审批，最后交客户经理部门发放管理。

（三）客户经理的职级构架

客户经理的职级构架有四级制、六级制和九级制（表1-2），其中以四级制和六级制最为常见。四级制包括：客户经理主管、高级客户经理、客户经理、助理客户经理。六级制包括：客户经理主管、高级客户经理、客户经理、助理客户经理、客户主任、助理客户主任。客户主任和助理客户主任一般都没有自己直接服务的客户，其他职级的客户必须拥有自己开发服务的客户。

表 1-2　　　　　　　　商业银行客户经理九级分类

级别	综合性	专业性	特殊性	使用部门
一级	专家级	专家级	专家级	总行
二级	专家级	专家级	专家级	总行、分行
三级	专家一级	专家一级	专家一级	总行、分行
四级	专家二级	专家二级	专家二级	分行、支行
五级	专家三级	专家三级	专家三级	分行、支行
六级	高级	高级	高级	分行、支行
七级	中级	中级	中级	支行
八级	普通级	普通级	普通级	支行
九级	初级	初级	初级	支行

二、我国商业银行客户经理制的引入与实施

客户经理制是西方银行业为体现以客户为中心的理念而普遍推行的一种服务制度，是现代商业银行在开拓经营业务的过程中建立的一种以客户为中心、通过"一对一"营销活动为客户提供全方位服务的金融服务方式。在经营管理上，它完全贯彻了以客户为导向的营销理念，把银行的各部门连接成一个整体，最大限度地方便客户，当客户有金融服务需求时不必分别找银行的各个部门，只需交由客户经理统一完成即可。客户经理负责客户在银行中全方位金融服务，在客户与银行间起着纽带作用。

以花旗银行、美洲银行为代表的大型跨国银行推行客户经理制，其直接目标是为了实现明确的市场经营策略，即以最小的投入为商业银行争夺最有价值的客户。银行80%的利润来自20%的重要客户。所以，商业银行必须集中大部分资源，为这20%的重点客户提供优质高效的差异化服务。这既是商业银行推行客户经理制的现实基础，也是商业银行推行客户经理制的必要性所在。

1997年，我国建设银行厦门分行率先推出了客户经理制；1999年，中国建设银行首先在部分支行试行了银行客户经理制。进入2003年，各大银行为了争取高端客户群，充分发掘客户经理的潜能，不断推出高级客户经理或行长级客户经理，旨在抢夺更多更优质的市场"蛋糕"。目前我国各个银行均建立了客户经理制。

银行推行客户经理制，是建立现代商业银行经营管理制度的必然选择，具有以下重要的现实意义：

（1）内部资源重新整合和有效配置，实现以最小的投入获得最大效益之目的；

(2) 充分体现现代商业银行"以客户为中心,以市场为导向"的服务理念;
(3) 全面提升银行市场营销人员的综合素质,积极应对内外资银行激烈竞争的挑战;
(4) 有利于提高银行专业化、个性化服务水平,有效控制业务风险;
(5) 改善银行形象,扩大业务市场占有率。

【模块训练】
1. 训练主题:充分认识和了解客户经理。
2. 训练步骤:
(1) 知识准备,了解客户经理及客户经理制度;
(2) 教师给出各个银行的客户经理任职条件;
(3) 5位同学一组,结合所学知识及银行的任职条件给出1~3分钟的自我介绍;
(4) 每组组长总结阐述,小组间相互交流;
(5) 训练效果自我评价、小组互评。
3. 教师点评。

模块二 商业银行客户经理职业素养

【任务描述】
1. 本模块的操作任务。
(1) 商业银行客户经理职业素质培养;
(2) 商业银行客户经理职业礼仪修养。
2. 完成工作任务的标志性成果。
(1) 具备商业银行客户经理职业素养;
(2) 能够熟练运用职业技能开展业务。

任务一 品德素质培养

【案例导入】
"作为一名银行客户经理,首先要有良好的道德素质,要爱行、爱岗、敬业。"这是实习第一天,师傅跟我说的第一句话。

师傅是这么教的,也是这么做的。有一次,为了催收两笔贷款,师傅带着我冒严寒,翻山越岭,徒步数十里往返。还有一次,师傅带我下乡做贷前调查,路上发生了惊险一幕,在我们刚路过一个村庄,还没走多远,忽然听见身后"轰隆"巨响,回头一看,大块的石头不断向路面滚落,发生了山体滑坡。当时我们都吓坏了,面面相觑,半天没说出一句话来。事后,师傅笑着对我说:"大难不死必有后福!"虽心有余悸,但仍提心吊胆继续前行做好调查工作。

高尚的思想品德是客户经理必须具备的品质,在拓展业务的同时,也应当传播商业银行企业文化,时刻把金融业风险放在首位,增强对客户风险的防范意识和责任感,保证商业银行经营中资产的安全性,同时也保障客户的利益不受损害。总体而言,商业银行客户经理应当具备的品德素质主要包括：责任感与使命感；道德品质与高尚情操；自尊、自强、自律的自我要求；端正的工作态度（诚实守信、艰苦奋斗）；良好的协调能力、沟通能力和团队精神。

一、责任感与使命感

商业银行客户经理直接面向市场开拓业务，与客户进行大量直接的接触。这一工作性质决定了需要客户经理花费大量的时间、精力。只有具有了强烈的工作责任感才能完成这个工作。责任感与使命感还体现在对社会、对所服务银行及对客户负责。对社会的责任感与使命感主要是要知法、守法、懂法；对商业银行要严格按照银行的制度开展业务，时刻按照银行的要求约束自己；对客户，要使客户能够得到最好的产品和服务。

二、道德品质与高尚情操

客户经理的道德品质和情操关系是非对错，它超越了法律和制度的要求。良好的道德品质与高尚的情操是员工个人不可缺少的品质。

在同客户经理打交道的时候，客户往往会采用多个参考点。道德品质与高尚情操正是其中之一。客户经理的工作直接关系银行与客户的信誉与利益。客户经理在推销银行产品和服务的同时也在推销自己。在社会对道德重视程度越来越高的今天，道德品质不仅成为银行客户经理内化的职业素养，甚至成为银行客户经理竞争性差异的源泉之一。在银行客户经理制度成熟的国家，有的银行建立了专门的机构来考核客户经理。如 lvory（新加坡投资银行凯富利资本）和 Sime 银行（森合银行）就有主管道德和治理结构的经理。

正如营销专家所言："客户信赖你的产品是因为信赖你的品质"。

三、自尊、自强、自律的自我要求

客户经理工作的本质是将银行的产品和服务推荐给客户。商业银行客户经理与客户相互联系，形成金融企业客户服务关系。因此，银行客户经理要时刻体现自尊、自强、自律的态度，要坚持原则，把握分寸，不能过分热情，否则可能会"吓到客户"，不能低声下气，给客户卑微的感觉，有损银行形象。

商业银行客户经理要取得客户信任，首先要加深自身的道德修养，只有自己尊重自己，才能赢得别人的尊重。同时，客户经理还必须严格自律，在办理业务的时候，要严格照章办事，防范风险的同时，也维护了所在银行及服务对象的利益。

四、端正的工作态度

银行客户经理端正的工作态度包括诚实守信、艰苦奋斗。银行本身就是经营信用的企业，因此，客户经理是否诚实守信在很大程度上也影响客户对银行的选择。在为客户服务的过程中，商业银行客户经理应诚实守信，全心全意为客户服务，不可夸夸其谈，不能为了获得业绩作出不实的陈述或者误导客户，不作超越自身的授权范围的虚假承诺。商业银行要以良好的品行和诚实态度，取信于客户。

客户经理在工作中会面临来自各个方面的困难，这时候需要客户经理具备艰苦奋斗，不屈不挠的精神。能够克服恶劣的环境，不懈奋斗，勇于迎接挑战。在经济发达的地区，客户经理需要与同业之间的竞争，完成客户的挑剔；在经济欠发达的地区，交通不够便捷，开发客户、维护客户都是非常困难，艰苦奋斗才能收到良好效果。

五、良好的协调沟通能力和团队精神

作为银行客户经理，需要具备良好的协调沟通能力和团体合作精神。银行的工作是各个环节相互协作、紧密配合的结果。同时，客户经理与客户之间、客户经理之间、客户经理和银行之间的信息交流都需要良好的沟通。只有良好的沟通才能在银行与客户之间、银行各个部门之间树立局部利益服从整体利益的意识，充分发挥良好团队合作的"1+1＞2"的功效。作为银行客户经理，承担着对外直接面对客户，对内与各个部门配合的重要责任。因此，加强与其他环节的交流，不断提高协调能力，完善与团队其他成员的配合，为客户提供完美配套的金融服务。有合作意识，能服从大局需要，以完成部门和所在银行的工作目标。

任务二　业务素质培养

【业务描述】

××银行客户经理王某有一位合作时间长达8年的客户，该客户为某私营企业的董事长。在最近的一次习惯性回访中，该客户频频提到企业中由于大多数员工都是自己的亲戚朋友，因此在管理中有很多冲突和问题出现，让该客户头痛不止。王某平时就对企业管理的知识颇感兴趣，工作之余还报名 MBA，加上其所在银行经常进行各方面知识的培训，因此王某就客户提到的问题给出了自己的见解，并且愿意利用自己的人脉关系帮客户介绍企业管理方面的专家。该客户对王某的行为非常感动，并且虚心接受了王某提出的某些建议。经过这次合作，该客户对王某的忠诚度大为提高。王某说："我希望我的工作除了银行的业务外，还能为客户提供更多的服务，让客户不仅仅是客户，而是成为我的朋友"。

商业银行客户经理从事客户开发与管理工作，必须具备一定的业务素质、知识和技能，这些都是客户经理与客户合作的基础。

一、快速掌握金融产品知识

新金融产品在很大程度上反映了市场和客户的需求。快速熟练地掌握产品知识是客户经理与客户沟通的基本条件。任何交流的中心都离不开银行提供的产品和服务，因此客户经理在业务工作过程中，要熟练掌握和善于运用银行的各种业务，包括本外币负债业务、资产业务、结算业务、国际业务、中间业务、经营核算业务、金融产品业务等专业理论知识，为客户提供综合的金融服务。

二、具备基本的企业经营管理知识

在银行经营活动当中,"二八"原则贯穿始终,20%的客户带来80%的利润,80%的客户是20%利润的创造者。因此,商业银行工作的重点与这20%客户分不开,这类客户往往都是具有相当规模的企事业单位,在理财和资金运作方面需要金融企业的协助。这就要求银行客户经理能够熟练了解包括计划、指挥、协调、控制、激励、决策、战略、组织设计等内容。熟练掌握企业经营管理知识不但可以为客户当好理财参谋,更重要的在于促进金融产品的应用、资金的运筹和有效运营。在资金运用上,通过企业经营管理情况的了解,更好地对企业进行贷前调查、监督信贷资金运营情况,更好地提高信贷资金运用效率,防止银行资金风险的发生,最大限度地维护银行利益。

三、掌握并应用经济金融法律、法规

随着我国法律体系的日益完善,对于与市场经济活动密切联系的银行客户经理,首先,要知法,包括《民法通则》、《公司法》、《经济合同法》、《企业破产法》、《担保法》、《中国人民银行法》、《商业银行法》、《票据法》、《保险法》、《贷款通则》等。在知法的基础上做到依法经营、依法行事;其次,法律也是保护银行和客户法律地位与合法权益的工具,有利于银行客户经理合法履行职责。客户经理掌握法律既要有广度上的要求,也要有深度上的要求,重点掌握与金融相关的法律,时刻防范合规风险。接触不同行业客户,掌握相关的法律法规,可以构建良好的法律合作基础,保护双方权益。

四、市场洞察能力和分析能力

市场具有宏观性,也具有微观性,金融客户经理是市场拓展的前锋,是金融企业联系社会的触角。因此,一个优秀的商业银行客户经理应当能对宏观经济形势和宏观经济政策作出及时反应,对宏观经济走势作出准确判断,深刻领会国家政策和系统内政策,对微观市场运行情况也应该有足够的把握能力。这些能力既是"先天"的,也是"后天"的,通过多学习,多观察,经常和客户打交道,通过市场的历练,不断提高。

客户经理的市场洞察能力和分析能力也是避免客户拒绝,提高成交几率的重要方法。例如,当银行客户经理喋喋不休地在向客户宣传银行的产品多么好,银行的服务多么无微不至,银行客户经理是多么的敬业爱行的同时,客户面向银行的大门已经在缓缓地关上。如银行客户经理面对一家生物工程行业的客户,在和客户交流的过程中,如果银行客户经理无意地提到疫苗的历史价格和现在的价格变化、产品的升级换代情况等,并与客户探讨疫苗在进出口过程中常常遇到的问题时,客户会把银行客户经理当成了行业内的人士来看待。客户会认为银行的服务都差不多,觉得客户经理是真正了解客户行业的人,与该客户经理合作更有信心。客户更关注的是客户经理能为客户做点什么,而不是告诉客户银行有多么优秀。

银行客户经理将自己作为一个该行业的经营者去了解该行业。通过对共同关注行业的探讨，老客户经常主动地和银行客户经理交流业务经营心得和遇到的难题（客户的难题实际上就是客户经理的商机），会主动的给银行客户经理介绍新客户，邀请银行客户经理参加行业会议。新客户在与银行初次接触时，会发现双方有较多的共同语言，与银行客户经理们合作彼此成为朋友，建立了信任感。

其实要成功获得一个客户并不困难，学会观察、学会分析是成功的一大步。

五、具有优秀的业务公关能力

社交公关对银行塑造品牌，提升品牌形象等方面，都有着长远的意义。在稳定与客户的关系，提升其对银行的依附力方面，公关有着不可替代的作用。商业银行客户经理作为一名公关人员，应更懂得推销自己，消除对客户的胆怯心理。客户经理在公关客户时，灵活运用公关技能与服务方式非常重要。公关的范围也并非仅限于与客户之间。事实上，除了工作本身的社会关系，客户经理还需要建立包括亲戚、朋友、同事、同学和熟人客户为主要对象的社交圈子，在圈子的基础上进行拓展。只有拥有了庞大的信息来源，才能挖掘出更多的机会。当然，公关时必须要讲究艺术性，量体裁衣，根据不同客户的需求、性格、特点来选择公关的方法，这是公关的关键。在公关方法技巧上要不断博采众长，吸收先进有效经验，充分利用现代技术工具作为加强公关能力的手段。

六、具有出色的业务协调能力

商业银行客户经理的业务协调能力是通过对内与各部门的合作，对外与客户开展业务两个途径体现的。在实施经营策略和营销战略活动中要与本银行各个部门保持密切的协调关系，严格遵守银行内容的业务流程，在向市场推介新产品新服务的同时，也要适时收集重要的信息，为相关部门的产品开发提供重要信息，保证未来的新金融产品更能贴近市场需要，更能满足客户的需求。快速准确地收集营销信息，可以为市场部门提供一手材料，能够及时、有效、灵活地调整营销策略，使产品的推广更为有效。

另外，商业银行客户经理应及时向客户宣传金融政策、业务方式、推介新金融服务，减少业务往来过程中的误解，创造银行与企业之间的融洽关系。

七、具有较强的风险防范、控制能力

银行作为特殊的企业其经营目标是利润最大化。作为银行客户经理围绕这一目标应当拓展业务，扩展客户网络，稳定优质客户，挖掘潜力客户，营销银行的产品和服务，最大限度地为银行创造利润。在客户群不断扩大，业务种类不断增加的同时，相关的风险也相应滋生和扩大，客户经理面临来自道德、操作、财务、法律、形象等各种风险。因此，在注重提升利益的同时，也特别需要强化风险意识，认识到金融行业影响巨大，要把风险管理这一理念贯穿到平时的工作中，充分理解控制风险是获得利益的前提。这要求银行客户经理具备防范风险的基本技术，严格按照守则办理业务，采取必要的措施规避风险和化解风险。

任务三　心理素质培养

【案例导入】

商业银行客户经理的"翁格玛丽"效应

"翁格玛丽"效应，是教育心理学术语，意思是对受教育者进行心理暗示：你能行，你能做得更好。从而使受教育者认识自我，挖掘潜力，增强信心。"翁格玛丽"效应来源于一个故事：有个名叫"翁格玛丽"的女孩，本来长得不是很美。但是，她的家人和朋友，都给她信心，从旁鼓励，每个人都对她说："你真美。"由此，女孩有了信心，每天照镜子的时候，都觉得自己很漂亮，也在心里对自己说："其实，你很漂亮。"渐渐地，女孩真的越来越漂亮。由此，"翁格玛丽"效应成了教育心理学上一个重要的名词，说的是鼓励给人的心理暗示作用。

作为商业银行的客户经理，面对客户的时候，必须拥有足够的自信和良好的心态。在面对各种问题和挫折的时候，客户经理应该告诉自己，"其实，我真的很棒，我只是暂时没有找到解决问题的方法，但这绝对不会成为我面对客户的障碍，我坚信，我一定能够完成我的任务。"

一、自信心和抗压能力

商业银行客户经理面对的业务和客户是复杂的，期间会遇到各种各样的问题，业务开展不够顺利是常有的事情，此时最重要的是坚定必胜的信心，既要做好失败的准备，又要积极地收集信息、寻找机会创造价值。不能因为一两次的失败而放弃，而应总结经验继续加强对客户的沟通与了解，以诚意、热情感化客户，以贴心的服务使客户满意。

压力是现代生活中不能回避的现象。对于竞争白热化的银行业来说尤其如此。这就要求客户经理能通过对情绪的控制，以镇静、积极的态度和韧性来克服。面对压力时，保持头脑清楚是处理突发事件的先决条件，在任何时候都要有耐心。例如，约见了某位客户，但是他因为召开一个紧急会议，需要客户经理等待，甚至可能单方面取消约定。这时客户经理不能因为客户的失约而愤怒，甚至因此与客户产生争执。相反，应该站在客户的角度为客户思考，争取下次会面的机会。

二、竞争意识和服务意识

金融企业的竞争，既是人才的竞争，更是服务的竞争。在产品同质化速度加快的今天，服务成为成功的关键。谁能为客户提供更优质的服务，最大限度地满足客户需要，就能赢得客户和市场，获得主动权。银行围绕以客户为中心的服务理念，从满足客户需求和提高客户收益为出发点，积极树立起优质服务意识。制定出涵盖规范操作、检查考评、激励约束等服务制度和措施，狠抓服务措施落实。同时以核心竞争力网点为中心，建设辐射全网点的营销服务体系，确保银行营销工作的顺利开展。当客户在同时面对众多的服务和产品时，选择什么产品和服务，除了产品本身，还在于代表银行的客户经理是否能把产品和服务营销给客户,坚持不懈,为客户制定更贴切的服务,站在客户角度,为客户思考,为客户争取更多的利益。因此,银行客户经理只有明确了竞争意识和服务意识,认清局势,把握机遇,利用自己所掌握的职业素养和业务素养,在竞争中立于不败之地,在开拓市场,服务客户的同时,为所在银行创造更大的利润。

三、创新意识

客户经理的重要作用之一就是根据银行的业务能力设计出符合客户需求的产品和服务。客户的需求是多元化的、善变的,因此对于客户经理而言,洞察市场、捕捉信息并且帮助设计新产品、采用创新工作方法尤为重要。商业银行客户经理的创新意识包括:

(1) 提出创新的方案,并且确保银行接受它;
(2) 创新的产品和服务能满足客户需要,减少客户抵触心理;
(3) 有清晰的最终解决方案和决策流程;
(4) 客户经理能运用强有力的技巧将一些可能的消极因素转变成积极因素。

以上提到的心理素质对商业银行客户经理而言至关重要,换言之,只有具备了这些心理素质,才能为顺利的沟通和成功的合作打下基础。

【模块训练】

1. 训练主题:自信心培养。
2. 训练步骤:
(1) 教师准备的训练题目;
(2) 每位学生利用5分钟时间到讲台事先准备好的镜子(镜子最好可以方便地看到全身)前,认真寻找、夸奖自己的10个优点,并要讲清楚理由;学生就表现的过程发表感想,并加以讨论;
(3) 学生自我评价。
3. 教师点评。

模块三 客户经理职业礼仪修养

【任务描述】

1. 本模块的操作任务。
(1) 掌握商业银行客户经理仪容仪表基本要点;
(2) 掌握商业银行客户经理职业着装要点;
(3) 掌握商业银行客户经理职业礼仪要点。

2. 完成工作任务的标志性成果。
(1) 能够根据指定的任意场景给出客户经理相应的仪容仪表;
(2) 能够根据指定的任意场景给出客户经理相应的职业着装;
(3) 能够根据指定的任意场景做出相应的职业礼仪。

现代商务礼仪体现个人职业素养。对现代职业人士而言,具备丰富的礼仪知识,以及能够根据不同的场合应用不同的交际技巧十分重要。中国有句古话叫作"人无礼则不立,事无礼则不成",专业的形象＝简单的修饰＋得体的着装＋优雅的仪态。心理学家指出,我们在别人心目中的印象,一般在15秒内形成。作为银行工作人员,礼仪更是不可或缺。

任务一　仪表仪容准备

【案例导入】
　　银行认为员工的着装、举止、谈吐代表银行的形象和文化内涵。大方得体的着装及仪容仪表不仅能体现个人的专业精神,也能表达对他人的尊重,对提升客户满意度十分重要。因此,银行员工着装及仪容仪表的总体要求是庄重、得体、整洁、大方。

一、仪表

在人际交往中,一个人的外在仪表会引起交往者的特别关注,并因此影响对方对自己整体评价。银行员工的仪表、仪容不仅是代表自我形象,更代表银行整体形象和工作作风。其仪表、仪容既要符合国际惯例,又要符合银行规范要求和职业特点。

(一) 发型

男士发型:发长不超过一寸,发尾不触及衣领,鬓角不遮耳线,在梳理过程中,应注意发型的梳理:啫喱水适当用水稀释,用手轻轻涂于前、侧、上、后发尾。切记:只涂发尾,不涂发根。

女士发型:短发长不触及肩部,刘海不遮眉毛,工作时应将鬓角两侧头发放在耳后,让客户感觉清爽、职业、自信。长发必须盘起,尽量将刘海梳起,不在工作时梳披肩发,刘海不可遮住眉毛,应用啫喱水定型。发型梳理:要求长发盘起,应低盘头,先用黑色皮筋固定,再用发夹、发网将盘起头发网住,并用手整理发网,使整个发网饱满、圆润。啫喱水用少量水稀释,把刘海、鬓角两侧的头发一定梳起定型,不可以有散乱的头发。

(二) 饰品

银行员工由于职业特点,对饰品的佩戴有很严格的要求。银行工作是一个严谨的职业,员工必须以整洁、干练、自信、端庄、大方的职业形象出现在客户面前,因此,不允许佩戴夸张的饰品,女员工手部佩戴戒指最多一个。不可以佩戴过于夸张醒目的玉镯、水晶镯和手链。员工佩戴一个或多个饰品显得不够严肃和规范,这一点不符合规范要求。

男士唯一的饰品是手表。腕表佩戴有很大讲究,银行员工不合适佩戴太名贵的手表,与银行员工职业特质不太相符,特别是普通员工,与其收入水平不相符;也不能佩戴太低廉的手表,会显得比较虚浮,没有分量,给人的误导是能力欠缺,品位不够。因此商界男士最好佩戴稳重、大方、不张扬、品质精良、稍薄、轻便型腕表。

（三）仪态

1. 站姿。

站立时，抬头、挺胸、收腹、含口、夹肩，双臂自然下垂置于身体两侧或双手交叠自然下垂，双脚并拢，脚跟相靠，脚尖微开。不得双手抱胸、叉腰。

女士：脚尖呈 V 字或丁字状，双手交叉放于腹前。

男士：双手自然置于两侧，中指紧贴裤缝。或者双手交握手腕，自然置于身体前。

2. 坐姿。

坐下时，上身自然挺直，两肩平衡放松，后背与椅背保持一定间隙，至少坐满椅子的 2/3，不用手托腮或趴在工作台上，不抖腿，不跷二郎腿。

女士：双膝自然并拢，腿往回收。当椅子过低时，双膝并拢侧向一边。

男士：两腿略分开或交叉重叠。

3. 走姿。

走路时，抬头、挺胸、收腹，步伐有力，步幅适当，节奏适宜。不奔跑追逐，不边走边大声谈笑喧哗。

女士：手轻轻放在两边，自然摆动，身体有向上拉长的感觉，不拖泥带水。

男士：步伐稳重，摆臂自然，充满自信。

二、仪容

仪容是指一个人面容：脸部、手部、颈部及所有不被服饰遮掩住的肌肤，它是一个人仪表礼仪的重要组成部分。银行员工展示良好的仪容礼仪，首先要"以貌取人"，学习和掌握面部肌肤的保养和得体的化妆，展示自己的健康风采。

（一）面容

男士的脸部不用化妆，脸部的清洁、清爽是关键。要经常清理耳孔里的分泌物、灰尘及耳毛。眼部是被别人注意最多的地方，时刻注意眼部的清洁。在工作岗位上，特别在室内，切忌戴墨镜。注意经常修剪鼻毛。如果没有特殊的宗教信仰或民族习惯，应该坚持每天刮胡须。

（二）指甲

在仪容中，手占有重要位置，肢体语言中，手部动作也是最多的，手的形象与人的整体形象密切相关。要随时清洗自己的手，用香皂搓洗，包括手腕。洗后为防止干裂可以涂上护手霜。及时修剪指甲，女士不能涂有色指甲油。

（三）化妆

化妆是一门技术也是一门艺术。化妆是通过美容手段和美容用品来美化容颜。银行员工根据工作需要，根据不同环境来修饰自己的仪容，增强面部的立体感，美化自我形象，也是对客户的尊重。

任务二　职业着装准备

【案例导入】

中国农业银行营业网点员工着装规范

一、女员工着装规范

（一）春秋装

（1）着长袖衬衫（外放）、长裤，佩戴领结，穿黑皮鞋、深灰色丝袜，盘发；

（2）着长袖衬衫、马甲、筒裙，佩戴领结，穿黑皮鞋、深灰色丝袜，盘发；

（3）着长袖衬衫、马甲、长裤，佩戴领结，穿黑皮鞋、深灰色丝袜，盘发；

（4）着长袖衬衫、西服上装、筒裙，佩戴领结，衬衫领子翻出，衬衫领口需与外套领口齐平，穿黑皮鞋、深灰色丝袜，盘发；

（5）着长袖衬衫、西服上装、长裤，佩戴领结，衬衫领子翻出，衬衫领口需与外套领口齐平，穿黑皮鞋、深灰色丝袜，盘发。

（二）夏装

（1）着短袖衬衫、筒裙，佩戴领结，穿黑皮鞋、深灰色丝袜，盘发；

（2）着长袖衬衫、筒裙，佩戴领结，穿黑皮鞋、深灰色丝袜，盘发；

（3）着短袖衬衫（外放）、长裤，佩戴领结，穿黑皮鞋、深灰色丝袜，盘发。

二、男员工着装规范

（1）着短袖衬衫、西裤，穿黑皮鞋、深色袜子；

（2）着长袖衬衫、西裤，打领带，领带紧贴衬衫领口正中，长度在皮带扣上下缘之间，穿黑皮鞋、深色袜子；

（3）着长袖衬衫、马甲、西裤，打领带，领带放于马甲内，领带紧贴衬衫领口正中，长度在皮带扣上下缘之间，穿黑皮鞋、深色袜子；

（4）着长袖衬衫、西服、西裤，打领带，领带紧贴衬衫领口正中，长度在皮带扣上下缘之间，穿黑皮鞋、深色袜子。

在社交场合中正确着装是礼仪的重要要素，提倡着装遵循"TPO"原则，TPO是英文Time、Place、Object三个词首字母的缩写。T代表时间、季节、时令、时代；P代表地点、场合、职位；O代表目的、对象。这个原则要求服饰应力求和谐，以和谐为美。着装要与时间、季节相吻合，符合时令；着装要与职业、场合相宜，这是不可忽视的礼仪原则。工作时间着装应遵循端庄、整洁、稳重、美观、和谐的原则，能给人以愉悦感和庄重感。

一、女性银行客户经理

西服套裙是女性的标准职业着装，可塑造出有力量感的形象。以下是女性可以通用的着装标准。穿法：女性的西装上衣如果是单排扣的可以不系扣，双排扣的则应一直系着（包括内侧的纽扣）。颜色：职业套裙的最佳颜色是黑色、藏青色、灰褐色、灰色和暗红色。精致的方格、印花和条纹也可以接受。

衬衫：衬衫的颜色可以是多种多样的，只要与套装相匹配就可以了。白色、黄白色和米色与大多数套装都能搭配。内衣：要确保内衣合身、身体曲线流畅，既穿得合适，又要注意内衣颜色不要外泄。

丝巾：选择丝巾时要注意颜色中应包含套裙的颜色。

袜子：女士穿裙子应当配长筒丝袜或连裤袜，颜色以肉色最为常用。女士袜子一定要大小适宜，绝对不能穿随时都可能往下掉的袜子。尤其要注意，女士不能在公众场合整理自己的长筒袜，而且袜口不能露在裙摆外边。不穿带图案的袜子。应随身携带一双备用的透明丝袜，以防袜子拉丝或跳丝。

鞋：传统的皮鞋是最实用的职业用鞋，鞋跟高度应该以3~4厘米为主。正式的场合不能穿凉鞋、后跟用带系住的女鞋或露脚趾的鞋。鞋的颜色应与衣服下摆一致或再深一些。推荐中性颜色的鞋，如黑色、藏青色、暗红色、灰色或灰褐色。不要穿红色、粉红色、玫瑰红色和黄色的鞋。

二、男性客户经理

（一）工作服穿着要求

穿着整齐的工作服给顾客以规范、严谨、积极、干练的感觉。穿工作服的时候要注意：一是忌脏。二是忌皱。穿工作服的时候，不能乱倚、乱靠、乱坐。三是忌紧。过紧只会破坏服装的美感，把自己的不足暴露在别人面前。在穿工作服的时候，按规定要求配套使用衬衫、鞋袜、领带和皮带等。如果没有对其他服饰统一规定，也不能胡乱搭配。

（二）男士西装要求七步曲

第一步：拆除商标。商标通常处于领口、袖口、内衣口袋处。新洗完的西服，通常下摆处有洗衣店手针缝的标识，穿着之前都要记得拆掉。

第二步：熨烫平整。

第三步：扣好纽扣。如果穿了背心或羊毛衫，可以不系纽扣。双排扣子的西服，必须系好全部纽扣。

第四步：避免卷挽。挽起衣袖和卷起裤脚，都是粗俗失礼的表现。

第五步：减轻口袋压力。为了西服外观不走样，尽量少往西服口袋里装东西，甚至不装。外胸袋只能放一块用来装饰的真丝手帕，内侧的胸袋可以放钢笔、钱夹或名片夹，外侧下方的大口袋，原则上不放任何东西。西裤侧面口袋只可以放纸巾、钥匙包或小钱包，西裤后侧口袋最好不放任何东西。

第六步：三不要。衣袖不过长；衣领不过高；不要只穿一套，最好准备两套以上，以利于纤维慢慢恢复原状，不变形。

第七步：注意搭配。

西装的标准穿法是内穿衬衫，衬衫内不穿棉纺或毛织的背心、内衣。如果确实需要在衬衫内穿其他衣服的时候，以一件为限，否则会显得臃肿。内衣颜色不要比衬衫颜色深，免得映衬在外。内衣的领口和袖口也要比衬衫低，以免外露。较冷地区，可考虑穿保暖衬衫。

（三）衬衫的穿着要求

商业银行客户经理穿着与西装相配套的衬衫，应当是长袖的，主要以棉毛制品为主的正装衬衫，以棉毛为主要成分的混纺衬衫，也可以酌情选择。要求是单一色彩，白色是最佳选择。衬衫不要有任何图案。穿衬衫时要注意：一是要系上所有纽扣，只有不打领带的时候，才可以解开衬衫的领扣；二是衬衫的下摆要收好。立领衬衫，因无法系领带，所以不适合银行工作人员穿。

（四）领带的选择、搭配和使用规范

领带是西装的灵魂，是男士西装最抢眼的饰物。要将领带结打得挺括、端正，并且在外观上呈倒三角形。收紧领结时，如果在下面压出一个窝儿，看起来更加美观自然。注意领带结的大小要和衬衫衣领的大小成正比。一般领带打好之后，领带下端正好碰到腰带扣就行。领带不要打得过紧，否则不但影响美观，还会限制血液流向头部，容易引起眼部疲劳。深色西装可以配颜色华丽的领带；浅色的西装，领带也要素雅一些，但避免使用颜色过浅的领带，否则不容易衬托出对比效果，如果西装和衬衫颜色过深，较浅的领带又会显得轻浮。

（五）鞋袜的搭配常识

选择和西装配套的鞋子，只能选择深色、单色的皮鞋，黑色牛皮鞋和西服最般配，皮鞋应该没有任何图案、装饰。系带皮鞋是最规范的，磨砂皮鞋、翻毛皮鞋不适合，要保持皮鞋油光可鉴。与西装、皮鞋相配套的袜子，建议以纯棉纯毛为主要成分，应选择较深单一颜色的袜子，黑色最正规。忌穿白色袜子，也不要穿彩色或发光发亮的袜子。

任务三　职业礼仪练习

【案例导入】

某银行为答谢银行客户对本行一年来工作的支持，决定在年末举办大型答谢会，答谢会的餐点初步确定为西餐酒会，参会人员包括客户、银行高层及客户经理。客户经理的工作包括拜访客户（当面拜访或者电话拜访）、邀请客户、接送客户，以及餐会上招待客户。作为答谢会的主人，应当如何来准备此次答谢会，礼仪方面应该如何注意呢？

一、拜访客户

（一）准备工作

成功的银行产品营销，除了要求营销人员娴熟地掌握和运用本行业的专业技能和熟悉产品组合搭配之外，还要高度领悟本银行产品促销策略。因此，银行对产品的营销手段除媒体广告和营业推广等，很大程度上还需要客户经理走出去，拜访原有客户、准客户和潜在客户，以面对面的交谈方式，来说服、引导，从而促使客户购买和使用商业银行提供的产品和服务。

在初次交往中，第一印象很重要。掌握拜访礼仪也很关键，应该注意以下细节：
- 明确每次拜访的目的，清晰的目的是工作的方向；
- 了解有价值的客户信息，正所谓"知己知彼，百战不殆"，在拜访前了解客户基本信息，包括工作、家庭、性格、需求等能大大提高拜访的效率；
- 准备好资料和辅助工具，如名片（应适当多带几张）、产品说明书、银行宣传资料、笔记本、书写工具；
- 随时准备应对客户的所有问题；
- 根据拜访计划安排拜访时间，任何人都不欢迎不速之客，应提前预约，得到允许后再去拜访才行；
- 进行拜访客户演练，为了保证拜访的成功，可以在拜访之前进行演练。

（二）递送名片礼仪

递交名片时，用双手将名片正面对着对方送上，切忌用左手递名片。若是外宾，最好将名片上印有英文的一面对着对方。如果同时向多人递送名片时，可按由尊而卑或由近而远的顺序依次递送。

接过名片时，应捧在面前，从头到尾认真地看一遍，最好能将对方姓名、职务职称轻声读出来，以示尊重。同时也避免了在交谈中出现张冠李戴等失礼现象。

（三）介绍礼仪

介绍客人时首先要向对方打招呼，使双方都有思想准备。介绍客人时注意先后顺序。
- 先把职位低的人介绍给职位高的人；
- 先把男士介绍给女士；
- 先把晚辈介绍给长辈；
- 先把未婚者介绍给已婚者；
- 先把下级介绍给上级；
- 在把个人介绍给团体时，如双方地位、身份差异不大，则应把个人介绍给团体，然后再把团体介绍给个人；
- 如个人身份和地位明显高于团体，应将团体先介绍给个人。

（四）握手礼仪

握手是人与人交际的一部分。握手的力量、姿势与时间的长短往往能够表达出不同礼遇与态度，显露自己的个性，给人留下不同的印象，也可通过握手了解对方的个性，从而赢得交际的主动。美国著名盲聋女作家海伦·凯勒曾写道：手能拒人千里之外；也可充满阳光，让你感到很温暖。事实也确实如此，因为握手是一种语言。握手在许多国家已成为一种习以为常的礼节。

握手时，伸出右手，适当用力紧握对方右手；注视对方，微笑致意或简单问候、寒暄，不可左顾右盼；应起身站立并且摘下帽子，不可把另一只手放在口袋中，不戴着手套握手。

握手顺序按照"尊者为先"的原则。在正式场合，以上级先伸手为礼；在日常生活中，以长辈、女士、已婚者先伸手为礼；在社交场合，以先到者先伸手为礼；在师生之间，以老师先伸手为礼；在接待来客时，以主人先伸手为礼，客人告辞时，以客人先伸手为礼。

男士与女士握手不宜时间过长、力度过大。在多人同时握手时，不可交叉握手。不可跨着门槛握手。如果手脏、手凉或手上有水、有汗时，不宜与人握手，并主动向对方说明不握手的原因。

二、宴请用餐

（一）宴请组织礼仪

首先要明确宴请对象包括宴请主宾的身份、国籍、习俗、爱好等，以确定宴会的规格、主陪人、餐式等。明确目的，国际上通用宴请主要分为宴会、招待会、茶会和工作进餐等四种形式。

其次要明确宴请的时间和地点。在时间上，不选重大节日、假日或禁忌时间；先和主宾协商，再发邀请；地点以环境幽雅，交通方便为宜。

必要时精心制作请柬，认真发送确认，请柬应提前1~2周发出。临近宴会要用电话、邮件、短信等方式与客户确定以示重视。

（二）用餐礼仪

本书主要介绍中餐和西餐的用餐礼仪。

1. 中餐礼仪。

中餐礼仪是中华饮食文化的重要组成部分之一。它所指的主要是以中餐待客应当自觉遵守的习惯做法和传统习俗。

宴请时席位的排列。首先是桌次排列，两桌组成的小型宴会，餐桌的排列，有时需要横排，有时需要竖排。两桌横排时，桌次以右为尊。这里所讲的右与左，是由面对正门的位置来确定的。这种做法也叫"面门定位"。当两桌竖排时，其桌次讲究以远为上，以近为下。这里所讲的远近，是以距离正门的远近而言的，此法也叫"以远为上"。为方便宾客及时准确地找到自己的位次，除安排人员引导外，还要在桌子上事先放置座位卡。举办涉外宴会时，座位卡应以中、英文两种文字书写。我国的惯例是，中文写在上面，英文写在下面。必要时，座位卡的两面均应书写用餐者的姓名。

用餐还需注意的礼仪包括，进餐动作文雅，吃饭喝汤时不要发出不雅的声音，如果餐具不慎碰掉，不必拾起，也无需向服务员道歉，做到不动声色。使用牙签时，不张嘴剔牙，用牙签时用一只手遮住嘴。

商务礼仪中往往会涉及席间祝酒，因此需要确定敬酒的顺序，明确敬酒中的注意事项。包括敬酒顺序，按身份高低或座次顺序碰杯，主人与主宾先碰，人多时可同时举杯不需逐一碰杯，男士举杯应略低于女士酒杯，主人祝辞时暂停进餐。

席间谈话。商务用餐是达成交易的一个重要机会，有利于增强银行客户经理和客户之间的了解，建立信任感，因此席间谈话尤为重要。在就餐时，主人主动提出交谈话题，交谈的话题最好双方都感兴趣，并且能够将话题引入到宴请目的之中。作为主人，也不能只同个别人交谈，更不能一言不发，同时也应注意，不能一边说话一边进食。

宴会结束时把椅子放回原位。男士应帮助身边的女士移开座椅，并帮其放回原处。离开宴会顺序：身份高者、年长者或女士先走。一般情况下贵宾是第一告辞的人。送客时，应该提醒其所携带或是寄存的物品，并且鞠躬致意，尽量等客人完全离开视线后再返回座位。

2. 西餐礼仪。

西餐中非常讲究用餐的菜序，一般来讲，正餐的菜序包括开胃菜、面包、汤、主菜、点心、甜品、果品、热饮。

准点到场。原则：抵达过早或过晚，均为失礼。既不要迟到，又不要早到15分钟以上。最佳：迟到5~10分钟。

礼貌入席。当长辈、女性入座时，晚辈、男性应走上前去将他们的座椅稍向后撤，待他们坐下时，轻轻将椅子向前推一点。落座后椅子和餐座之间不要过近或过远。双腿靠近，两脚平放在地上，坐端正。双手不应放在邻座的椅背或餐座上，更不要用两肘撑在餐座上。

西餐进餐时要求举止高雅、进食噤声、防止异响、慎用餐具、正襟危坐、吃相干净。

【知识链接】

餐巾的暗示

1. 暗示用餐开始（女主人铺开餐巾）。
2. 暗示用餐结束（女主人把餐巾放在桌上）。
3. 暗示暂时离开（放在椅面或者椅背上）。

【模块训练】

训练一

1. 训练主题：快速熟练地掌握产品知识。
2. 训练步骤：
（1）教师收集银行各种产品和服务的资料；
（2）5位同学一组，通过5~10分钟的产品知识学习，由教师来进行考核，同组同学可以进行补充；
（3）完成产品知识最全面、最快速的组为优胜；
（4）小组间相互交流掌握产品知识学习技巧；
（5）训练效果自我评价、小组互评。
3. 教师点评。

训练二

1. 训练主题：提高业务公关能力。
2. 训练步骤：
（1）教师收集客户经理在面对客户时可能遇到的各种情况；
（2）5位同学一组，对本组抽到的情况进行3~5分钟的分析，派代表讲述本小组如何处理；
（3）其他组同学可以就这一情况共同进行分析讨论；
（4）各小组通过对不同情况的分析提升业务公关能力；
（5）训练效果自我评价、小组互评。
3. 教师点评。

【知识链接】

招商银行对客户经理的基本素质要求

由于客户经理对外代表我行的综合形象，因此，客户经理制对客户经理的基本素质要求很高。具体表现在：

(1) 服务意识。以客户为中心，按客户需求设计业务合作方案。
(2) 责任心。以工作为重，以银行发展为重，遵守职业道德，履行岗位职责。
(3) 工作条理性。能制定先进科学的年度业务发展计划，包括业务量、营销费用、其他业务费用和利润等计划，并按计划分阶段组织实施。
(4) 分析能力。熟练掌握业务信息来源渠道，具备较强的收集和分析信息资料的能力。
(5) 知识面。知识广博，能够参与银行市场营销各环节的工作，包括市场分析、产品开发、产品定价、业务量预测、成本核算与利润测算等，确立市场营销目标，制定营销策略。
(6) 协调能力。能有效地利用银行内外的一切资源，与银行业务部门和后勤服务部门友好合作。
(7) 沟通能力。掌握沟通技巧，善于向客户表达自己的观点和看法，能够获得客户的信任和帮助，以利于业务拓展。
(8) 团队精神。有合作意识，能服从大局需要，放弃个人利益，以完成部门和全行的工作目标。
(9) 创新精神。具有创造性思维能力，不断改进自己的工作效率和服务水平，提出业务改进思路和创新方案。

模块四　客户经理职业技能训练

【任务描述】

1. 本模块的操作任务。
(1) 掌握市场调查与展业技能；
(2) 掌握报告分析与撰写技能；
(3) 掌握沟通协调与公关技能。

2. 完成工作任务的标志性成果。
(1) 根据给定任务和工作场景进行市场调查并进行展业；
(2) 根据给定任务和工作场景进行报告分析与撰写；
(3) 能够运用沟通协调与公关技能应对不同的任务和工作场景。

任务一　市场调查与展业技能

【案例导入】

市场调查有多重要？

1950年初，朝鲜战争到了剑拔弩张、一触即发的时刻。美国政府就发动朝鲜战争中国是否会出兵的问题展开了反复的讨论。讨论的结果是中华人民共和国刚刚成立，百废待兴，自顾不暇，不会也不敢出兵。

当时，美国对华政策研究室接到一个秘密情报：欧洲有个"德林软件公司"，集中了大量人力和财力研究出了一项对美国来说非常有用的课题："如果美国出兵朝鲜，中国的态度将如何？"研究成果出来以后，打算把它卖给美国。据说这个成果只有一句话，却索价500万美元（当时折合一架最好的战斗机）。用500万美元买一句话，美国人认为简直是发疯，他们一笑置之。

朝鲜停战后，美国国会开始辩论"究竟出兵朝鲜是否有必要"的时候，才有人想起德林公司的研究成果。美国才以 300 万美元买下德林公司的研究成果。其实最终的研究成果只有 7 个字："中国将出兵朝鲜。"另附了几百页的论证材料。美军司令麦克阿瑟谈起这件事时大为感慨地说："我们最大的失策是：舍得几百亿美元和数十万军人的生命，却吝惜一架战斗机的代价。"

一、市场调查

随着银行竞争的加剧和市场营销走向专业化，市场调查分析的作用越来越明显。具有市场调查、市场预测、市场分析能力，同时又具有行业专业知识的人才日益受到银行的重视。市场调查是银行了解和掌握市场现状，判断发展趋势，制定营销战略和策略的基础和有效工具。随着商业银行客户经理职能的转变，对于客户经理的综合素质和服务技能的要求也相应提高，客户经理要想真正做好对市场的分析和客户的分析职能，还需要掌握一定的调查分析技能。

客户经理市场调研主要是通过各种调查工具和手段，对所关注的行业进行调查，并依据调查的结果进行分析。整个工作过程涵盖了统计学、经济学、心理学等多方面的知识，结合商业银行客户经理的自身工作来看，主要掌握以下几个方面知识和技能：

（一）常用的市场调查工具

市场调查知识是指掌握调查工具，熟悉调查程序，熟练调查手段等。因此，市场调查分析人员在技术上要求能独立进行调查方案设计、问卷设计和抽样设计；能对收集的调查资料进行准确的数据处理并进行分析；能撰写较高质量的调查分析报告等。丰富的调查知识是调查分析人员的基础支撑。商业银行客户经理要有意识地去掌握一些常见的调查工具。

（二）实用的营销学知识

市场调查是营销工作的起点，最终目的是为了使营销效果更加明显。因此，市场调查和分析人才需要具备深厚的营销学知识。这种知识包括商品学、消费心理学、营销技巧等。只有这样才能使调查做到有的放矢。作为商业银行客户经理需要掌握通过对客户的销售分析指导，让客户利润得到提高的技能。

（三）简要的管理学理论

营销不仅仅是商业银行管理层和营销部门的工作，同时还和整个商业银行管理层息息相关，市场调查分析也应该关注企业管理方面。企业所有的人事变动、财务运行、企业发展战略等信息都是市场调查分析从业者要关注的焦点，而这一切都是以企业管理为基础。市场调查分析从业者只有透析了企业管理的精髓，才可能了解自己企业和竞争对手的运转状况和运转方式及原因，并进行客观的分析。如客户经理对于企业的成本费用、利润水平等数据的计算，通过这些方法取得的结果就涉及企业管理层面，为企业降低成本费用、改进工作流程提供科学依据。

（四）深厚的行业知识

市场调查分析是针对行业进行的，作为调查分析人员，通常情况下应关注行业发展动态。作为商业银行客户经理，深刻了解本行业运行的方式，国家通过了哪些法律、法规和政策；对行业运作产生哪些重大影响；业内哪些银行是目前的竞争对手；哪些有可能成为潜在的竞争对手等。了解行业即所谓的"知己"——知道自己银行运行机制产生的原因；"知彼"——知道业内已经和可能产生的动态和趋势，以及自己在业内所处的地位和环境。

【案例分享】

泰国水上银行

所谓的水上银行，就是一条普通的木船，船舱就是营业室。营业室有5名职员，里面和所有的储蓄所一样，放着电脑、存折、打印机和大约32万份开户档案，当然还有现金。

其客户多是在湄南河和运河沿岸做小生意的普通市民。他们存取款的数目都不大，但却是这家分行的忠实客户。

水上银行发给每个客户一面印有政府储蓄银行标志的天蓝色小旗。如果需要服务，客户就在码头上插上旗子，银行的人就知道这家有业务要做。刮风下雨时他们准备了两根分别长2米和3米的木棍，在木棍顶端捆一个塑料篮。在浪大不好靠岸的时候，就通过这个塑料篮同客户交换现金、存折和单据。

工作人员和大多数客户都像朋友一样，彼此熟悉，互相信任。很多客户都直接把存折存在分行，存钱的时候只需把现金留下，银行的工作人员就会为他们办妥一切。船开过水上市场时，随时会有商贩划着载满货物的小木舟追了上来。他们甚至不需要交存折和单据，只丢下现金，然后就可以一刻不停地赶回去做生意了。

泰国水上银行的产生正是对市场的调研和分析的结果。

二、展业技能

（一）客户需求调查与研究

银行调研部门负责市场研究，客户经理不断提供行业动态信息（如其他银行占领市场的方法、推出的新产品等）并反映客户实际需求。为了提高客户经理提供信息的积极性，需要在考核中统筹考虑客户经理这方面的成绩。

（二）制定展业前的计划

客户经理在展业前应做好事前的工作计划。工作计划应根据具体业务开展情况制定每日计划、每周计划等。客户经理制定工作计划应该注意以下问题：

（1）计划目标应具有一定的激励作用，可以适当选择较高的目标以起到激励自身努力工作的目的。另外，计划目标还应具有可实现性，切合实际。

（2）计划目标制定后不是一成不变，实际工作中可能会遇到很多新情况、新问题，所以应对计划目标进行适时调整。

（三）客户选择与分析

1. 发掘客户的有效途径。

（1）现有客户推荐。如法国银行要求现有客户每年提供5个新客户（但不强求）。

（2）亲友及同事推荐。特别是个人银行业务，如信用卡业务。

（3）拜访不活跃客户。这样做的好处是发展客户的速度较快。

（4）报纸、杂志、广告及其他媒体。香港银行要求客户经理每天早上看报半小时，从新闻中找生意，部分银行要求客户经理每天做所负责行业的剪报，以免客户经理浪费时间只看娱乐专栏。如发现某间公司一年后要上市，可以先打公司总机问清财务老总姓名和传真号码，然后传真一个简短致函及相关银行业务简介过去。待1~2个小时后再打电话询问是否收到传真，并由此打开话头，最后可以要求面见，这样做一般效果不错。

（5）上市公司名录。

（6）行业性公司名录/专业人士名录。

（7）展览会/讲座/交流活动。主要是互相交换名片，并交谈了解情况，以决定是否作进一步的跟进。

（8）社团/社区组织及其活动。

（9）陌生拜访（COLD CALL）。对初入道客户经理较适用。香港有个形象的说法叫"洗楼"，即先准备好致公司的一封信、业务简介等资料，然后从一栋大楼的最高层开始，一层层往下逐个拜访。这样做的成功率较低，但如果坚持并做出经验来了，仍会有不小的斩获。

（10）其他渠道。如通知行、现有客户的顾客——供应商及其他经营伙伴等。

2. 提供具体金融服务。

作为一位客户经理必须有全方位的业务发展策略，尽量为银行带来各类收入。现在的趋势是交叉式销售，扩大收费业务比例。美资银行的中间业务收费收入高达40%~50%，香港本地银行该比例为10%~30%，由于此类收入基本无风险，且不受资本充足率限制，银行想尽办法做中间业务，已成银行业的发展方向。银行可以通过提供一站式服务来增加客户黏性。"一站式"服务包括：房地产放款业务、工商贷款、贸易融资、存款业务、企业咨询服务，还可以与个人金融部合作为企业经营者提供私人银行和零售银行业务服务。

（四）填写工作日志

客户经理应做好工作日志的填写工作，工作日志可作为展业资料保存，便于以后查询。

【补充阅读】

集团客户展业

集团客户是指同一工作单位的目标客户在同一银行网点人数在5人以上的客户群体。

为保证集团客户的质量，集团客户开发对象要求为当地经济效益好的行政事业单位、国有企业、上市公司、外资企业。主要有以下几类：

(1) 各级行政机关、报社、电台、电视台、学校、医院；

(2) 垄断性行业企业：石油、化工、供水、供电、供气、公交、地铁、烟草、电信、邮政、铁路；

(3) 高收入行业：律师事务所、会计（审计）师事务所、估价师事务所、拍卖行、典当行等；

(4) 金融类企业：银行、保险公司、信托公司、担保公司、财务公司、投资公司等；

(5) 经济效益好的大中型国有企业、外资企业、民营企业；

(6) 上市公司和高新技术企业。

集团客户展业的主要途径有：

（1）银行对公司业务客户经理提供客户信息资源；

（2）客户经理通过自身社会关系获得；

（3）通过加强客户服务，由核心客户带来其周围的客户群；

（4）通过在机关、学校、企事业单位举办联谊会、体育比赛等方式建立与目标客户的联系，进而拓展客户业务；

（5）保险公司建立战略联盟，分享客户资源。

各营销团队可根据当地的竞争情况，在授权允许的范围内对集团客户采取灵活多变的营销手段。

【即问即答】

1. 市场调查需要具备哪些方面的知识？
2. 除了本书所列的展业方法外，你还有更好的方法吗？

任务二 报告分析与撰写技能

【案例导入】

A城市商业银行准备在某二线城市开拓新市场，通过区域细分，指定某客户经理作为负责人，带领团队对市场进行调查，并撰写调查报告为银行业务开拓提供资料。

一、市场调查分析

（一）分析方法

商业银行客户经理通过市场调查，可以对收集到的资料进行两方面的分析，一是定性分析，二是定量分析。

定性分析是对研究对象进行"质"的方面分析。即运用归纳和演绎、分析与综合及抽象与概括等方法，对获得的各种材料进行思维加工，达到认识事物本质、揭示内在规律。例如，以下的表述是典型的定性分析："高端服务"，××银行在这点上做得很好，能够专注于高端客户，充分利用自己的品牌优势，吸引高端客户；从××银行的信用卡消费也可以看出来，它的客户都是大量信贷的客户。

而定量分析是对社会现象的数量特征、数量关系与数量变化的分析。例如，"从财务上看，××银行2012年的业务及管理费用是143.54亿元，比上年增长了50.81%，经营费用的增长幅度低于营业收入增长幅度14.54%，所以费用效率有所提高。"定量分析通过对数据的整理，用图表的方式表达，最常见的定量分析图表有柱状图、饼状图、趋势图等。

（二）分析工具

在对市场信息进行分析时，常用工具有很多，包括SWOT分析，四象限分析及行业分析等，本书着重介绍SWOT分析法及四象限分析法。

1. SWOT分析。

SWOT分析方法是一种企业战略分析方法，即根据企业自身的既定内在条件进行分析，找出企业的优势、劣势及核心竞争力之所在。其中，S代表strength（优势），W代表weakness（弱势），O 代表 opportunity（机会），T 代表 threat（威胁）。其中，S、W 是内部因素，O、T 是外部因素。按照企业竞争战略的完整概念，战略应是一个企业"能够做的"（即组织的强项和弱项）和"可能做的"（即环境的机会和威胁）之间的有机组合。主要应用于客户需求，竞争对手及市场整体环境分析。

SWOT 分析方法的主要内容包括（图 1-3）：

（1）分析环境因素。运用各种调查研究方法，分析出企业所处的各种环境因素，即外部环境因素和内部能力因素。外部环境因素包括机会因素和威胁因素，它们是外部环境中直接影响企业发展的有利和不利因素，居于客观因素。内部环境因素包括优势因素和弱势因素，它们是企业在其发展中自身存在的积极和消极因素，属主动因素。在调查分析这些因素时，不仅要考虑企业的历史与现状，而且更要考虑企业未来的发展。

（2）构造 SWOT 矩阵。将调查得出的各种因素根据轻重缓急或影响程度等排序，构造 SWOT 矩阵。在这个过程中，要将那些对企业发展有直接的、重要的、大量的、迫切的、久远的影响因素优先排列出来，而将那些间接的、次要的、少许的、不急的、短暂的影响因素排在后面。

（3）制定行动计划。在完成环境因素分析和 SWOT 矩阵的构造之后，便可以制定相应的行动计划了。制定计划的基本思路是：发挥优势因素，克服弱点因素，利用机会因素，化解威胁因素；考虑过去，立足当前，着眼未来。运用系统分析的方法，将排列与考虑的各种因素相互联系并加以组合，得出一系列企业未来发展的可选择对策。

商业银行SWOT分析

STRENGTHS	WEAKNESSES
优势在哪里？ 优势是什么？	有什么不足？ 为什么不足？

OPPORTUNITIES	THREATS
机会在哪里？ 外在的？内在的？	挑战来自哪里？ 有哪些挑战？

图 1-3　商业银行 SWOT 分析

【练一练】

选择一家银行，尝试使用 SWOT 方法对其进行分析。

2. 四象限分析。

四象限分析法也叫作波士顿咨询集团法、产品系类结构管理法（图 1-4），是由美国著名的管理学家，波士顿咨询公司创始人布鲁斯·亨德森于 1970 年首创。该方法将企业所有产品从销售增长率和市场占有率角度进行再组合。在坐标图上，以纵轴表示企业销售增长率，横轴表示市场占有率，各以10%和20%作为区分高、低的中点，将坐标图划分为四个象限，依次为"问题"、"明星"、"金牛"、"瘦狗"。企业可将产品按各自的销售增长率和市场占有率归入不同象限，使企业现有产品组合一目了然，同时便于对处于不同象限的产品作出不同的发展决策。其目的在于通过产品所处不同象限的划分，使企业采取不同决策，以保证其不断地淘汰无发展前景的产品，保持"问题"、"明星"、"金牛"产品的合理组合，实现产品及资源分配结构的良性循环。

该方法主要应用于产品和竞争对手分析。

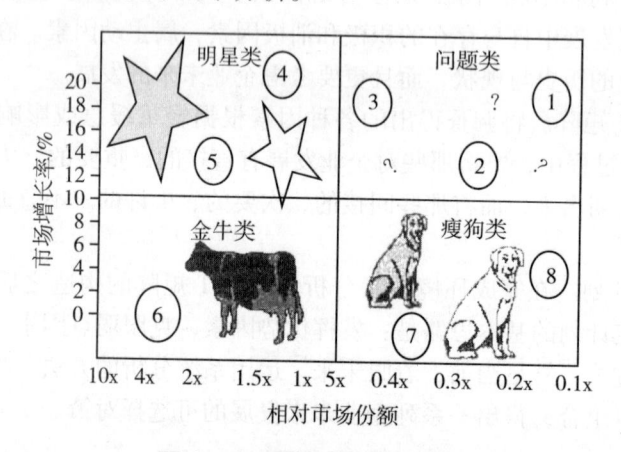

图1-4 四象限分析坐标

【练一练】

以小组为单位，收集目前市场上商业银行在市场占有率及市场增长率方面的数据，然后在波士顿四象限法的坐标轴上指出该银行的市场地位。

二、撰写报告

撰写市场调查报告是市场调查的最后一步。调查数据经过统计分析之后，只是为银行得出有关结论提供了基本依据和素材，要将整个调查研究的成果用文字形式表现出来，使调查真正起到发现问题、解决问题、服务银行的作用，则需要撰写调查报告。

（一）撰写原则

（1）切记调查的目标，并体现于报告之中；
（2）报告内容应扼要、重点突出；
（3）报告文字应简短中肯；
（4）报告的内容应力求客观；
（5）报告内容应加以组织；
（6）应具有报告的形式与结构。

（二）市场调查报告形式

一份完整的市场调查报告结构应当包含市场调查报告的标题、市场调查报告的引言、市场调查报告的主体。在市场调查报告的主题中应当包括调查背景及目的、调查方法的采用、调查信息数据分析办法、调查的原因及分析结果、对策及建议等五个方面。商业银行的市场调查报告根据不同银行的实际情况其侧重点有所不同。

【案例分享】

某国有银行市场调查报告（节选）

一、调查背景及目的

（一）背景

中国已经加入WTO，在重视科学技术是生产力的同时也应重视第三产业的发展，而现阶段中国的服务业远远落后于西方。中国要想在第三产业中争得一席之地，必须提高中国服务业水平。银行是一国金融业的根本，更应该首先做出表率。

（二）目的

本次调查不仅用于学术研究，同时也发现××银行服务系统存在的问题并为××银行提供改善服务系统的解决方案。

二、调查方法的采用

主要采用案头资料、街头拦截、人员观察的调查方法。通过××银行的官网了解××银行的质量服务标准和顾客反馈情况。街头拦截收集顾客对××银行的质量服务意见。人员观察通过观察人员对××银行的大堂内设施，以及工作人员的态度的观察得到相关数据。

三、调查信息数据分析结果

表1–3

年均去银行次数	6次以下	6到12次	13到16次	17到24次	24次以上
概率	10%	35%	32.5%	12.5%	10%

去银行办理的业务（可多选）	理财业务	投资指导	代理订票	信用卡业务	其他
概率	9%	13%	7%	40%	31%

办理理财业务中更关注	理财人员的专业素质	理财产品的盈利性	理财产品的多功能性	理财产品的种类	理财产品的风险性
概率	13%	31%	9%	40%	7%

卫生满意度	很满意	满意	一般	不满意	很不满意
概率	0	62.5%	22.5%	15%	0

基础设施应该改进方面	增加饮水设备	增设卫生间	增加座位数量	其他
概率	10%	70%	10%	10%

银行大厅环境指标还应改善	银行大厅空气质量	银行指示标识设置	银行秩序维护	银行安全性	银行大厅的明亮度	其他
概率	22%	32%	7%	13%	11%	15%

是否满意银行服务人员的工作态度	很满意	满意	一般	不满意	很不满意
概率	0	20%	50%	20%	10%

遇到态度冷漠甚至恶劣怎么做	向经理投诉	向消费者协会投诉	忍气吞声	其他
概率	25%	27.5%	25%	22.5%

排队时间	5分以内	5到10	10到20	20到30	30到60	60以上
概率	12.5%	27.5%	37.5%	12.5%	10%	0

银行服务需要改进方面	增加自助设备	增加营业窗口	合理收费	改善大厅环境	增加业务品种	改善服务提高效率	其他
概率	17%	22%	19%	7%	20%	10%	8%

顾客对××银行的服务态度持不满意的态度，而服务目前恰恰是我们国内银行业最为薄弱的环节，银行要提高竞争力必须进行全方位的关于服务的改革。银行硬件设施的缺失给顾客带来了很大的不便，为了银行为人民服务的理念必须增加建设。

四、调查出的问题及原因分析

（一）用一种方式对待所有的顾客

原因：银行制度死板，服务流程设计不完善。

（二）服务实现层次的错位

原因：如果把银行的服务进行层次划分的话，最低层次是便利，其次是效率、尊重、规范，最高层次是一致。而我们目前所做的工作却集中在做"规范"上，我们各级机构都制定了严格的服务规范，对员工的服务行为、语言等方面作了要求，但就服务的上升规律而言，只有做好了较低层次的，才能做好较高层次的服务。

（三）服务观念滞后

原因：服务质量的好坏很大方面决定于服务人员的素质，没有完善的培训机制，银行服务理念不能深入人心。服务质量的提高，应该是全方位地提高包括硬件设施也包括软件（银行企业文化等）。软件与硬件不能配套就会导致服务的不完整。

五、对策建议

（1）银行服务应当做到的是透过更佳的服务，找到顾客索求的价值点，向顾客提供成熟、可信赖和友好的服务，在客户实现自身利益最大化的前提下，实现银行利益的最大化，即差别化和个性化问题，实施服务质量控制，做好服务流程再造，把握服务管理的精髓——向员工授权。

（2）强化公司员工的服务意识，注重银行企业的文化在企业内部的传播，使服务人员树立为人民服务的信念。找到顾客的实际需求和潜在需求并设法满足。建立奖惩制度,对表现优秀的员工进行物质和精神上的奖励,以激励其他员工;对服务态度不好,受到顾客投诉多的服务人员进行惩罚,杀一儆百。

(3) 我们应该把客户从进入网点办理业务直到离去的整个过程称为服务,甚至可以延伸到非营业时间提供的电子产品的服务上。前台的服务效率、态度、规范当然算服务,但服务还包括网点的便捷性、门面的档次感、监控设施的完备性、门面空间大小、服务信息、咨询问题时得到答案的及时性与确定性、辅助设备的运行稳定性、管理者在公众场合的形象等。完善服务培训机制。

(三) 调研报告的写作技巧

在调研报告中使用图表帮助说明问题(图 1-5)。使用图表必须要有明确的目的性、不能只是为了装饰文字,以求悦目。通常情况下,在总结调查结果和报告正文当中所使用的图表,应该是扼要地介绍资料的图表。详细地介绍一切所搜集到的重要资料的图表,应该归入报告附件部分。调研报告中常用的图形有直方图或条形图、饼形图等,这些图表能够很清楚、形象、直观地表达所要说明的问题。

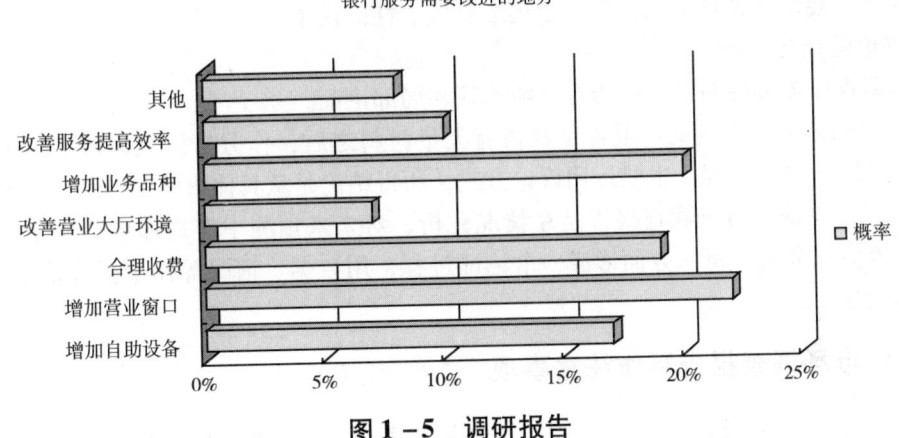

图 1-5 调研报告

(四) 调研报告的表达技巧

1. 叙述。

市场调查的叙述,主要用于开头部分,叙述事情的来龙去脉表明调查的目的和根据,以及过程和结果。此外,在主体部分还要叙述调查得来的情况。市场调查报告常用的叙述技巧有:概括叙述、按时间顺序叙述、叙述主体的省略。

(1) 概括叙述。叙述有概括叙述和详细叙述之分。市场调查报告主要用概括叙述,将调查过程和情况概略地陈述,不需要对事件的细枝末节详加铺陈。这是一种"浓缩型"的快节奏叙述,文字简约,一带而过,给人以整体、全面的认识,以适合市场调查报告快速及时反映市场变化的需要。

(2) 按时间顺序叙述。在交代调查的目的、对象、经过时,往往用按时间顺序叙述方法,秩序井然,前后连贯。如开头部分叙述事情的前因后果,主体部分叙述市场的历史及现状,就体现为按时间顺序叙述。

(3) 叙述主体的省略。市场调查报告的叙述主体是写报告的单位,叙述中用"我们"

第一人称。为行文简便，叙述主体一般在开头部分中出现后，在后面的各部分即可省略，不会因此而令人误解。

2. 说明。

市场调查报告常用的说明技巧有数字说明、分类说明、对比说明、举例说明等。

（1）数字说明。市场运作离不开数字，反映市场发展变化情况的市场调查报告，要运用大量数据，以增强调查报告的精确性和可信度。

（2）分类说明。市场调查中所获材料杂乱无章，根据主旨表达的需要，可将材料按一定标准分为几类分别说明。例如，将调查来的基本情况，按问题性质归纳成几类，或按不同层次分为几类。每类前冠以小标题，按提要句的形式表述。

（3）对比说明。市场调查报告中有关情况、数字说明，往往采用对比形式，以便全面深入地反映市场变化情况。对比要清楚事物的可比性，在同标准的前提下，作切合实际的比较。

（4）举例说明。为说明市场发展变化情况，举出具体、典型事例，这也是常用的方法。市场调查中，会遇到大量事例，应从中选取有代表性的例子。

3. 议论的技巧。

市场调查报告常用的议论技巧有归纳论证和局部论证。

（1）归纳论证。市场调查报告是在占有大量材料之后，作分析研究，得出结论，从而形成论证过程。这一过程，主要运用议论方式，所得结论是从具体事实中归纳出来的。

（2）局部论证。市场调查报告是在情况分析、对未来预测中作局部论证。如对市场情况从几个方面作分析，每一方面形成一个论证过程，用数据、情况等作论据去证明其结论，形成局部论证。

（五）市场调查报告写作注意事项

撰写一份好的调查报告不是件易事，调查报告本身不仅显示着调查的质量，也反映了作者本身的知识水平和文字素养。在撰写调查报告时，主要注意以下几个方面的问题：

1. 考虑读者。

报告应当是为特定读者撰写，不但要考虑这些读者的技术水平、对调查项目的兴趣，还应当考虑他们可能在什么环境下阅读报告，以及他们会如何使用这个报告。有时候，撰写者必须满足不同技术水平和对项目有不同兴趣的读者，为此可将报告分成几个不同的部分或干脆完全针对对象分别地撰写整个报告。

2. 力求简明扼要，删除不必要的词句。

调查报告中常见的一个错误认识是："报告越长，质量越高。"将所有过程、证明、结论都纳入到报告当中，导致的结果是"信息超载"的噪音。调查报告应该是精练的，不必要的东西都应省略。但不能为了达到简洁而牺牲了完整性。

3. 行文流畅，易读易懂。

报告应当是易读易懂的。报告中的材料要组织的有逻辑性，使读者能够很容易弄懂报告各部分内容的内在联系。使用简短的、直接的、清楚的句子把事情说清楚，比用"正确的"但含糊难懂的词语来表达要好得多。为了检查报告是否易读易懂，最好请两三个不熟悉该项目的人来阅读报告并提出意见，反复修改几次之后再呈交给用户。

4. 内容客观、资料的解释要充分和相对准确。

调查报告的突出特点是用事实说话，应以客观的态度来撰写报告。在文体上最好用第三人称或非人称代词，如"作者发现…"、"笔者认为……"、"据发现……"、"资料表明……"等语句。行文时，应以向读者报告的语气撰写，不要表现出力图说服读者同意某种观点或看法。同时，报告应当准确地给出项目的研究方法、调研结果的结论，不能有任何迎合用户或管理决策部门期望的倾向。

5. 报告中引用他人的资料，应加以详细注释。

通过注释，指出资料的来源，以供读者查证，同时也是对他人研究成果的尊重。注释应详细准确，如被引用资料的作者姓名、书刊名称、所属页码、出版单位和时间等都应予以列明。

6. 打印成文，字迹清楚、外观美观。

报告应当是专业化的，打印和装订都要符合规范。印刷中字体的大小、空白位置的应用等对报告的外观及可读性都会有很大的影响。同时报告的外观是十分重要的。干净整齐、组织得好的有专业味道的报告一定比那些匆匆忙忙赶出来的外观不像样的报告更可信、更有价值。撰写者一定要清楚不像样的外观或一点小失误和遗漏都会严重地影响阅读者的信任感。

任务三　沟通协调与公关技能

【案例导入】

A城市商业银行的客户经理已经做好了开拓市场的前期准备，接下来要开展具体的工作。客户经理面对的绝大部分都是陌生客户，具备沟通协调能力与公关技巧是开拓市场的基本技能要求。某银行职员与客户已经敲定了见面时间介绍银行产品与服务，该客户最感兴趣的是理财产品。

沟通是整体营销也是价值。客户经理是银行业务的窗口，代表了银行的整体服务水平和满足市场的能力。与客户沟通的好坏，决定了银行业务的开展成效。有人把沟通比作谈恋爱：两个人本来不认识，但是通过接触、交流、沟通、磨合，两人都向对方展示、营销了自己，如果彼此都给予了肯定，那就算成功了。而与客户沟通同样也需要用心、用情，同时也要注意方式方法，这样才能达到沟通的目的。

一、银行客户经理应有的沟通协调能力

（一）与客户沟通注意的方面

1. 与客户沟通的忌讳。

与客户沟通最忌讳的就是逞一时的口舌之能，虽然会获得短暂的胜利快感，但绝对不可能说服客户，只会给以后的工作增加难度。在与客户沟通时，不能摆出一副教人的样子，更不能做出若无其事的样子，这样都会引起客户的反感。真正的沟通技巧，不是与客户争辩，而是引导客户接受客户经理的观点或向客户经理的观点"倾斜"，晓之以理，动之以情。

2. 顾全客户的面子。

说服客户，应该顾全客户面子，要给客户有下台阶的机会。在客户尴尬的时候，找出最好的避免尴尬的方法。在交谈中注意态度和措辞。

3. 不要"卖弄"专业术语。

接触的客户可能对专业不甚了解，在与客户沟通时，尤其是向客户说明专业性用语时，最好的办法就是用简单的例子、浅显的方法来说明，让客户容易了解和接受，解释时不厌其烦，否则客户会失去听解释的耐心，使得客户经理达不到目的。

4. 维护商业银行的利益。

维护商业银行的合法利益是每一位员工应该做的，也是与客户沟通的出发点和基本原则。在与客户沟通时，不能以损失银行的利益为代价，博取客户的欢心，更不能以损失银行或他人的利益，来换取客户对个人的感谢或谋取私利。

（二）与客户沟通的技巧

1. 抓住客户的心。

摸透对方的心理，是与人沟通良好的前提。只有了解掌握对方心理和需求，才可能在沟通过程中有的放矢。适当的投其所好，客户可能会增加对客户经理的信任感，问题将会较好地解决或起码已成功一半。

2. 记住客人的名字。

记住客人的名字，可以让人感到愉快且能有一种受重视的满足感，在沟通交往中是一项非常有用的法宝。

3. 不要吝啬"赞美的语言"。

人性最深切的渴望就是得到他人的赞赏，这就是人类有别于其他动物的地方，经常给客人戴一戴"高帽"，也许就会改变一个人的态度；用这种办法，可以进一步发挥人的潜能，使戴"高帽"的人有被重视的感觉。

4. 学会倾听。

在沟通中要充分重视"听"的重要性。能善于表达观点与看法，抓住客户的心，使客人接受观点与看法，这只是沟通成功的一半；成功的另一半是善于听客人的倾诉。会不会听是能否与人真正沟通的重要标志。做一名忠实的听众，让客人知道客户经理在听，不管是赞扬还是抱怨，都得认真对待，客户在倾诉的过程中，会因为客户经理认真倾听的态度所感动，会对客户经理的人格加以认同，这才会为下一步的解释工作奠定良好的基础。

5. 培养良好的态度。

具有良好的态度，才能让客人接受客户经理；在沟通时，客户经理要投入热情；在沟通时，要像对待朋友一样对待客户。

二、公关能力

良好的公关能力可以优化关系资源，积聚无形资产，形成一种柔性生产力。公关能力对于客户经理来说，是获得客户认可的有力工具。客户经理的公关能力包括：

（1）先选出大户及重点户，排队探访。举办活动邀请客户，但要进行额度控制。宴请结束后客户经理要写一个简单的报告，说明与谁吃饭，关系如何、宴请目的等内容。

（2）与客户的财务部/会计部保持联系。

（3）适当地运用通融权限。每个客户经理都有各不相同的通融权限，层次越高，通融权限越大，但不能让客户知道银行客户经理有通融权限，更不能让客户知道这个通融权有多大。客户经理对通融权的使用也要富有技巧性，如即使马上就能答复客户的通融权，也不能立即同意，最好让客户感到客户经理是经过千方百计争取才把客户的通融要求解决的，否则通融在客户看来没有什么价值，这叫"美丽的谎言"。例如，在中国香港，客户90%的通融要求可以在客户经理区域中心负责人处得以解决，对总部的冲击相对较小。

（4）主动向客户提供实用而客观的资讯（注意保密原则）。

（5）礼节性接触。例如，赠送恰当的礼物。如客户开新公司、小孩结婚等，可以送给客户一些小礼物。但小礼物一定要实用，质量较好，有银行标志在上面。

（6）积极肩负起沟通桥梁的作用，协调各部门关系，为客户解决操作上的困难。

【即问即答】

教师随意给出10~20个陌生客户的名称，尝试在最短的时间将其记忆下来，并且分享一下记忆的技巧。

项目小结

（1）商业银行客户经理的素质要求是静态的，也是动态的，所需要具备的基本素质包括品德、业务和心理素质几个方面，通过不断的学习和实践，在开展业务的同时不断完善，灵活变通。以上的素质不应仅仅只停留在外部要求，而是应该内化为商业银行客户经理的内在。

（2）银行是一个非常注重商务礼仪的行业，作为银行形象的代表，客户经理的职业礼仪修养非常重要。客户经理需要掌握包括仪容仪表、职业着装、拜访等基本礼仪。

（3）商业银行客户经理以客户为中心，具备职业礼仪，提高职业素养，学习职业技能。客户经理的工作本身就是综合性的，层层深入又相互关联。

项目实训

实训一　抗压能力培养

1. 实训内容：训练学生在各种情况下的抗压能力。
2. 实训目的：提升抗压能力。
3. 实训素材：教室准备的训练题目。
4. 实训场所：校园的教室或室外。
5. 实训步骤：

（1）提前要求学生在课下准备，以自己认为最得体的穿着打扮，前来上课。上课时，每一学生作为表现者分别站在讲台前，面对大家。要求其他同学对表现者尽情地评头论足2分钟。在此过程中，表现者要保持微笑。学生就表现的过程发表感想，并加以讨论。

（2）教师进行总结和点评。

实训二　职业礼仪展示

1. 实训内容：银行职业礼仪技能。
2. 实训目的：掌握并运用银行职业礼仪。
3. 实训素材：校外实习基地××银行对员工的职业礼仪要求，要求学生严格按照银行要求，规范操作，掌握更加全面的职业礼仪。

4. 实训场所：校外基地——××银行营业部。

5. 实训步骤：

（1）成立任务小组（5~8人）。

（2）抽取银行职业礼仪的任务分解。

（3）学生进行课后的资料收集和练习。

（4）学生进行相应银行职业礼仪展示。

（5）学生之间进行相互点评。

（6）教师进行总结和点评。

项目自测

一、单选题

1. 商业银行客户经理的首要职能是（　　）。

　　A. 开发客户职能　　　B. 客户关系维护　　　C. 市场分析职能　　　D. 客户需求挖掘

2. 以下哪项技能对于银行塑造品牌，提升品牌形象具有重要影响？（　　）

　　A. 市场洞察能力　　　　　　　　　　　B. 对经济金融法律法规的把握

　　C. 企业经营管理知识　　　　　　　　　D. 优秀的业务公关能力

二、多选题

1. 按主体经营机构客户经理可以分为（　　）。

　　A. 总行级客户经理　　B. 分行级客户经理　　C. 经办行客户经理　　D. 理财经理

2. 商业银行客户经理的心理素质培养包括（　　）。

　　A. 自信心　　　　　　　　　　　　　　B. 竞争意识和服务意识

　　C. 创新意识　　　　　　　　　　　　　D. 抗压能力

3. 商业银行客户经理职业技能包括（　　）。

　　A. 市场调查与展业技能　　　　　　　　B. 职业礼仪技能

　　C. 报告分析与撰写技能　　　　　　　　D. 沟通协调与公关技能

三、判断题

1. 商业银行客户经理组成的前台营销层与中间业务审批及风险控制层之间是线性关系。（　　）

2. 我国率先推出商业银行客户经理制的是中国建设银行。（　　）

3. 商业银行客户经理与一般的职业不同，因此职业生涯发展阶段并不适合商业银行客户经理。（　　）

4. 在银行的经营活动中，"二八"原则贯穿始终。（　　）

5. 为了体现商业银行客户经理对客户的尊敬，商业银行客户经理可以佩戴首饰。（　　）

四、简答题

1. 实行商业银行客户经理制度的现实意义是什么？

2. 商业银行客户经理的职业素质素养包括哪些内容？

3. 商业银行客户经理业务素质培养包括哪些内容？

推荐阅读

1. 云晓晨著，中国金融出版社出版的《银行客户经理营销技巧20课》。

2. 立金银行培训中心编写，中国经济出版社出版的《银行客户经理25堂课》。

项目二
商业银行客户开发流程

【职业能力目标】

1. 知识学习目标。

(1) 能熟练掌握商业银行客户经理客户调查的方法；

(2) 能熟练掌握客户选择的标准和方法；

(3) 能熟练掌握拜访客户的技巧；

(4) 能熟练掌握促成交易的方法。

2. 技能训练目标。

(1) 掌握良好的开发客户的方法；

(2) 熟练掌握并运用开发客户的技巧。

【典型工作任务】

1. 本项目的工作任务： 拜访客户并促成交易。

2. 完成工作任务应提交的标志性成果： 通过拜访客户之前的准备，对目标客户进行筛选，与客户交流过程中应用相关方法和技巧，最终促成交易。

【业务场景】

模拟银行营业大厅

【导入案例】

两家银行的来访

A银行的客户经理先拜访了公司，这位主管衣着非常讲究，典型成功商业人士的造型，银行也给他配备了相应的交通工具奔驰车。客户经理给公司展示了他们的服务项目。其实这家公司早就已经和另一家德国银行有了长期的业务往来，并不想再重选银行，因为银行变更对客户也造成很大不便。但A银行的工作人员跟这家公司说不用着急决定，他花了半天的时间，详细地介绍了他们的服务，然后听取这家公司现在比较在意的一些问题。

两周后A银行的客户经理再次拜访公司，并且带来了银行主管亚太事务的专家和一份非常详细的业务表单，其内容正是针对公司上次提出的问题的解决方案。两个银行工作人员花了一天的时间，与公司内勤和财务在一起，讨论解决方案的可行性。最后真的找到了节省财务成本的方法。公司也对这个结果很满意，决定开设德意志银行账户。

B银行在此期间也来争取客户，两位女士，来了也不客气，两人一到就说真累，从市中心坐火车过来，然后从车站打车到公司。公司财务主管带她们简单地参观了一下公司，然后开始谈业务，她们说B银行开始可以存储人民币了，而且海外刚刚开通了网上银行，以后转账就不用发传真打电话了。财务问，你们人民币账户有什么特色的服务？B银行的人想了想说，你回国就可以从这个账户取人民币了。财务又问，网络银行提供的转账凭单内容都有哪些？银行的人说，这个我也说不好，基本的几项应该有吧，你这儿有网络吧，可以上网看看。于是进入转账页面，里边内容寥廖。财务没再说什么，银行的人看公司不再问了，也就没有什么再说的，起身告辞。银行的人走了以后，财务向总经理报告说，B银行的业务使用十分不方便，不用再考虑了。

模块一　客户调查

【任务描述】

1. 本模块的操作任务。
（1）能准确地区分各类客户及其特点；
（2）能准确掌握各类客户的需求。
2. 完成工作任务的标志性成果。
（1）掌握商业银行客户的特点；
（2）通过不同客户分类需求制定相应营销策略。

任务一　个人客户与金融需求分析

【案例导入】

高端女客户的活动

聚拢高端女客户是很多银行营销的重点，原因很简单，在高端客户家庭，女主人理财基本都是主动权在握。举个很简单的例子，做定投的女性比例是做定投男性的2倍，如果再去掉单身男性，这个比例更低。针对这一群体，银行通过什么样的活动来抓住客户呢？

（1）化妆、造型，让女性如何更美丽。这样的讲座对知识型、成功型女性，尤其是配偶成功型女性是极具吸引力的。小贴士：这种讲座要发挥三个优势：一是发挥银行内女客户经理的优势，同性相惜；二是建议请上级行主管女领导参加，让她既参加了活动，还提升了活动层次；三是与SPA俱乐部或美容院之类的谈谈，把活动办在那里，可以节省讲师费用，紧密客户关系，同时也可以将美容院作为稳定的合作伙伴，并将其发展成为客户。

（2）瑜伽、跳操、交谊舞。能满足一定的客户需要，尤其是在一些大城市。

（3）开设烹饪课。在某地商业银行参加过教银行女客户怎样做寿司的活动，银行员工和女客户一起学，效果很好。最后还赠送卷寿司的小帘子，用很小的成本提高客户的满意度，密切与客户之间的关系。

一、个人客户分类

个人客户是指与银行发生业务关系的个人或者家庭。商业银行通常把个人客户划分为若干个具体的群体，每一客户群体的金融需求的基本部分是稳定的，其基本需求部分是使该群体与另外的群体区别开来的主要标志。对个人客户的分类方法很多，主要有以下几种：

（一）按照客户所处的家庭阶段分类

（1）单身期客户。从参加工作到结婚的时期称为单身期，一般为2~5年。该时期的特点是收入较少，支出较大，是未来家庭资金的积累期。单身期客户的消费极易受同时代人、同类人的影响。

（2）家庭初创期客户。从结婚到新生儿降临的时期称为家庭初创期，一般为1~5年。这一时期客户的经济收入稳定，家庭支出用于购买高档用品、贷款买房的月供等以提高生活质量，该时期是家庭的主要消费期。

（3）家庭成长期客户。从孩子出生到上大学的时期称为家庭成长期，一般为9~12年。该时期的消费最大的开支方向是保健、医疗费、教育费、各种智力开发费、生活旅游费等。随着子女的成长，精力充沛的父母投资知识经验和能力都在增强。

（4）子女高等教育时期客户。子女上大学以后的时期称为子女高等教育时期，一般为4~7年。该时期支出特点是子女每年教育费用和生活费用猛增，财务负担比较重。

（5）家庭成熟期客户。子女参加工作到家长退休这段时期进入家庭成熟期，一般为15年左右。这段时期父母的工作能力、工作经验和经济状况达到顶峰，子女已经独立，债务已减轻，资金的结余增长极大。

（6）退休初期客户。退休后由于没有全日制工作，收入减少但稳定，财产规模稳定。主要的支出项目是健康和安全，支出特点是比较保守。

（二）按照客户的收入水平不同分类

个人收入可以划分为总收入、可支配收入、可任意支配收入三种。其中，与商业银行关系最密切的是可任意支配收入。按照收入水平对客户进行细分类，可根据各个收入阶层不同的理财习惯、消费偏好、购买能力制定不同的营销策略。按照收入水平，个人客户一般划分为：

（1）高收入客户。高收入客户主要包括演艺界和体育界明星；政府机构和公司的高层管理人员；特殊职业或技能者，如证券分析师、律师、注册会计师、资产评估师等；政府及公司的高级雇员；私营企业老板等。

（2）中等收入客户。中等收入客户主要是指工薪阶层，如政府、公司、事业单位的一般职员；以体力和智力谋生者等。

（3）低收入客户。在我国，低收入客户主要是指城镇下岗、待业人员、农村中的进城务工人员，以及在家务农的农民等。

（三）按照客户的心理动机分类

心理动机是指决定并推动人们行为活动的心理性因素。有类似心理动机的客户，就有类似的行为；而同一客户，在不同心理支配下会产生不同的行为。分清心理动机的异同是有效增强对个人客户营销的重要条件。按照心理动机，个人客户一般分为四类：

（1）利益型客户。利益型客户与商业银行交往的目的主要是为了经济收益。为此，这类客户常常注重走访或了解各家商业银行网点，通过分析对比作出最佳选择。

（2）便利型客户。便利型客户注重商业银行业务效率，希望得到就近、简便、快捷、高效的服务。

（3）稳定型客户。稳定型客户主要关注商业银行保安措施是否严格，经办手续是否严密，是否保证客户进行资金的借贷、汇兑或兑换等业务。

（4）私密型客户。私密型客户有强烈而严格的隐私要求。

（四）按照商业银行提供的服务类型分类

客户按照商业银行提供服务类型具体可分为以下五种：

（1）一般零售银行业务客户。这类客户接受的金融服务以负债、中间业务为主，包括存折、存单、账户、借记卡业务，向普通居民提供小额存款、取款、转账、缴费等传统业务的银行服务。

（2）消费信贷客户。客户接受的金融服务以资产业务为主，指在购买物品、劳务时申请私人用途的贷款，主要是指收入较低或财富较少的中下阶层等使用的住房信贷、汽车信贷、耐用消费品信贷等。

（3）信用卡客户。信用卡客户接受的金融服务，一般是面向社会各阶层人士提供的小额短期信贷、支付、转账业务，集资产、负债、中间业务于一身。

（4）贵宾理财客户。贵宾理财客户接受的金融服务属代客理财范畴，一般是指面向收入高或财富多的中产阶级以上者提供的资产保值、增值服务，如股票、债券、结构性产品等。

（5）私人银行客户。私人银行客户接受的金融服务属资产管理业务，一般是面向新兴的富豪或家族性富豪提供的专属、私密、量身定做的金融服务，包括海外基金、信托基金、私募基金等，目的是帮助该类客户财富增值、避税等。

个人客户还有其他的分类方法。例如，中国建设银行网上银行依据一定的标准将客户分为三种：普通客户、高级客户与VIP客户，并为不同的客户群体提供差别化的服务。很多商业银行以存款数额为标准将客户划分为高端客户和普通客户。

【补充阅读】

汇丰银行客户分类

第一类是高忠诚度，高价值客户。他们在汇丰有许多活跃的账户，并且使用汇丰银行的一系列产品和服务；他们愿意把产品推荐给其他人，乐意提供反馈信息；他们为汇丰带来大量的现金流；他们创造的收入远远大于银行为此付出的成本。

第二类是高忠诚度，低价值客户。他们在汇丰有许多活跃的账户，并且使用汇丰银行的一系列产品和服务；他们愿意把产品推荐给其他人，乐意提供反馈信息；但是，他们仅和汇丰银行做小笔交易，他们创造的收入不尽如人意。

第三类是低忠诚度，高价值客户。他们在汇丰银行有一些活跃的账户，使用银行的一些产品和服务；他们愿意支付的价格极富弹性，不愿意提供反馈信息；但是，他们为汇丰带来大量的现金流，他们创造的收入远远大于银行为此付出的成本。

第四类是低忠诚度，低价值客户。他们在汇丰银行有一些活跃的账户，使用银行的一些产品和服务；他们愿意支付的价格极富弹性，不愿意提供反馈信息；并且，他们仅和汇丰银行做小笔交易，他们创造的收入不尽如人意。

第五类是潜在型客户。他们以前在汇丰开有账户，但现在撤销了。或者，他们是汇丰银行贷款者的担保人，但自己们又在汇丰开设账户。

第六类是非活跃型客户。他们在汇丰银行开设有账户，但是很少办理业务或进行交易活动。

第七类是可疑型客户。他们从不在汇丰银行开设账户。

二、个人客户的特点

（一）个体化

个人客户与商业银行的业务往来是以自然人的身份来进行的，任何一个自然人都是社会中独一无二的个体，不能复制也不能再细分。因此，个人客户又被银行称为"终级客户"，是银行最小最基本的客户单位。个体化的特点使个人客户在市场上的突出表现为：第一，数量庞大，居住分散，流动频繁；第二，个体差异大，不同的个人客户对银行的贡献可能相差悬殊，既有千万富翁的客户，也有低层收入客户。

（二）阶段性

个人客户在生命的每个阶段会有不同的金融需求，这就是个人客户金融需求的阶段性。例如，一个人工作之前可能对银行只有存款的需求，工作之后会增加对信用卡的需求，到了谈婚论嫁的阶段会产生住房抵押贷款的需求，有了创业想法会产生创业贷款的需求。

（三）群体差异性

任何个人客户都是生长和生活在一种特定的社会关系和社会环境下的个人，其金融需求无疑都会受到社会价值标准和传统文化等因素的制约，所以在相同的社会或环境中的个人客户，其金融需求都会有一定的共性，而生长在不同的社会或环境中的个人客户，其金融需求往往有很大差异。

（四）感情性

个人客户是有生命有感情的个人，与银行的关系会日久生情、念旧情、知恩图报等。所以银行在对个人客户进行营销时应该充分利用个人客户的感情性这一特点。利用个人客户的感情性营销成功的案例很多，例如，某银行客户经理主动申请在外面等家长来接的小学生进入银行大厅坐着等，感动了学生家长，很多学生家长选择在该行存款，成了该银行的忠诚客户。

三、个人客户金融需求的分类

个人客户的金融需求是广泛而复杂的，这些需求在形成和产生上受多种因素制约。商业银行在了解个人客户金融需求的同时，更要探求需求产生的根源，针对这些需求进行营销拓展。具体来说，个人客户的金融需求（图2-1）如下：

（一）对商业银行负债类产品的需求

对商业银行负债类产品的需求包括个人活期存款、固定期限存款、零存整取存款、定活两变存款等金融服务的需求。

(二) 对商业银行资产类产品的需求

对商业银行资产类产品的需求包括个人住房贷款、个人汽车消费贷款、个人教育贷款、个人耐用消费品贷款、个人旅游贷款、个人综合消费贷款、个人生产经营贷款、个人客户综合授信贷款、个人质押贷款业务的需求。

(三) 对商业银行中间业务类产品和服务的需求

对商业银行中间业务类产品和服务的需求包括对个人理财、投资咨询、代保管、代办保险、代理买卖和兑付国债、代发工资、代收各种税费、代理国内和国际结算、银行卡和信用卡业务、网上银行业务、电话银行业务、异地通存通兑业务、汇款直通车、外汇交易、代理黄金交易、第三方托管等金融服务的需求。

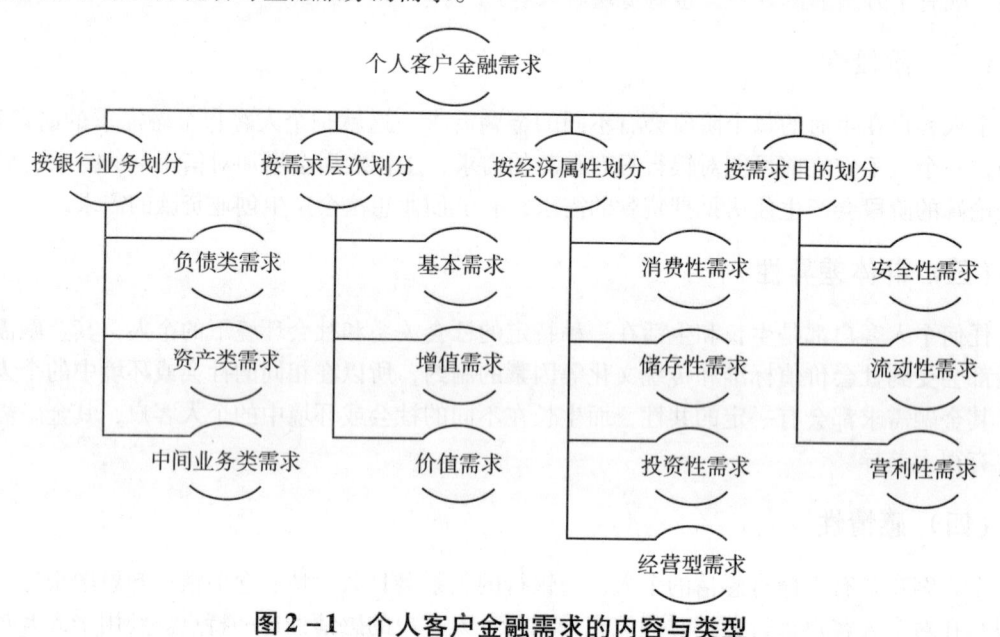

```
                        个人客户金融需求
        ┌──────────────┬──────────────┬──────────────┐
   按银行业务划分   按需求层次划分   按经济属性划分   按需求目的划分
      │                │                │                │
   负债类需求        基本需求        消费性需求        安全性需求
      │                │                │                │
   资产类需求        增值需求        储存性需求        流动性需求
      │                │                │                │
  中间业务类需求     价值需求        投资性需求        营利性需求
                                        │
                                     经营型需求
```

图 2-1 个人客户金融需求的内容与类型

四、个人客户金融需求的特征

个人客户金融需求的特征表现在五个方面。

(一) 理性需求

商业银行个人客户的需求是理性的，而不是随意的、无目的的。在互动性非常强的服务经济时代，个人客户通常是在认真分析和计算所需金融产品和服务的费用、收益和风险后提出最优服务品种的消费要求，具有较为明确的目的性。

(二) 可诱导性

对于有一定的金融资产、具有开发潜力的个人客户，其金融需求是可以唤起、诱导的；

在一定条件下，个人客户的金融需求可以发生转变。

（三）多样性

个人客户对金融产品的需求是多种多样的，除金融获利需求外，还存在其他需求，而且这些需求之间可以相互替代。

（四）伸缩性

个人客户金融需求受一定因素的影响，可能会放大，也可能会缩小，因而个人客户需求的弹性非常大。

（五）派生性

商业银行个人客户的派生性表现在，个人客户在商业银行购买或消费某种产品时，其目的可能为在将来达到购买或消费另一种产品。

五、影响个人客户金融需求实现的因素

个人客户具备某种金融需求并且有实现需求的能力后，何时及怎样实现是客户经理研究和关注的问题。客户的购买行为取决于他们的需要，而人们的需要是在许多因素的影响下形成的，主要包括文化因素、社会因素、个人因素和心理因素。这四类因素对客户购买行为的影响产生不同程度。影响最深远的是文化因素，它影响到社会的各个阶层和家庭，进而影响到每个人及其心理过程。影响最直接的、决定性的因素，是个人及其心理特征。

（一）文化因素

文化是人们建立起来一种审度事物的观念，从而影响消费者的购买行为。社会文化可以分为若干不同的亚文化群。所谓亚文化群就是在较大社会集团中的较小的团体。如民族亚文化群、宗教亚文化群、种族亚文化群、地区亚文化群等。亚文化群共同遵守许多较大的文化，但也有自己独特的信仰、态度和生活方式，会导致消费者购买行为的差异。企业在选择目标市场和制定营销决策时，必须注意文化差异，以及由此导致的消费者购买行为的差异。

（二）社会因素

与客户发生直接、间接关系的其他个人或群体，如家庭、亲友、同事、邻居、社会团体、社会名流、明星等，都会对消费者的购买行为发生程度不同的影响。其中家庭的影响最大。人们的价值观、审美观、爱好和习惯多半都是在家庭的影响下形成的。银行应善于利用客户的社会联系来影响其购买行为。

（三）个人因素

在文化、社会诸因素都相同的情况下，每个客户的购买行为仍然会有很大的差异，这是由于年龄、职业、收入、个性和生活方式等因素的不同而造成的。

（四）心理因素

客户购买决策还是要受到某些心理过程的影响，其中比较重要的是动机形成过程。按社会心理学的一般规律，人的行为是受动机支配的。而动机是由需要引起的。当人的某种需要未得到满足，或受到外界某种事物的刺激时，就会产生某种紧张状态，引起某种动机，由动机而导致行为。

【补充阅读】

工商银行个人客户星级服务

个人客户星级服务是工商银行为回馈客户、提升服务水平而推出的全新服务体系。主要有三大特色：
一是以客户综合业务量为基础，客户在我行办理存款、贷款、投资理财、刷卡消费、汇款及异地存取款等业务均可根据业务量获评星级。客户办理业务越多则星级越高，享受的费用优惠和增值服务等回馈也越多。例如，五星级（含）以上客户将能按理财金账户标准享受优惠和服务，六星级以上客户还可享受财富管理服务，并可获得最高50万元白金信用卡授信额度。二是主动服务，无须申请。星级服务由工行主动向客户提供，获评星级无需向工行申请，享受服务也不必依赖于某种介质。三是动态调整。客户星级以半年为周期进行调整，工商银行于每年6月30日和12月31日根据客户在过去半年的业务往来情况重新评定星级，若星级上升将可自动享受更多优惠及服务（表2-1）。

表2-1　各星级单项指标值　　　　　　　　　　　　　　　　　　　　单位/万元

评价指标 客户星级	金融资产（半年日均余额）		个人负债（半年日均余额）		中间业务（半年累计交易金额）		
	短期类资产	中长期类资产	个人住房按揭贷款	其他个人贷款	计息卡透支	投资理财交易	卡消费交易
七星级	600以上	800以上	800以上	400以上	400以上	400以上	200以上
六星级	75~600	10~800	10~800	50~400	50~400	50~400	25~200
五星级	15~75	20~100	20~100	10~50	10~50	10~50	5~25
四星级	4~15	5~20	5~20	2.5~10	2.5~10	2.5~10	1.25~5
三星级	0.4~4	0.5~5	0.5~5	0.25~2.5	0.25~2.5	0.25~2.5	0.125~1.25
准星级	0~0.4	0~0.5	0~0.5	0~0.25	0~0.25	0~0.25	0~0.125

【想一想】

你还知道哪些银行的客户分级？分析一个你所熟悉的人，按照工行的标准，他属于什么星级？

任务二　公司客户与金融需求分析

【案例导入】

银行个性化金融服务方案大受企业青睐

A银行贴现业务的主要客户H公司，每次在A银行申请贴现的票据都达到数百张。按照A银行原来的操作方式，每办理一次贴现业务，贴现凭证和回单的数量都非常庞大，客户和 A 银行相关的工作量可想而知，再加上单据在传递过程中容易出现遗失，给客户的账务工作带来了极大的不便。为此，A 银行 S 分行简化了一次性大批量贴现业务的流程，并向总行提出申请在新的信贷系统中增加借据列表 Excel 表格输出的功能，彻底地解决了这一问题。由于业务流程的优化，客户的工作量大大降低，很大程度上促使 H 公司几乎将所有的贴现业务放在 A 银行办理。

同样是 H 公司，由于其近年来经营情况良好，资金状况不断改善，对银行的融资需求持续降低。如何维持和深化其与 A 银行的资产业务，是 A 银行一直苦苦思索的问题。今年初，A 银行在与该公司财务人员的接触中了解到该公司在销售中回收的银行承兑汇票数量不断增加，存量已经达到相当可观的水平。A 银行立刻意识到这是一个富矿，蕴藏着巨大的机会。但由于公司现金余额亦十分不足，并无办理贴现的打算。A 银行首先与该公司财务保持沟通，指出大量的票据存在会降低企业的资金收益，企业应该想办法盘活这笔资产。经过反复交流，公司财务逐渐接受了 A 银行的观点。A 银行根据公司的特点，向其提供了一份资金增值建议书。该公司经过论证，认为方案可行，最终顺理成章地在 A 银行办理了贴现业务，双方的合作得到了有效地扩大。

一、公司客户的分类

公司客户也即企业客户，是自主经营、实行独立经济核算的经济组织。这类客户在金融市场上，既是资金的供给者，也是资金的需求者。由于金融竞争的白热化，商业银行设立公司业务部门专门为公司客户提供产品和服务。

为使客户经理的服务更加有的放矢，对公司客户进行细分是十分必要的。公司客户的分类按照不同标准可以分成很多类，本书主要介绍三种。

（一）按国籍分类

根据公司客户的国籍，公司客户分为国内公司、外国公司和跨国公司。

（1）国内公司。国内公司是指依照我国《公司法》，在我国境内设立，其主要办事机构即住所在我国的公司，具有中国国籍。

（2）外国公司。外国公司是指具有外国国籍的公司。

（3）跨国公司。跨国公司是指拥有两个以上国籍的企业，一般是以本国为基地，通过对外直接投资，在其他国家和地区设立子公司或分支机构，从事国际化生产经营活动的国际垄断企业。例如，首都钢铁公司通过购买美国麦斯塔公司大部分股份等方法，在国外许多国家和地区都拥有自己的企业，使之成为跨国的国际性大公司。

（二）按产权归属分类

根据企业产权的归属不同，可将公司客户分为国有企业、集体企业、民营企业、有限责任公司和股份有限公司。

（1）国有企业。国有企业产权归属于国家。为了集中力量更好地发挥国有经济的主导作用，并形成国有经济的控制力、影响力和带动力，我国目前的国有企业主要掌握国民经济命脉行业，如关系到国民经济命脉的国家安全行业、自然垄断行业、重要公共产品行业及支柱产业和高新技术产业中的重要骨干企业。随着国有企业现代企业制度的逐步建立和管理制度的完善，客户经理在选择国有企业作为服务对象时，应当关注企业的经营状况、财务状况、管理状况、发展前景及相关的行业政策，积极地为国有企业提供全方位、多功能的金融产品和金融服务，在促进国有企业健康发展的同时，实现商业银行的经营目标。

（2）集体企业。集体企业是指企业由全部或部分集体成员共同出资和管理，产权属于集体，自主经营、盈亏共担的企业。我国的集体企业是一种历史产物，随着我国公司制度的建立，很多集体企业已经逐步改制，目前在经济中的比重已经越来越小。这类企业的特点是规模小、产品单一、经营灵活且生命力较强。

（3）民营企业。民营企业是指由民间私人投资、经营、享受投资收益并承担经营风险的法人经济实体。民营企业是我国经济的重要组成部分，其特点是发展迅速、规模一般较小、多以家族式管理模式、经营灵活的企业。浙江温州的民营企业在经济中所占的比重已经达到96%以上，其产值是该地区总产值的94%。民营企业已经越来越成为商业银行服务的重点。

（4）有限责任公司。有限责任公司是指由两个以上50个以下股东共同出资，股东以其出资额为限对公司承担责任，公司以其全部资产为限对公司债务承担责任的公司。

（5）股份有限公司。股份有限公司是指将全部资本分为等份，通过发行股票筹集资本，股东以其所持出资额为限承担责任，公司以其全部资产为限对公司债务承担责任的公司。

（三）按收益状况分类

按照效益状况可将客户公司划分为景气企业、一般企业和亏损企业。

（1）景气企业。景气企业是指在市场占有率和技术创新水平等方面处于上升阶段的新兴企业，或在各方面处于进一步发展的企业。这类企业是客户经理积极争夺的对象，但应注意企业潜在的风险。

（2）一般企业。一般企业是指经过一定时期的发展，企业及所在的行业已经进入相对成熟阶段的企业。这类企业对商业银行产品的需求量很大，但由于其利润率水平已经在下降，客户经理要重点关注其信用水平及未来的发展前景。

（3）亏损企业。亏损企业由于经营效益状况恶化，已经出现亏损，因此急需银行贷款支持，但其风险较大。对于这类企业，客户经理应当积极进行深入调研，对只是暂时出现困难，但仍具有发展前景的或有重组价值的企业，可以与其继续洽谈金融业务合作事宜。

二、公司客户的金融需求

当公司客户在生产或商品经营过程中出现临时性或季节性资金不足，或当企业在扩大再生产需要追加资金时，会向商业银行申请借款，或发行商业票据，或发行股票或债券，或卖出手中证券；当工商企业的资金有剩余时，出于收益性目的，会将剩余资金存入商业银行形成商业银行的存款，或在金融市场中购买各种有价证券；为了规避可能发生的市场风险、信用风险等各种风险，工商企业还可以购买各种金融衍生产品进行风险的规避和对冲。这些都是公司客户的金融需求。

公司的金融需求可以概括为以下几个方面：第一，对商业银行负债类产品的需求，包括基本存款账户、临时存款账户、专门存款账户、发行短期融资融券、公司债券等需求；第二，对商业银行资产类产品的需求，包括流动资金贷款服务、固定资金贷款服务、票据贴现服务、应收账款的资产证券化服务，国际融资服务等金融需求；第三，对商业银行中间产品和金融服务的需求，包括国际结算服务、支付结算服务、外汇交易服务、结售汇服务、票据承兑服务、担保承诺服务、财务顾问服务、投资理财服务、委托服务、代理服务、企业理财服务、托管服务等金融需求；第四，对商业银行金融衍生产品的需求，包括货币互换、利率互换、远期利率协议、金融期权、金融期货等需求。

三、公司客户金融需求的特点

（一）个性化

2002年，我国正式入世参与世界经济大循环，公司客户各自业务运作方式不同，对金融业务需求个性化彰显。公司客户要求银行的产品和服务符合其自身独特的经营环境。千篇一律的金融服务已经不能满足客户的需求。

现代商业银行对客户的需求进行深入分析，为客户量体裁衣，根据客户需求量身定制服务方案，针对其独特需求开发产品，并且随着企业经营变化不断对产品进行创新。

（二）多样化

现代企业由于竞争激烈，纷纷专注于自己的核心业务，将非核心的业务外包。企业收购重组成立企业集团，出现业务跨国、跨区域经营。企业经营范围的扩大使得对金融需求更为广泛。例如，为解决应收账款问题，需求保理业务；为解决集团资金分散，需求现金管理业务；为解决资金使用效益问题，需求财务顾问业务等。由此带来银行业务结构变化。

（三）市场化

随着我国股份制商业银行兴起和外资银行进入，银企双向选择空间充足，企业可以在充分考虑银行的实力产品和服务的质量、效率的基础上选择银行。客户需求和银行应对客户需求由过去的一一对应发展到"一对多"和"多对一"，趋向市场化。

（四）电子化

出于降低成本和竞争的需要，客户希望借助银行现代科技实现资金的高效利用、成本的无限降低。客户广泛地采用网上银行、电话银行、实现资金的及时回收和归集、把握企业的财务实况、提高资金的使用效率。现在企业使用网上银行非常普遍。电子银行已成为现代银行的一个发展方向，提供安全、快捷、操作简便的网上银行服务已成为银行竞争优质客户的重要手段。

四、影响公司客户金融需求的因素

影响商业银行公司客户金融需求的因素很多，主要有以下几个方面：

（一）公司客户金融需求的环境因素

政治环境，包括政治制度、社会稳定状况、法律环境等；经济环境，包括国家经济政策、地方经济政策、当地经济发展潜力、当地人口状况、社会消费水平、客户行业状况、客户供应链、客户市场供求状况、客户同业竞争状况、信用环境、交通环境等；文化环境，包括各类社会文化环境、企业文化环境；科技环境，包括社会科技水平、客户行业科技水平、地方科技水平、网络信息处理水平；金融市场环境，包括国家货币金融政策、金融市场状况、金融市场竞争程度等。

（二）公司客户金融需求的银行因素

主要有商业银行经营者，包括决策者、客户经理、柜面服务人员、业务支持系统人员；商业银行企业文化，包括企业理念、团队精神、信誉等；商业银行的产品构成和服务水平；商业银行经营政策；商业银行经济实力；商业银行科技水平；商业银行地理位置；商业银行社会公共关系，包括社会关系、社会影响力、社会评价、知名度等。

（三）公司客户金融需求的第三方因素

商业银行竞争者，包括竞争对手实力、竞争对手政策、竞争对手与客户的关系；推荐者的态度状况、影响力；否定者的态度、影响力；犹豫者的态度、影响力；无关者的态度等。

（四）公司客户金融需求的内部因素

主要有客户需求，包括融资需求、投资需求、结算需求、储存需求、信用中介需求、咨询需求等；人员因素，包括决策者的态度和影响力、执行者的态度和影响力、相关者的态度和影响力、无关者的态度和影响力；公司客户与商业银行的关系状况；公司客户生产经营状况；公司客户生命周期；公司客户盈亏状况；公司客户资金状况；公司客户信用状况；公司客户发展战略和所处阶段；公司客户社会公共关系，包括社会关系、社会影响力、社会评价、知名度等。

【练一练】

收集一家公司资料，从银行客户经理角度分析此公司的特点及需求。

任务三　机构客户与金融需求分析

【案例导入】

浦发银行与南京证券携手开发业务

2013年5月，南京证券与浦发银行举行全面业务合作签约仪式，双方将在符合国家法律法规和相关政策的前提下，在资金存管清算及融通、财富管理、投行、电子商务等重点领域，加强联系沟通和研究合作，推动金融业务创新。

未来南京证券将进一步拓展与银行的合作范围，在帮助实体经济资产证券化、企业融资销售回款、深化银行间市场，以及参与开发、创新银行理财产品等方面，进一步加强与银行金融机构合作的广度与深度，为实体经济发展及金融能力升级作出积极有益的尝试。

一、机构客户的细分

机构客户在金融市场上既是资金的供给者，又是资金的需求者，还是金融产品和服务的提供者，或者说是金融市场的媒体（中介机构）。机构客户通常分为两类：金融同业类客户和机关事业单位客户。

（一）金融同业类客户的细分

（1）银行。包括全国性股份制商业银行、城市商业银行、政策性银行、城乡信用合作社、外资银行、中外合资银行及外国银行在华的分支机构。

（2）信托公司。主要包括国际性、国家和地方性信托公司。

（3）证券公司。包括综合类证券公司、经纪类证券公司、证券投资咨询公司等。

（4）基金管理公司。

（5）保险公司及保险中介公司。

（6）资产管理公司。

（7）其他非银行金融公司。如企业集团的财务公司、金融租赁公司等非银行金融机构也是商业银行可积极争取的客户。

（二）机关事业单位客户的细分

机关事业单位客户在金融市场上主要作为资金的供给者。根据机关事业单位的客户性质和资金来源的不同，可以细分为以下几类：

（1）政府及政府机构。政府及政府机构的资金主要来源于财政经费拨款。

（2）公、检、法系统。公、检、法系统的资金主要来源于财政经费拨款、各种罚款收入、行政事业收费，其资金实行"收支两条线"管理。

（3）财政系统。财政系统的资金主要来源于预算内收入、预算外收入、国债发行收入及各种彩票的销售收入。

（4）国土资源管理系统。国土资源管理系统的资金主要来源于存量土地有偿使用费、新增建设用地有偿使用费、耕地开垦费等。

（5）交通系统。交通系统包括公路系统、铁路系统、水上运输系统和民航系统。各系统的资金主要来源于财政经费拨款、养路费、高速公路通行费、罚款收入、售票收入，以及其他有关的行政事业性收费。

（6）税务系统。税务系统的资金主要来源于国税和地税的各项税款收入。

（7）工商行政管理系统。工商行政管理系统的资金主要来源于行政罚款收入、行政事业性收费等。

（8）教育系统。教育系统资金主要来源于教育经费拨款、学校学杂费收入等。

（9）电信系统。电信系统的资金主要来源于各种话费收入和各种服务收费。

（10）石油系统。石油系统的资金主要来源于各种燃油费收入。

（11）烟草系统。烟草系统的资金主要来源于烟草的销售收入。

此外，还包括民政系统、劳动保障系统、海关系统、商检系统、医疗系统、广播电视系统等，它们的资金主要来源于财政经费拨款及各种收费；各种协会、学会、基金会和科研机构等社团组织的资金则主要来源于基金经费等。

二、机构客户的金融需求

（一）金融同业类客户的金融需求

金融同业类客户与商业银行既是往来合作的关系，也存在业务的竞争关系。在商业银行向多功能、全方位和综合性银行的发展过程中，金融同业之间的竞争愈加激烈。

金融同业类客户的金融需求从业务角度主要划分为以下几类：同业拆借的需求、回购业务的需求、向中央银行再贴现和再贷款的需求、转贴现和转抵押需求、代理他行业务需求、存放同业需求、代理发行债券和股票的需求。

从金融需求的目的来看，金融同业类客户的金融需求分为以下几类：融资需求、投资需求、流动性管理需求、收益性需求、资产负债管理需求等。

（二）机构事业单位客户的金融需求

机构事业单位客户的金融需求同样包括负债业务需求、资产类业务需求和中间业务需求。其中，最主要的是对各种负债类业务、资产类业务需求，如公路建设贷款，只针对某些系统提供；中间业务需求主要是结算业务的需求，由于某些系统资金的闲置，理财等中间业务的需求也在逐渐增加（表2-2）。

表2-2　　　　　　　　　　　客户的18种需求

1	告诉我事情的重点	2	告诉我实情
3	我要一位有道德的客户经理	4	给我一个理由
5	不要用瞧不起我或是太专业的语气和我说话	6	告诉我一些与我处境类似人的案例
7	购买你的产品后，我会得到什么服务	8	向我证明你们的价格是合理的
9	给我几个选择让我作决定	10	帮助我坚定我的决心
11	用事实证明给我看	12	不要轻易批评我以往投资的错误
13	请认真倾听我的话	14	让我觉得自己与众不同
15	让我笑	16	对我的职业表示兴趣
17	说话要真诚	18	不要用强迫的方式逼我购买我不中意的产品

【模块训练】

1. 训练主题：准确分析客户的需求。
2. 训练步骤：

（1）知识准备，各类客户的需求及相应特征；
（2）教师给出多个典型客户；
（3）5位同学一组，结合所学知识及老师给出的案例进行客户需求分析，并找出相应的对策；
（4）每组组长总结阐述，小组间相互交流；
（5）训练效果自我评价、小组互评。
3. 教师点评。

模块二　客户选择

【任务描述】
1. 本模块的操作任务。
（1）熟练掌握确定目标客户标准的方法；
（2）根据目标客户标准搜寻目标客户的方法；
（3）熟练地分析目标客户；
（4）掌握确定目标客户的方法。
2. 完成工作任务的标志性成果。
（1）能够运用目标客户标准分析客户；
（2）能够搜寻客户、分析客户，最终确定客户。

任务一　确定目标客户标准

【案例导入】

银行目标客户差异大

高净值人士是商业银行的宠儿，随着财富管理行业的发展，市场会更加细分。最近沪上两家风格不同的银行作出了截然不同的选择——宁波银行高调服务"阿拉老人家"，理财经理甚至骑车上门安装网银；华侨银行则高调宣布自己定位资产50万元以上的精英，坦言客户"年纪更轻，36岁左右"。

老百姓"夕阳红"理财在沪开讲

在上海毗邻华东师范大学的宁波银行普陀支行网点，宁波银行普陀支行的理财经理王东宝被附近的居民打趣称为"东宝东宝，师大一宝"。

"我有个客户邵阿姨，家住杨浦区。听朋友的介绍说我行理财比较稳健，收益也高。就坐车跨区到我们普陀支行来办理理财业务。考虑到邵阿姨路途较远，且有一定的文化水平，我们就建议她开通网上银行，今后就可以在家通过网银操作购买理财。"王东宝说。

可没过多久，邵阿姨又到我们网点来购买理财了，我就问为什么不用网银呢，她说由于家里电脑问题，不会安装网银。为方便客户，当天下班后我就开车到杨浦邵阿姨家，亲自帮她安装网银。并一遍遍教邵阿姨操作要领，直到她完全掌握，我才放心离开。由于我家住松江九亭，虽然当天到家已经很晚了，但能帮客户解决切实的问题，心情还是很愉快的。

这只是宁波银行开启面向老年人特色服务的一个缩影。在3月28日举行的宁波银行上海分行卓越服务媒体体验日活动上，宁波银行上海分行行长施道明正式对外宣布，将通过每年百场"夕阳红金融知识大讲堂"、设立老年客户服务专窗、成立金融义工队网银培训支队等多项措施，为老年客户群体提供"卓越服务"。

"36岁"财富新贵最受青睐

谁都希望自己的客户是"高质量"的，但对于不少中资银行来说，"挑客"向来是只能做不能说的。但在2013年华侨银行"春天论坛"的新闻发布会上，华侨银行中国个人银行部总经理李徽徽坦言，华侨银行中国作了战略的转型，转型成为一个着重于高端人群的财富管理服务银行，称之为"惠财银行业务"，业务主要定位于为中国的富人阶级提供更多样化的理财产品，提供更长期的财富增长计划。

华侨银行作了战略转型，定位的目标为50万元以上的客户人群。其依据是：中国的第一代创富人群是以中小企业或者创业者为主，他们的年龄可能在40～50岁；另外，管理的第二阶段，可能是年轻化的一代接手财富管理，年龄可能在36岁左右。华侨会给这些"财富新贵"提供五个方面的服务：一是账户服务，提供一些基本的银行或者理财方面的渠道和工具。二是保险服务："我们发现很多家庭富人里面就是面包供应者，夫人是没有工作的，家庭个人保障非常重要。"三是考虑财富传承。四是客户去海外时的需求。五是投资理财。

数据显示，2012年华侨银行中国的客户比2011年增长了14%，2013年客户量的目标会比2012年全年增长17%。

一、商业银行客户分类

商业银行的客户是指为满足自身的投资需求、融资需求，以及其他如风险管理银行中间业务等需求，而买卖金融产品或接受金融服务的个人、企业或各种组织机构。随着市场经济的发展，竞争日益激烈，营销工作日趋复杂和艰难，一家银行的规模再大，产品竞争能力再强，营销方法和技巧再高明，也不可能赢得市场上所有的潜在客户。因此，客户经理必须为自己圈定特定的营销范围，并对范围内的目标客户进行分类，根据本行产品的特点和营销优势，选择恰当的营销对象。商业银行的客户包括现实客户和潜在客户。

（一）商业银行客户的特点

商业银行的客户种类众多，情况多样，但归纳起来，其特点表现为以下几个方面。

1. 广泛性。

商业银行客户的特点首先表现为广泛性。经济社会中的所有企业、行政机关、事业单位、社会团体、经济组织和个人都是商业银行的客户，只要满足商业银行规定的有关条件，商业银行就可能为其客户提供这种或那种金融服务。

2. 差异性。

商业银行客户对金融产品或金融服务的需求具有差异性。如企业、机关团体和金融机构因其性质职能的不同，在社会经济生活中发挥的作用不同，对金融产品或金融服务的需求各不相同。工商企业在经营过程的不同环节或不同状态下，对金融产品或服务的需求也不相同；企业在不同经营理念下，对金融产品或服务的需求也不相同；不同年龄、性别、职业、受教育程度、生活态度、生活方式、社会地位、收入水平、兴趣爱好、种族、宗教信仰的个人，对金融产品或服务的需求也各不相同。正是这种金融需求的差异性决定了商业银行客户种类的多样性，也决定了商业银行提供的产品或服务具有多样性。

3. 易变性。

商业银行客户的需求具有动态性。无论是企业、经济组织，还是机关团体，随着收入水平的变化、经营状况或业务发展的演变，对金融产品或服务的需求会不断地改变；个人客户则因收入水平的变化、受教育程度的提高、兴趣爱好的改变、年龄的增长等，对金融产品或服务的需求也会不断地变化。所以，商业银行的客户具有易变性的特点。

4. 持续性。

商业银行客户对金融产品或服务的需求并非是一次性的。个人客户只要有经济往来，就有金融服务伴随；企业、经济组织和机关团体在其存续期间从不停止对商业银行提供存款、结算及贷款等金融服务的基本需求，在不同的情况下，对商业银行还有如投资安排、信托等其他金融需求。

（二）商业银行客户的分类

作为银行的客户经理，要对银行客户有总体的认识，按照一定的标准进行分类。商业银行客户分类对客户经理的日常工作具有重要的意义。第一，可以有效地识别目标客户群体；第二，准确地把握目标客户的需求；第三，提供合适的银行产品及金融服务的组合。

1. 按客户为商业银行所带来的价值的大小分类。

按客户为商业银行所带来的价值的大小划分，可以把客户划分为四类，即高价值客户、微利客户、保本客户和亏损客户。

（1）高价值客户。高价值客户是指能为商业银行带来高收入和高收益的客户，其所带来的收益远远超过商业银行所有客户带来的平均收益水平，是商业银行的主要盈利来源。因此也成为银行高度关注的群体。客户经理及其团队针对这类客户量身定做个性化金融服务，提供高效的、及时的"一对一、面对面"的优质服务，培育客户的忠诚度，充分满足其需求，促使这类客户成为商业银行的终身客户。

（2）微利客户。这类客户的特点是虽然为商业银行带来的收益不高、不稳定，但很有增值潜力。这类客户的人数众多，是商业银行的基础客户群体。商业银行的客户经理们应当积极关注和重视这类客户，为其提供相应的金融产品或服务，促使这类客户向高价值客户转变，以实现商业银行和客户双赢的目的。

（3）保本客户。保本客户是指为商业银行带来的收入和成本基本持平的客户。目前，这类客户在商业银行中占30%左右，数量较大。对于没有发展潜力的保本客户，银行提供大众化的产品；对那些主要资产不在本行的保本客户，应当通过提供优质、高效的金融服务，促使其将其主要资产转移到本行；对那些有发展潜力且主要资产在本行开户的客户，可以为其量身定做金融产品和提供个性化服务，促使其充分发挥自身潜力，逐步成长为微利客户，成为银行持续的利润增长点。

（4）亏损客户。这类客户给商业银行带来的收入不足以弥补商业银行投入的成本。为了有效利用银行的经营资源，降低银行的经营成本，提高经营效益，商业银行应当尽快采取措施，降低这类客户的比重。

2. 按客户需求银行产品类型的不同分类。

按客户需求银行产品类型的不同，可以把客户划分为三种类型，即负债类客户、资产类客户和中间业务类客户。

（1）负债类客户。负债类客户以存款业务为主。无论是个人存款还是企业存款都是商业银行贷款的主要资金来源。"对银行来说，最有意义的始终是存款"，因此，商业银行应营造良好的环境，提供优质的服务，以吸引这类客户。

（2）资产类客户。资产类客户是以获得贷款，如流动资金贷款、固定资产贷款、抵押贷款、消费贷款等的客户。各项贷款是商业银行主要的资产项目，也是商业银行收益的主要来源。因此，作为使用贷款的这些资产类客户，应引起客户经理的关注，为其提供优质的贷前、贷时和贷后服务，以实现商业银行利润最大化目标。

（3）中间业务类客户。中间业务类客户主要接受如代收代付、代理保险、理财、信托等金融服务，是商业银行维持客户群、逐渐增长的收入来源。

3. 按客户与银行往来的频率及给银行带来的收益的大小分类。

按客户与银行往来的频率及给银行带来的收益的大小，可以将客户分成五个层次：

（1）潜在客户。是指存在着与商业银行现实提供的产品或服务完全或部分对应的需求，但尚未购买这些产品和服务的顾客。

（2）过客。过客是指对商业银行的产品和服务已经产生了注意、记忆、思维和想象，并形成了局部购买欲，但未产生购买行动的准顾客。

（3）一般顾客。一般顾客是指直接消费银行产品和服务的消费者。无论数量大小、次数多少，只要曾经消费过银行的产品和服务，就是商业银行的顾客。

（4）常客。常客是指经常购买银行产品或服务的顾客，是商业银行稳定的顾客队伍。

（5）种子客户。种子客户是由常客进化而来的客户，除自己反复消费外，还能给商业带来新的客户。

二、商业银行目标客户的确定标准

目标客户是指客户经理通过市场细分后所确定的重点营销对象，是商业银行能够满足其现实或潜在金融需求并从服务中获得盈利和发展的客户群。

目标客户的选择与商业银行的背景、资金来源及资产规划有密切的关系，作为商业银行的客户经理，在开发客户之前，应首先判断、分析该客户是否为本银行的目标客户。商业银行应当选择能为自己带来长远利益的客户，筛选的标准包括以下几方面。

1. 目标客户的合法合规性。

合法合规性是目标客户选择的首要条件，客户经理应首先了解选择的客户是否合法经营。对合法性的判断主要依据《民法通则》、《担保法》、《公司法》、《贷款通则》等有关规定，对客户的法人资格（自然人资格）、授权委托人资格、公司组织形式、经营方式等是否合法进行分析。例如，《贷款通则》规定了借款人的有关资格，当客户经理在营销贷款时，就必须首先了解贷款客户是否满足借款人应具备的条件。借款人是经工商行政管理机关（或主管机关）核准登记的企（事）业法人、其他经济组织、个体工商户或具有中华人民共和国国籍的具有完全民事行为能力的自然人，并且符合以下要求：第一，有按期还本付息的能力，原应付贷款利息和到期贷款已清偿；没有清偿的，已经做了贷款人认可的偿还计划；第二，除自然人和不需要经工商部门核准登记的事业法人外，应当经过工商部门办理年检手续；第三，已开立基本账户或一般存款账户；第四，除国务院规定外，有限责任公司和股份有限公司对外股本权益性投资累计额未超过其净资产总额的50%；第五，借款人的资产负债率符合贷款人的要求；第六，申请中、长期贷款投资新建项目的客户，其法人所有者权益与项目所需总投资的比例不低于国家规定的投资项目的资本金比例。

（1）法人资格分析。客户经理依据《民法通则》、《公司法》等有关规定，应重点分析以下内容：客户的《营业执照》是否在有效期；是否办理年检；是否发生客户名称、法人代表及经营范围的变更；是否已吊销、注销、声明作废等；是否为经工商管理机关（或主管机关）核准登记的企（事）业法人；若为贷款客户，则分析是否属于《贷款通则》规定的贷款对象。

（2）自然人资格分析。若客户为自然人，则应重点分析以下内容：客户是否具有完全民事行为能力。根据《民法通则》的有关规定，如果客户为18周岁以上，是完全民事行为能力人，具有完全民事行为能力，可以独立进行民事活动；如果客户为16周岁以上、不满18周岁，但以自己的劳动收入为主要生活来源，也属于完全民事行为能力人，可以独立进行民事活动。

（3）客户组织形式、经营方式的合法性分析。在客户组织形式、经营方式的合法性分析中，客户经理应关注：产权关系是否明晰；权利义务是否明确；公司章程、合伙、承包、租赁协议等；采用何种经营形式；股份有限公司设立的合法性；有限责任公司设立的合法性。

在进行合法合规性分析中，不仅仅是客户主体资格、经营方式与组织形式的合法合规性问题，在开发客户的过程中，还有许多法律问题需要关注。例如，借款用途合法性、抵（质）押物合法性、保证人合法性、票据管理合法性等，此处不再赘述，详细内容请参见《贷款通则》。

2. 目标客户的规模和成长性。

目标客户的资产规模、存款规模、贷款规模、各种中间业务的类型和规模，以及与本行交易的业务规模，决定了商业银行的获利空间。目标客户业务规模越大，为商业银行带来的收益则越高。目标客户未来成长性的大小也是筛选目标客户应考虑的重要因素，成长性大的目标客户，将来会给商业银行带来广阔的获利空间；而成长性小的目标客户则将来给商业银行带来的获利空间十分有限。

3. 目标客户的相对稳定性。

目标客户的相对稳定性不仅可以降低开发客户成本，节约费用开支，还可以树立商业银行的品牌形象，赢得更多客户的青睐。目标客户的相对稳定性不但与客户自身发展的稳定性和金融产品需求的稳定性密切相关，客户对商业银行的忠诚度也是决定性的因素。

4. 目标客户对相关群体的影响力。

客户所属行业的重要性、客户在所属行业的地位、市场占有率、客户在国内外或地区市场的知名度和影响力、客户的品牌产品等，都反映了客户对相关群体的影响力。目标客户对相关群体的影响力越大，号召力越强，其为商业银行带来的潜在客户就越多。

任务二　搜寻目标客户

【案例导入】

如何通过资料查阅认识客户

客户经理："您好！请问您是火旺通讯公司李一安总经理吗？"

目标客户："是的。您是怎么知道我名字的？"

客户经理："您可是大名鼎鼎的新闻人物呀！我是××行客户经理，我叫王新。昨天《××日报》用一整版的篇幅介绍了您的创业经历和您公司的品牌经营战略，我很敬佩您。前不久，我行推出了一种新的公司客户理财服务产品，很适合为您公司的品牌经营战略服务。我想到您的公司去拜访您，不知道您今天下午3点，还是明天上午10点比较方便？"

客户经理必须根据本行所提供产品的内容及特点去寻找恰当的目标客户，更应当根据客户自身的价值来选择目标客户，通过扩展和创新自己的业务种类满足客户的需要，使目标客户成为自己的长期合作伙伴、收益增长的源泉、提高商业银行美誉度的手段。如果客户经理每天坐在办公室的椅子上，等着客户上门"坐以待币"，等同于坐以待毙。目标客户通常产生于那些已经在消费银行产品的现有客户群中，此外，客户经理还应当注意培育新客户，采取适当的方法以发现商业银行潜在的目标客户。

一、资料查阅法

资料法，也叫媒体法，即客户经理通过各种现有媒体（资料）寻觅目标客户的方法。在银行营销中，这是寻找客户常用的方法。可供查阅的资料主要包括：工商企业名录、企业法人录、产品目录、电话黄页、公告、统计年鉴、专业团体的名册、广告（媒体广告、路牌、灯箱、车身广告等）、政府及其他部门可供查阅的资料、大众传播媒体公布的信息、企业集团的通信录、同乡录、互联网等。

运用资料法时，客户经理一定要注意资料的可靠性、完整性和时效性。因为报刊、网络都是影响广泛、时效性非常强的媒介，在采用这些媒介刊登的资料时，需要格外注意信息是否权威、资料有无缺损，以及信息是否过期。特别要注意的是电话簿的更新，很多人会频繁地更换手机号码，如果不经常联系，可能就会和某个客户失去联系。

没有疲软的市场，只有落后的思想。客户资源存在于各种各样的信息中，只要客户经理的思想不落后，运用好资料法，客户资源就是无限的。

二、缘故法

营销工作有一个很重要的"200法则"，即客户经理拥有200个以上的客户资源，成功的概率就大大增加，否则就很容易被业界淘汰。所以，客户经理要充分利用自己的人脉关系，即用缘故法来确定目标客户，找到更多的客户资源。

"缘故法"是指把世界上曾经与自己结缘的人都联系起来，构建起人脉关系网。从某种意义上讲，人脉等于钱脉，关系等于实力，朋友等于生产力。

客户经理将自己接触过的亲戚、朋友列出清单，从中选出最有关系资源价值的亲朋好友，通过他们帮忙开发新客户。

从图2-2中可以看到，一个人的人脉可以很广泛。通过直接或间接的关系，就形成了"我"的关系网，这就是"我"的缘故图。

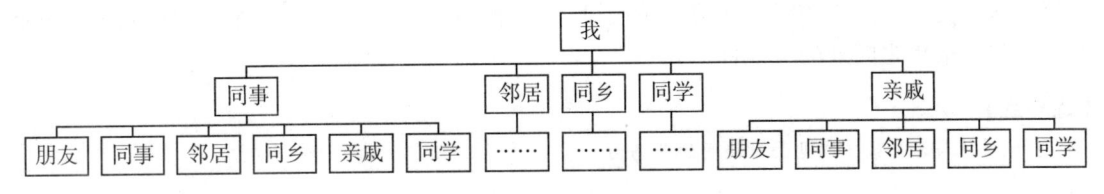

图2-2 缘故关系

使用缘故法来开拓目标客户，有四个主要特点：第一，容易接近。客户经理节省了大量的时间成本和物质成本。第二，容易自信。从熟悉的朋友开始营销，容易培养客户经理的自信心。第三，容易起步。市场营销有很多操作技巧，自己的亲朋好友正是演练营销技巧的好对象。第四，容易成功。

客户经理在运用过程中要注意以下几点：首先，要克服心理障碍。利用缘故法介绍目标客户，往往会遇到心理上的障碍，一是碍于面子，觉得不好意思；二是患得患失，担心营销不成功。其实，向客户营销金融产品，是银行客户经理的职责，无论客户是谁，工作就是工作。其次，不要认为是亲朋好友，就可以随随便便，必须诚心诚意为他们着想，真心真意为他们办事，绝对不能马虎。再次，不能强迫营销。亲朋好友，没有义务一定要与你所在的银行合作。要抱着真诚地请他们来帮忙的心态营销，提供最优质的服务。最后，不断拓展"缘故"。任何人原有的人际关系，特别是亲朋好友总是有限的，优秀的客户经理总是在不断寻找机会设法创造缘故。

三、连锁式开拓

社会学家研究表明，一个客户最少可以带来5个客户，最多可以带来49个客户。连锁寻找法，即把巩固服务对象和新客户的开发结合起来，向现有客户的上下游企业延伸寻找新的目标客户。连锁寻找法有双重含义：第一，寻找现有客户的上游企业和下游企业，如老客户是石油化工企业，可寻找其上游的油料供应企业、开采企业、勘探企业，还可以寻找下游的销售公司、加油站、化工产品的使用企业等；第二，充分利用现有的关系网络，向外延伸，通常的方法是：甲介绍乙，乙介绍丙……无限延伸，以找到更多的、更优质的客户。

使用连锁式开拓时，要注意几点，第一，让客户认同客户经理，只有客户认同客户经理，才愿意与客户经理做朋友，才愿意帮客户经理介绍客户；第二，让客户认同客户经理的金融产品，只有产品足够好，客户才乐于向朋友介绍客户经理以及产品；第三，要求转介绍；第四，真心感谢客户，客户经理访问新客户后，应当及时向介绍人反映情况，并且表示感谢。

四、逐户确定法

逐户确定法是指客户经理在选定的区域和服务范围内，逐户登门拜访每一个可能成为商业银行未来的客户，从而确定有合作价值的目标客户。为了减少盲目性，提高工作效率，客户经理应当事先对走访的区域作出计划，对区域内待走访的客户事先进行摸底，尽可能多地了解一些情况。初次造访时，还应当精心设计开场白，尤其是如何表达第一句话和第一个动作，以减少被拒之门外的可能性。

【练一练】

尝试设计与客户第一次见面时使用的开场白。

五、群体推介法

群体推介法是指客户经理在争取某个团体或主管部门的同意后，由他们出面向团体成员单位或所管辖的下属单位推介商业银行的产品和服务。比较常见的有工资卡、收费卡、借记卡等。通过这种方法，可提高商业银行的权威性和营销工作效率。我国的很多商业银行都采取这种方法来推介业务。

六、客户自我推介法

急需商业银行提供服务的客户会主动向银行自我推介，对这部分客户应当做到：第一，针对客户的需求，客户经理应当介绍和提供更便捷、更高效的产品和服务来吸引顾客；第二，对这部分客户中提出风险性服务要求的客户做资信方面的估价；第三，还应从互联网、交流会及其他媒体广泛收集目标客户的信息资料，尽可能全面、准确地了解客户；第四，从自我推介客户身上发掘更大的潜力；第五，做好客户维护工作，培养客户忠诚度。

【补充阅读】

客户经理要做什么？

- 客户经理一定要看《新闻联播》，特别是地方电视台的"时事新闻"，还要多看地方党报，可以从中找到很多有价值的信息，如国家和地方的经济政策、招商引资的信息等。
- 利用银行内部已经存在的各种客户资料，可以较快地了解本银行大致的金融市场容量及客户分布情况，进而从中寻找能够更进一步深度开发的目标客户。
- 客户经理一定要注意资料的可靠性、完整性和时效性。报刊、网络都是影响广泛、时效性非常强的媒介，采用这些媒介刊登的资料时，需要格外注意信息是否权威、资料有无缺损及信息是否过期。
- 猎犬法就是委托他人寻找目标客户的方法，其关键是选择有用的"猎犬"。

任务三　目标客户综合分析

【案例导入】

深圳发展银行海口分行举办 VIP 客户家庭亲子活动暨保险规划讲座

为了进一步推进保险代理业务的发展，深圳发展银行海口分行在 2009 年 8 月 15 日举办针对 VIP 客户家庭的亲子活动暨保险产品理财讲座，活动当场达成销售意向近百万元。活动别具匠心地将家庭亲子活动与银保产品推介会结合在了一起，共邀请了该行 30 户 VIP 家庭参与。

活动中，该行特邀糕点师为客户介绍生日蛋糕的制作方法，请 VIP 客户和子女一起动手，齐心协力制作出了一款专属于自己的生日蛋糕，并评出了蛋糕制作的用时最快奖、齐心协力奖和最佳创意奖。

该行在活动前专门对参与客户进行了细分，邀请到现场的客户子女年龄均在 3~15 岁。针对此特点太平洋寿险的专业讲师以"如何为孩子储备教育金"为题进行理财产品讲座，该行选择了对应的理财产品进行主推，得到现场客户的积极响应，纷纷向理财经理咨询产品细则。

一、目标客户财务分析

从营销角度来看，客户经理可以通过分析客户的财务报告，了解与客户合作的深度，了解并挖掘客户的业务潜力、业务需求，为银行进一步开发产品提供数据支撑；同时银行通过财务报告分析企业的财务状况、经营状况和现金流量状况，评价企业的还款能力和贷款的风险。因此对目标客户进行财务分析有着非常重要的意义。

（一）企业客户财务分析

企业客户财务分析见表 2-3。

表 2-3　　　　　　　　某银行客户财务分析评价

指　标	计算公式	标准值	满分	记分标准说明
偿债能力指标			30	
负债资产率	负债总额/资产总额	60%	12	60% 或以下为满分；每上升 2.5 个百分点扣 1 分；扣完为止
流动比率	流动资产/流动负债	130%	10	130% 或以上为满分；每下降 5 个百分点扣 1 分；扣完为止
现金比	现金/流动负债	30%	8	30% 或以上为满分；每下降 2.5 个百分点扣 1 分；扣完为止
获利能力指标			10	
销售利润率	销售利润/销售收入	8%	6	8% 或以上为满分；每下降 1.5 个百分点扣 1 分；扣完为止

续表

指　标	计算公式	标准值	满分	记分标准说明
资本回报率	净利润/所有者权益	8%	4	8%或以上为满分；每下降2个百分点扣1分；扣完为止
经营管理指标			24	
销售收入现金流量	销售商品或提供劳务收到现金/销售收入	80%	6	80%或以上为满分；每下降10个百分点扣1分；扣完为止
应收账款周转率	销售收入/平均应收账款余额	400%	6	400%或以上为满分；每下降30个百分点扣1分；扣完为止
存货周转率	产品销售成本/平均存货	300%	6	300%或以上为满分；每下降20个百分点扣1分；扣完为止
管理水平	规章制度的建设和执行；企业文化；财务管理；质量；技术；信息管理		4	视情况给予0分至满分
商誉	企业形象；产品质量；服务评价；行业声誉；纳税情况及遵纪守法程度等			视情况给予0分至满分
履约指标			16	
授信资产本金偿还记录			10	根据本年度应归还我行的各类授信资产总额进行衡量；(1)按期还本为满分；(2)按期还息但在评估时点存在逾期1个月以上的贷款记录，扣4分；(3)未按期还本超过3个月，为0分，若本年度应还我行贷款本金总额为0，以其他授信形式比照给分
授信资产利息偿还记录			6	(1)按期付息为满分；(2)本年度存在拖欠利息10天以上记录，扣3分；(3)评估时点存在欠息情况为0分。若本年度应付我行利息总额为0，以其他授信形式比照给分
发展能力和潜力指标			20	
固定资产净值率	固定资产净值/固定资产原值	65%	4	65%或以上为满分；每下降3个百分点扣1分；扣完为止
销售收入增长率	(本期销售收入－上期销售收入)/上期销售收入			8%或以上为满分；每下降1个百分点扣1分；扣完为止
利润增长率	(本期实现净利润－上期实现净利润)/上期实现净利润			10%或以上为满分；每下降2.5个百分点扣1分；扣完为止。上期亏损，本期盈利为2分，上期、本期都亏损为0分

续表

指标	计算公式	标准值	满分	记分标准说明
领导者素质	领导才能、管理素质、技术素质、开拓能力、应变能力、团体协作、法制观念			视情况给予0分至满分。如发生不利于预测企业发展的重大人事变更,应及时下调分值
市场前景、发展规划与实施条件	行业及产品销售远景、产业政策的影响、远近期目标、经济实力、技术条件、营销策略、人才条件、实施措施			视情况给予0分至满分

由于不同类型的企业经济情况有差异,因此在评分上,商业银行要结合企业的具体情况来分析。

(二) 家庭客户财务分析

家庭客户财务分析见表2-4。

表2-4　　　　　　　　　　家庭客户财务比率分析

家庭财务比率分析

类别	家庭财务指标	计算过程	参考数值	实际数值	诊断和建议
资产负债诊断	资产负债率	总负债/总资产	小于50%		
	生息资产占比	生息资产/总资产	40%左右		
	固定资产比率	固定资产/总资产	60%左右		
收入支出诊断	储蓄率	每年净收入/每年总收入	大于40%		
	债务偿还比率	每月偿还额/每月收入	小于35%		
	备用金充足度	易变现的资产/月支出	6%~12%		
	财务自由度	年理财收入/年支出	100%		
保障诊断	最低风险覆盖度	个人身故保额	100%		
		5年家庭支出+50%贷款额			
	保费支出比例	年保费/年收入	10%~15%		

二、经营能力分析

(一) 决策者素质

决策者的素质包括思想素质、智力素质、文化素质、心理素质和身体素质。思想素质要求企业决策者具有良好的职业道德和伦理道德；其次要有较强的责任心，忠于职守，忠于企业整体利益。智力素质则主要表现为决策者的观察力、记忆力、思考力和想象力，以及对事物本质的把握能力。文化素质（或知识素质）主要体现在决策者的学历和资历两方面：学历反映了决策者的间接知识和书本知识，资历则反映了决策者的直接知识和实践经验。决策者的心理素质也很重要，还有就是决策者的身体素质，企业决策者只有具有健康的体魄，才能精力旺盛地完成好本职工作。商业银行客户行业评价标准见表 2-5。

表 2-5　　　　　　　　　商业银行客户行业评价标准参考

因素	指标	分值					权重
		0	25	50	75	100	
供求状况（45%）	未来5年行业所处生命周期	导入期或衰退期	成熟后期	成熟期	成熟前期	成长期	4%
	行业发展与国民经济周期的关系	不利影响	不利影响	无明显影响	有利影响	有利影响	6%
	以往3年行业销售收入平均增长率	5%以下	5%~10%	10%~14%	14%~17%	17%以上	6%
	行业地位及变化趋势	占GDP的比例下降明显	缓慢下降	起伏不定但幅度不大	比较缓慢	比例上升	6%
	主要产品进口	很不合理	不合理	可接受	比较合理	合理	5%
	行业适应性	夕阳行业	一般行业	一般行业	先进行业	先进行业	4%
	当期生产能力利用率	<65%	65%~70%	70%~75%	75%~85%	>85%	6%
	主要产品出口	差	较差	一般	较好	好	4%
	供求关系	供给严重大于需求	供给大于需求	基本平衡	需求大于供给	非常供不应求	4%
行业竞争力（40%）	竞争范围与竞争类型	不利	比较不利	一般	比较有利	有利	8%
	进入壁垒	容易	比较容易	一般	不容易	很不容易	8%
	运行机制与运行水平	差	较差	一般	较好	好	4%
	市场开放水平	封闭市场	半封闭半开放市场	半封闭半开放市场	开放市场	开放市场	8%
	质量价格及管理水平	差	较差	一般	较好	好	6%
	科技创新及应用	差	较差	一般	较好	好	6%
政策法规（15%）	宏观政策	5年内有负面影响	5年后有负面影响	无负面影响			8%
	法律法规	5年内有负面影响	5年后有负面影响	无负面影响			7%

（二）决策者业绩的考核

银行家如果面对一个阅历丰富、经营业绩突出的企业主要决策者或决策团队，那么该企业偿还贷款的前景是非常乐观的。决策者或决策团队业绩的考核可以从企业过去的经营状况，决策者的阅历、成功次数、经验或者教训，以及猎头公司的档案文献中获取必要的资料。

（三）决策者能力的评估

企业决策者的能力是多样的，一般应包括决策能力、组织能力、协调能力和创新能力。决策能力是指决策者对企业长远发展目标的确定、经营方略的制定，以及对关系企业经营管理全局的重大事项进行决断的能力。组织能力是指决策者将企业有限的资源（包括人、财、物）加以系统安排和运用，以发挥出最大的整体效用的可能性。协调能力则主要表现为决策者处理企业内外各种社会经济关系，增强企业凝聚力，进而提高工作效率的能力。创新能力则主要指决策者的开拓、创新精神。

三、心理分析

心理是感觉、记忆、思维、想象、情感、意志和气质、性格等的总称，包括心理过程与个性心理特征两个方面。心理过程是指认识、情感和意志三方面的心理活动过程，包括感觉、知觉、记忆、思维、想象、情感、意志等。如人们根据商业银行的营销宣传，了解商业银行经营范围等，形成较为完整的商业银行概念，这就是客户认识过程。在此基础上，客户自然会产生喜欢或肯定，或不喜欢或否定的情感，这是客户情感过程。对商业银行有了认识及态度后，就将付诸实施，计划安排活动，制订选择银行的方案，这是客户意志过程。心理特征是指在个人身上表现出来的本质稳定的带有倾向性的心理特征，包括兴趣、爱好、气质、性格、能力等。这些特征会影响客户的举止、言行，反映不同客户心理活动的特殊性。

商业银行客户心理动机是因为客户因主客观因素形成的参与商业银行的目的和主导思想。主观因素，即客户选择商业银行、发生金融行为的内在需要，或者生理需要；客观因素是指客户能力和客户便利。只有两大因素齐备，才能萌发客户动机，否则客户动机就可能稍纵即逝，不可能成为客户的驱动力。

不同客户动机也不同，客户动机不仅是经济行为的心理表现，也是一种文化现象。把握客户动机，有助于客户经理更为准确的分析客户需求，为客户提供更为贴切的产品与服务。就当前而言，商业银行客户动机主要有以下几种。

（一）安全性动机

安全性是指货币资产的安全，包括客户存放在商业银行存款资金和委托商业银行办理结算资金的安全。安全性动机是客户最原始的动机，目的是为排除自然与社会对其货币资产的侵蚀，确保其完整性。当今的货币资产形态主要是纸币，因此，其受到侵蚀会招致损失。在支付客户资金时通过商业银行办理是绝大多数企业和个人可靠选择方式之一，这也是客户最原始且恒定的动机。

（二）保值增值性动机

单位或个人将其拥有的货币资产存放在非投资性的地方，往往不能保值和升值，而商业银行对于客户存放的资产将按一定的比例计付利息。尽管客户的实际利率可能低于通胀率，无法完整地达到保值的目的，但至少可以减少损失，胜于持现。持这类动机的客户，多数为收入颇丰，积蓄较多者。保值是基本目标，一旦有增值的可能，客户就会马上将保值目的提升为增值动机。

（三）融资性动机

无论是单位或个人为了企业生产经营或消费等需要，在融资渠道极其单一的情况下，首先选择的是商业银行的融资功能。对于我国企业来说，融资性是很多企业选择商业银行的动机，从商业银行取得贷款不仅较为方便，且融资成本较低，特别是在企业急需扩大再生产的情况下，企业的产品供需两旺，融资动机就会更强烈。

（四）支付性动机

在市场经济十分发达的今天，商业银行丰富的结算产品和结算网络为客户提供了结算上极大的便利，不仅为企业提供了系列化的结算产品，通过结算手段又为企业提供了融资工具。因此，到商业银行办理业务的客户相当部分是为了结算业务而来，特别是规模性、跨区域性企业，在企业之间资金结算已不可能用现钞结算，因此，必须通过商业银行的结算渠道来实现，其目的既要保证资金安全又要实现企业间资金的清算。

（五）便利性动机

在市场经济条件下，金融已涉及人们生活的各个领域，商业银行不仅能为客户提供存款、贷款、结算业务等银行的基本功能服务，而且不断根据需求，开发新的金融产品，延伸服务领域。客户选择商业银行不仅可以存放金融资产，获得资金支持和结算服务，还可以取得业务咨询、缴纳费用等便利。越来越多的银行从鼓励客户使用 ATM 等机具，到向客户推送网银以及手机银行业务正是对这种动机的满足。2015 年招商银行宣布客户通过网上或者手机银行转账免费，这一举措在满足客户便利性的同时也减轻了客户负担。

（六）个人客户的特殊动机

个人客户到商业银行办理的存贷款业务除了有上述动机外，还有一些特殊动机。如：（1）消费性动机，这类客户以消费为目的。按消费需求的时间性，可分即期、近期和远期；若按性质可分为周转性、积攒性、计划改善性动机。（2）保障性动机。社会成员可能形成的保障性风险，大体来自如下方面：健康的突然丧失、失业的威胁、改革给某些人的风险。（3）随意性动机。随意性形成的客户可称为无目标客户。客户拥有的资金无既定的用途，近似于将银行作为一个置放钱钞的柜子，比较安全，还可获得些利息，有益无害，处于漫不经心的无所谓状态。此类客户，一般收入颇丰，生活富裕。这类客户实际十分稳定。商业银行在充分研究客户心理特征的基础上，根据客户的心理需求，采取相应对策，得到客户的充分认可，从而有利于商业银行在市场竞争中占据优势。由于客户的选择很大程度上是由客户的心理需求所决定，因此商业银行只有认真分析其不同客户、不同层次的心理需求，关注、把握客户的心理特征，采取相应的策应措施，才能有利于提高商业银行市场营销效果，增强商业银行的综合竞争能力。

四、家庭分析

不同的家庭有着不同收入情况，不同的消费方式及理财方式。以家庭为单位的服务不仅为银行的服务拓展了新的道路，同时这种服务方式在更大程度上将与银行合作的客户范围大大拓展了。各银行大力发展的社区银行，在一定程度上也是基于对当前社会家庭生活作息习惯分析而产生的。子女选择的服务银行，就经历了由父母决定，如子女在外求学家庭为其支付生活费采用的是哪家银行，到成年之后，子女在父母的带领下，长期与某一家或几家银行发生联系的过程，必然形成一种习惯和依赖。因此，对客户家庭进行分析，有助于银行提升服务效果，实现可持续发展。本书从家庭生命周期价值的角度进行分析。家庭生命周期是近年来从国外引进借鉴并被频频运用的概念。这里的家庭生命周期是指客户与银行联系业务持续的时间周期，家庭生命周期价值则是指以家庭为单位的客户在与银行的整个生命周期的联系中为银行带来的价值。在这一观念的引导下，我们不只要注意客户将为银行带来的价值，还更需要注意客户在整个生命周期之内可以为银行带来的整体价值达到多大（表2-6）。

表2-6　　　　　　　　　　　家庭周期银行需求

	客户价值					对客户经理的启示
	阶段A（Acquisition）客户获取	阶段B（Build-up）客户提升	阶段C（Climax）客户成熟	阶段D（Decline）客户衰退	阶段E（Exit）客户离开	• 公众客户处于不同生命周期阶段对银行的价值及其需求均有所不同，也意味着客户经理对其服务的方式不同 • 对公众客户的标准化管理与服务应基于不同生命周期阶段
在不同生命阶段考虑不同问题	• 如何发展并获得潜在客户	• 如何把客户培养成高价值客户	• 如何使客户购买银行新产品和服务 • 如何培养客户忠诚度	• 如何延长生命周期	• 如何赢回客户	
多种价值杠杆在不同时期应用	• 发现尚未使用本银行产品和服务的客户，或正在使用竞争对手产品和服务的客户 • 通过有效渠道提供合适价值定位获取客户	• 刺激需求的产品和服务	• 交叉营销 • 针对性营销 • 高端客户的差异化服务	• 高危客户的预警机制 高危客户的挽留举措	• 高价值客户的赢回方法	

家庭生命周期不同阶段的理财重点有很大差异，因此，在制定理财规划时，考虑家庭生命周期不同的理财重点，根据家庭生命周期的流动性、收益性与获利性需求进行资产配置和

产品组合才能更有效、更具针对性地解决家庭理财需求。例如，子女年龄很小或自身年龄很大时通常对资产的流动性需求较高，这样的家庭进行理财时，流动性较强的存款和货币基金比重应高一些；而由家庭形成期至家庭衰老期，随着自身年龄的增加，投资股票等风险性资产的比重应逐步降低，到衰老期后一般对资产收益性的需求达到最大，投资债券的比重应相应提高。表2-7是家庭生命周期的不同阶段和财务特点。

表2-7　　　　　　　　　家庭生命周期的不同阶段财务特点

周期	形成期	成长期	成熟期	衰老期
夫妻年龄	25~35岁	30~55岁	50~65岁	60~90岁
保险安排	随家庭成员增加提高寿险保额	以子女教育年金储备高等教育学费	以养老险或递延年金储备退休金	投保长期看护险养老险转即期年金
信托安排	购屋置产信托	子女教育金信托	退休安养信托	遗产信托
核心资产配置	股票70% 债券10% 货币20%	股票60% 债券30% 货币10%	股票50% 债券40% 货币10%	股票20% 债券60% 货币20%
信贷运用	信用卡 小额信贷	房屋贷款 汽车贷款	还清贷款	无贷款

任务四　目标客户最终选择

【案例导入】

日本商业银行优质客户选择

1. 选择优质资产客户的标准层次分明。

日本的商业银行被称之为普通银行，分为都市银行和地区银行。都市银行是全国性的大银行选择优质资产客户的标准，是大型的工商企业；地区银行则为区域性银行，选择优质资产客户的标准是中小企业及个人消费者，选择优质资产客户的标准趋同。选择优质资产客户的标准差异较大的地区，是每县有一家地区银行根据所管辖地区的经济情况制定各自不同的优质资产客户选择标准。日本的商业银行层次越来越分明，选择优质资产客户的标准也逐步两极分化，地区银行的区域经济特色更加鲜明。

2. 选择优质资产客户更加注重长期合作。

日本这种以银行为主体的金融体系使得银行与企业之间的关系相当密切。银行与大企业通过相互持股结合在一起。一方面为关系企业中的优质资产客户提供投资资金、管理流动资金进行票据贴现及外汇买卖；另一方面还对企业经营情况进行监督。

3. 选择优质资产客户时实施主银行制度。

日本的优质资产客户主银行一般有三个特点：提供较大份额的贷款；拥有一定的股本（5%以下）；派出职员任优质资产客户的经理或董事。

商业银行客户经理要提高营销业绩，使工作更加有的放矢，必须在众多潜在客户中挑出最有希望、最有购买意愿的客户作为目标客户。在选择客户时，总体来说，要注意以下几个方面：

客户的金融需求。能否有效地满足客户金融需求是营销工作成功与否的关键。只有发现并满足客户金融需求，客户经理的营销才是有用的。

客户的购买力。客户经理分析客户的信用购买能力时，首先要从考虑产业政策开始，其次要分析客户的区域环境，再次要分析客户的经济实力，最后要分析客户的信用情况。

客户是否符合本银行优良客户条件。各个银行对优良客户的选定标准都不一样，大致分为三类：以使用本银行纯负债业务和中间业务为主的客户、以使用本银行信用产品为主的客户、全面使用本银行金融产品的客户。

客户对本银行的价值（利润）贡献度。银行营销追求的就是利润和价值，所以能够创造价值是考察客户的关键条件。根据客户不同的分类，不同的客户有着特有的原则和方式方法。

一、个人目标客户的选择

（一）个人目标客户的选择原则

（1）成本原则。保持一个老客户的营销费用是吸引一个新客户营销费用的1/5；向现有客户销售的成功几率是50%，向一个新客户销售的成功几率是15%。因此，在选择个人目标客户时要考虑成本因素，提高服务效率。

（2）优中选优原则。营销基本原则：客户满意、银行盈利。客户经理应将有限的资源投入到那些最有可能成为商业银行高端客户和最忠诚的目标客户身上，以达到效益最大化。

（3）品牌优势和精品策略原则。通过商业银行的精品网点、明星客户经理、核心产品、优秀客户服务和科学营销活动等方式，吸引个人目标客户。

（4）人际关系原则。充分利用客户的人际关系，掌握他们的联系方式，进行广泛的沟通，可以找到更多更好的有价值客户。

（二）个人目标客户应当具备的条件

通常情况下，个人目标客户应当具备以下条件：
（1）有较迫切的现实和潜在的金融需求；
（2）收入水平足以消费商业银行提供的金融产品和服务；
（3）应是家庭中金融消费的决策者。

（三）个人目标客户的选择方法

个人目标客户的选择方法如下：
（1）现场识别法。在营业网点进出的客户众多，他们往往会带来大量的信息，敏锐的客户经理应当能够通过金融服务过程、专业咨询、主动提问、产品介绍等方法，观察客户的衣着打扮、言谈举止、气质风度等识别和判定目标客户。

（2）客户推荐法。一个由推荐产生的客户通常比其他方式争取来的客户能购买更多的金融产品，对商业银行更为忠诚，能为商业银行带来更大的收益。并且这种推荐不会就此终止，很可能会产生下一次推荐，形成良性循环。

（3）公私联动法。公司客户、机构客户和个人客户并不是截然分开的，许多对公客户的高级管理人员大都具备 VIP 客户的条件。客户经理要善于抓住机会，将个人业务与公司业务联动营销，从中选择优质的个人目标客户。

（4）中心开花法。中心开花法是指在某一特定的区域内，选择一些有影响的社会名流，使其成为商业银行产品或服务的消费者，利用名人效应吸引相关群体，并尽可能取得其帮助或协作。

（5）合作伙伴识别法。商业银行拥有大量的合作伙伴和特约客户，由于合作伙伴通常借助于银行开展业务，而特惠客户也依托银行来拓展客户。所以，客户经理可以通过加强与他们的沟通与交流，获取第三方的数据资料，实现信息共享，通过分析判断，从这些资料中找出有价值的客户。

（6）讨论会识别法。讨论会识别法是指利用专题讨论会、产品推介会及各种沙龙来发现和鉴别有价值的个人目标客户。参加讨论会和沙龙的人员基本上都是合格潜在客户。讨论会识别法已越来越成为商业银行寻找目标客户的主要方法之一。

（7）媒体查询法。媒体查询法是指通过查阅各种媒体资料来获取潜在客户的方法。通常可供查阅的媒体资料有报纸、杂志、互联网、名录和电话簿等。

（8）地毯式搜索法。地毯式搜索法是指客户经理在选定的区域进行地毯式收集信息的方法。一般通过发放宣传资料、赠送小礼品、发放调查表、推介特色金融产品和服务等方法引起客户的注意。

（四）分析和确定个人目标客户

客户经理通过上述方法获取潜在客户的信息资料后，还应进行资料分析，从中挑选出营销费用低、价值大、忠诚度高、能给商业银行带来稳定收益的个人目标客户。

1. 分析个人目标客户。

个人目标客户的分析通常从综合状况、成本收益、购买可能性三个方面进行：

（1）个人目标客户的综合状况分析。综合状况分析主要从客户的生活背景、工作背景、家庭情况、个人收入、个人支出、性格心理、未来发展趋势等方面进行。

（2）个人目标客户的成本收益分析。首先，分析获取一个客户所需的成本，包括客户开发成本、价格优惠成本、推荐成本、客户流失成本和机会成本；其次，分析预期收益，包括基本预期利润分析（主要是客户的交易购买和交易频率）、成本节约分析（产生于客户的稳定性）、再推荐价值（产生于现有客户对潜在客户的推荐）、独特产品增值机会等。

（3）个人目标客户的购买可能性分析。首先，根据客户对产品的信赖度、产品满足客户需求的符合度、对商业银行的印象好坏来判断客户的购买欲望；其次，根据客户的职业、身份地位、收入来源和收入水平、支付计划等判断客户对产品的购买能力、购买数量及购买时间。

2. 确定个人目标客户。

通过对客户的综合状况、客户开发成本、预期收益及其相互间关系的综合分析，可以得出结论：个人背景越复杂，客户的开发成本越大；购买银行产品频率越低的客户，对商业银行的贡献度就越小。所以，潜在客户的贡献度取决于客户类型、客户开发成本和预期收益三个因素。对商业银行贡献度较大的客户即是商业银行的个人目标客户。

（五）整理个人目标客户名单并确定客户开发计划

个人目标客户确定以后，客户经理应当有针对性地制订详细的客户开发计划，具体包括以下几个方面：时间表，即预约时间、拜访时间和回访时间的安排表；客户档案表，包括客户的住址、联系方式、兴趣爱好、家庭状况、感兴趣的产品等；费用预算，包括交通费、宣传费用、小礼品和接待费用等；意外情况分析，一般是指发生在拜访过程中的一些突发事件。

二、公司目标客户的选择

（一）公司目标客户选择的原则

1. 安全性原则。

公司客户通常与商业银行的资金往来较大，风险一旦形成，给银行造成的损失往往很大。因此，在选择公司目标客户时，首先要分析确定该客户的风险大小，以决定其是否可以作为公司目标客户。

2. 收益性原则。

收益性与客户的经营情况、市场地位、资金规模、服务品种和数量相关。收益是商业银行存在和发展的基础，客户经理必须充分考虑公司目标客户能给商业银行带来的收益，包括当前收益和未来收益。

3. 适时调整原则。

根据商业银行经营战略、外部环境及自身定位等因素，适时调整公司目标客户的限制方向。公司目标客户不可能一成不变，客户经理应及时根据需要和客户所发生的变化加以重新调整和确认，并选择新的公司目标客户进行营销。

4. 集约经营原则。

公司目标客户的选择应当符合集约经营原则，即所选定的优秀客户群或优秀项目，应坐落在同一个地区，并且有较大的合作潜力，预计有较大规模的存款和贷款发生，以及有较多种类和较大规模的中间业务。

（二）公司目标客户选择的策略

选择公司目标客户通常采取的策略有：

（1）跟随型策略。即选择与竞争对手相同或类似的客户群体。跟随型策略的优点是成本较低，缺点是无法体现本行的特色。

（2）相异型策略。即选择与竞争对手不同的客户群体。相异型策略的优点是有利于创造自己的特色品牌，缺点是成本较高。

（三）选择公司目标客户应当考虑的问题

选择公司目标客户应当考虑的问题有：
（1）是全国性客户还是地方性客户？
（2）是大客户还是小客户？
（3）是工业领域的客户还是其他领域的客户？
（4）是国有企业还是非国有企业？
（5）是城市中的客户还是农村中的客户？
（6）是国内客户还是国外客户？
（7）是处于成长期还是处于衰退期的客户？

（四）公司目标客户应当具备的条件

商业银行的公司目标客户应当具备下列部分或全部条件：
（1）国家重点支持或鼓励发展的行业、企业或项目；
（2）与同类企业相比，有一定的竞争优势，成长性好；
（3）有良好的社会信誉，信用等级较高；
（4）已经发行股票并公开上市；
（5）产品技术含量高、销路广、现金回流快；
（6）财务状况良好，结构合理；
（7）治理结构合理、管理科学、机制灵活；
（8）与商业银行的服务能力相匹配；
（9）有未满足的现实的或潜在的金融需求，且能给商业银行带来收益；
（10）经营状况良好；
（11）管理者思维活跃、有思路、有能力或具备一定的社会背景；
（12）地域条件有发展前景；
（13）拥有可靠的供应商和顾客群；
（14）社会知名度高，并重视员工教育；
（15）有消费银行服务的需要，且有消费能力，并具备一定的消费规模。

（五）公司目标客户的选择方法——"机会—威胁"法

"机会—威胁"法是客户经理选择公司目标客户常用的方法，即首先确定存在哪些机会因素和风险因素；然后通过分析，选择机会大、风险低的客户作为公司目标客户。

（1）常见的机会因素。具体包括：技术水平进步带来的机会；商业银行专业技术的优势，如越来越多的银行利用大数据更为精确地分析客户行为和需求；客户行为方式的改变；客户需求的改变；商业银行的地理位置和给客户带来的便利条件；客户经理的素质和水平；良好的银行形象和声誉；客户经理能给客户带来的利益；与竞争银行相比，在服务产品、营业网点、资产规模、企业文化、经营机制、社会形象、营销策略等方面具有的相对竞争优势。

（2）常见的威胁因素。具体包括：商业银行产品缺乏市场渗透力；商业银行存款的减少影响到银行在市场上的声誉;商业银行贷款客户的减少和不良资产的增加;客户对客户经理的认知度下降;商业银行及客户经理对外宣传不充分或宣传效果下降;客户对商业银行服务的不满增加;商业银行工作程序相互冲突,贷款审批程序烦琐、时间过长;其他商业银行的竞争力较大;商业银行可利用的资源有限;客户对客户经理态度冷淡或表示不满;商业银行的市场影响力下降;商业银行产品和服务的局限性。

(3) 公司目标客户的确定。列出一个潜在客户的所有机会因素和威胁因素,进行分析和总结后最终出现下面四种情况:机会和威胁都高的客户;机会和威胁都低的客户;机会大、威胁低的客户;机会小、威胁高的客户。在这四种情况中,机会大、威胁低的客户是最理想的公司目标客户(图2-3)。

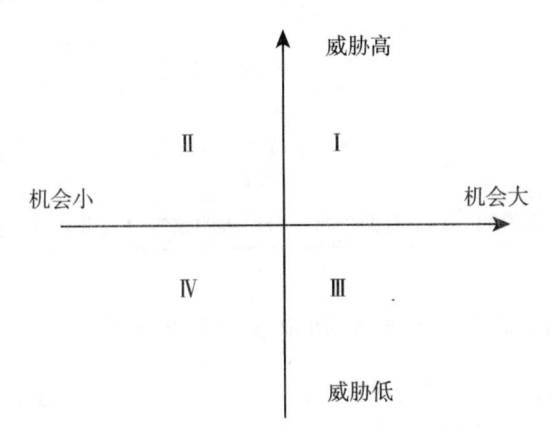

图2-3 潜在客户的机会因素和威胁因素

(六) 收集公司目标客户的基本信息并进行初步的价值判断

通过收集公司目标客户的基本信息和基本资料,加深对其了解,并进行初步的价值判断,为制订公司目标客户的开发计划准备基本的素材。

1. 需要收集的基本信息。

(1) 公司目标客户主要管理和决策人员的基本情况,如姓名、年龄、文化程度、家庭情况、个人爱好、联系方式等;

(2) 公司目标客户的经营情况、市场占有率、资金运作情况、企业沿革、目前遇到的问题等;

(3) 公司目标客户关联企业的基本情况;

(4) 公司目标客户在商业银行的业务开展情况;

(5) 公司目标客户所在行业的历史、现状及与行业相关的知识;

(6) 公司目标客户与其他金融机构的合作情况及下一步对商业银行可能提出的业务要求。

2. 对公司目标客户进行价值判断。

客户经理根据收集到的公司客户信息,对客户进行价值判断,从而决定该客户是否具有开发价值。价值判断通常从收益匡算和主要风险两个方面进行(表2-8)。

表 2-8　　　　　　　　　　公司目标客户价值判断

评价内容	正（+）	负（-）
1. 客户的资产规模	大	小
2. 客户原料供应/产品销售区域	全省或是全国	本地
3. 市场占有量/熟悉影响	大/知名品牌	小/一般产品
4. 资金流量	大	小
5. 与其他银行的竞争态势	激烈	不感兴趣
6. 是否为上市公司、高校或者资金流量大的其他单位	是	不是
7. 行业情况	发展中或成熟行业	萌芽或衰退行业
8. 目前对银行产品需要	条件良好，但没有意识到对银行产品的需要	遇到困难时需要银行支持

评价说明：以上有两项得正分，表明该客户具有开发价值

（七）整理公司目标客户名单并确定客户开发计划

公司目标客户确定以后，客户经理应将确定的目标客户及背景资料记录下来，列成表格形式，以便于查找（表2-9）。客户信息的记录要详细、准确、连续、及时，尤其要避免信息记录错误，因为记录错误会造成工作的失误或障碍，影响工作的效果，甚至造成客户的流失。

表 2-9　　　　　　　　　　公司目标客户名单

公司目标客户名称	主要业务范围	通信地址	联系方式	成为现实客户的可能性	开发时拟投入的资源

通过对公司目标客户相关信息进行分析，制订全面的客户开发计划、开发方案，以及开发的具体步骤。客户经理应按照客户开发计划进行客户开发活动。在客户开发过程中客户经理应当根据实际情况的变化而调整开发计划（表2-10）。

表 2-10　　　　　　　　　　客户开发计划

时间		工作安排		工作进度	
		工作目标	具体策略	计划进度	实际进度
1月	第一周				
	第二周				

续表

时间		工作安排		工作进度	
		工作目标	具体策略	计划进度	实际进度
1月	第三周				
	第四周				
2月	第一周				
	第二周				
	第三周				
	第四周				
……	……				

三、机构目标客户的选择

选择机构目标客户时，客户经理应当考虑机构目标客户的金融需求目标；机构目标客户金融需求的主要内容，以寻求合作的基础；机构目标客户的经济现状、偿债能力及财务状况等。

选择机关事业单位类客户时，客户经理应关注其经费来源的稳定性、经费规模大小、资金使用的频率、客户的理财意识和盈余资金的稳定性、季节性等。

选择机构目标客户的方法同公司目标客户的选择方法基本相同，此处不再赘述。

模块三 拜访客户

【任务描述】

1. 本模块的操作任务。

（1）掌握商业银行客户经理约访客户技巧；

（2）掌握商业银行客户经理拜访客户技巧；

（3）掌握商业银行客户经理业务洽谈技巧。

2. 完成工作任务的标志性成果。

（1）能够根据指定的任意场景成功约访客户；

（2）能够根据指定的任意场景成功拜访客户；

（3）能够根据指定的任意场景应用业务洽谈技巧。

任务一　约访客户技巧

【案例导入】

电话开发客户示例

客户经理："张总您好！我是 A 行客户部经理，我叫孙丽。请问李籍是您的朋友吗？"

目标客户："是的。您认识他？"

客户经理："他也是我的好朋友，是他介绍我来找您的。他一直对您在事业上的成就赞不绝口，说您待人和善，是个白手起家的优秀企业家。"

目标客户："其实，我也是个很平常的人。"

客户经理："您太谦虚了！前一阵子，通过我的介绍，他的公司与我行签订了全面合作协议，把基本账户转到了我行，我行还为他的公司提供了 3 亿元的授信额度。他认为我行实力强大，管理规范，服务优质，科技先进。同时认为我这个客户经理够专业，服务也好，很乐意支持我的工作。他觉得像您这样优秀的企业家所领导的优良企业也应该拥有这样的金融服务，就介绍我与您联系。请问您是今天下午两点还是明天上午九点方便些？我去您的办公室拜访您好吗？"

目标客户："好，就今天下午两点半吧！"

注：上面这段电话开发客户的对话，客户经理是运用客户关系法（介绍法）来约访客户的。他借助那位介绍人的关系拉近了双方的距离，又向客户传递了"我朋友已经与某银行合作"的信息，还十分恰当地恭维了客户，给客户留下了良好的印象。更为重要的是，该客户经理还运用"二择一法则"与客户约定了见面时间。

一、商业银行目标客户开发的方式

商业银行常用的目标客户开发的方式包括：电话开发方式、直接拜访方式、信函开发方式。

（一）电话开发方式

电话可以突破时间与空间的限制，是目前最经济、最有效地开发客户的工具。目前我国多家商业银行依托庞大的数据库，建立呼叫中心，正是电话开发方式的典型代表。客户经理通过各种渠道，能方便地获得不少人的电话资料。利用电话开发客户前要做好准备，首先要放松，具有热诚和信心，对电话开发成功的期望值不要太高。同时要注意：文明用语和讲话顺序，谈吐要清晰，条理分明，要掌握客户的心理和通话时间，要注意语音、语调、语速，通过声音展示自己的专业素养和积极热情的态度，充分运用各种悬念的技巧，让目标客户觉得很有必要见面。

（二）直接拜访方式

直接拜访一般有两种方式：一种是事先和客户约好的会面，这种拜访称为计划拜访，拜访前因为已知和谁见面，因此，能为拜访客户做好充分的准备。另外一种是没有通知客户，直接去拜访，香港银行称此种做法为"洗楼"或"扫街"，"洗楼"的目的在于找出目标客户，并设法与关键人士会谈，收集目标客户的资料。成功"洗楼"或"扫街"能给客户经理带来许多好处，如亲自判断目标客户的市场潜力，能在短的时间内收集客户的资料，建立目标客户卡，以供日后拜访使用；能有效地了解自处区域市场的特性；同时也能锻炼客户经理的营销技巧。

（三）信函开发方式

营销信函主要用在客户经理接触目标客户前，先给计划开发的客户寄发有关资料，目的在于引起客户的兴趣，使得客户愿意与客户经理会面。用信函开发目标客户，其特点是主动性强，覆盖面广。因为不是面对面地谈话，可以没有任何心理压力。

在营销信函中，可以写上理性的观点，也可以提供感性的实例。由于收信人是在经理不在场的情况下拆阅信件，所以，无论收信人作出怎样的反应，都不会影响到客户经理。营销信函应包含以下基本内容：寒暄、自我介绍、赞美肯定、提出拜访要求、约定拜访时间等。撰写营销信函要注意三点：要简洁，有重点；要引起客户的兴趣及好奇心；不要过于表露希望拜访的迫切性。

【案例分享】

尊敬的李处长：

您好！

我是A行的客户经理，我叫张岚。

请原谅我冒昧地给您写信。虽然我们素昧平生，但您的大名和为人早已如雷贯耳，我早已祈盼有机会与您相识。

您一定记得您的朋友刘洋吧？他对您的成功非常敬佩，说您是一个走在时代前面的领潮人，特别是对网络经济有较深的研究，对网络金融新产品很感兴趣。刘先生为有您这么事业有成的朋友，感到非常骄傲和自豪。我和刘先生也是多年的好朋友，我们都十分佩服您的远见卓识。最近，我行开发推出了一种新的公司客户理财服务产品，我把它介绍给像您的公司一样优良的大型集团性公司使用，他们很是欢迎。我就此产品如何在您的公司使用草拟了一个方案，先寄给您了解一下。我很想下个星期登门拜访您，再给您作详细的介绍，您看可以吗？如果您觉得方便的话，请您定个时间，让您的秘书电话通知我。我的手机号码是136×××××××。

祝您事业兴旺，吉祥安康！

张岚敬上

×年×月×日

二、商业银行目标客户开发的方法

商业银行目标客户开发的方法通常包括面约法、托约法、广约法、函约法和电约法。

（一）面约法

面约是指客户经理与客户当面约定见面的地点、时间、方式等。在面约时，客户经理无论是语气还是用词，都必须坦率诚挚，中肯动听，避免与客户大声争辩，必要时要配以生动的表情与手势。如果准备面约客户的高层领导，而客户只派一个中层干部来负责接洽，客户经理就应该着重强调与其上司面谈的必要性。

（二）托约法

托约是指客户经理委托第三者代为约见客户，如留函代转、信件转递、他人代约等。这种方法一般在代约人与客户很熟悉或客户经理很难直接约见到客户时采用。运用连锁法寻找客户时就经常使用托约，因为客户经理如果与某个客户很熟悉，就可委托该客户约见其他客户。

（三）广约法

广约是指客户经理利用大众传播媒介或标准化的邀请函把约见的目的、内容、时间、地点等广而告之，届时在预定的时间地点同客户见面。这种方法适用于差别不太大的银行产品的营销，如某种新的银行存款品种。客户经理组织召开新产品推介会一般采取这种方式。

（四）函约法

函约是指客户经理利用信函约见客户。信函通常有个人书信、会议通知、请柬、广告等，其中采用个人书信的形式约见客户的效果最好。在进行函件约见时，客户经理应注意信函的格式、长短、语气等。

（五）电约法

电约是指客户经理利用各种现代化通信工具约见客户。如传真、电报、电话、E-mail等。在电约法的各种方式中，最常见的是电话约见。目前，很多商业银行采用这种方式，要求销售人员每天打若干电话给目标客户以征询有无购买本行产品的意向。电话约见客户前，应准备好纸和笔，以便能随时做好记录。

任务二　拜访客户技巧

【案例导入】

企业喜欢什么样的银行

在书城的时候，有两家银行分别联系到了我，一家是 A 银行，一家是 B 银行，分别都拥有一些我们感兴趣的产品与服务。首先找到我们的是 A 银行的陈先生，陈先生很自信，也很健谈，但谈的都是比较场面上的话，声称其他两家银行经营的产品和服务都是复制他们银行的。言下之意就是他们是权威，是最好的选择，最后提供给我们的资料也是普通的向大家散发的宣传资料。

然后见到的是 B 银行的苏小姐，她只是给我们简单地介绍了一下 B 银行，就向我们演示了她们为我们制作的 PPT 方案。让我惊讶的是，他们竟然在网上收集了我们书城大量的资料，并且已经设计了我们可能需要的产品和服务。我们不禁一下就被苏小姐打动了，不由分说，她当然战胜了陈先生，赢得了和我们合作的机会。

一、拜访前的准备工作

商业银行客户经理拜访目标客户的目的是向客户介绍本银行的情况、收集客户信息、了解客户需求,以便达成双方合作的意向。由于拜访客户是在特定的环境下进行的,受时间和空间的限制,再加上不同的客户情况不同,为提高拜访客户的效率和成功率,在拜访前客户经理要做一些必要的准备工作,以便对目标客户的拜访更有针对性,确保拜访能达到预期效果。拜访目标客户前的准备工作如下。

(一) 开发目标客户的前期准备

开发目标客户的前期准备是指拜访客户之前所做的一系列准备工作。拜访客户的目的是向客户介绍本行的情况、收集客户信息、了解客户需求,实现为客户提供优质产品和服务的目的。为了使拜访工作目的明确、针对性强且达到预期效果,客户经理在拜访前需要进行必要的准备,具体包括制订拜访计划和拜访预约两部分。此外,预约前良好的心理准备也是成功拜访客户的必要条件。

1. 制订拜访计划。

根据对目标客户初步价值评价的结果,客户经理应确定具有开发价值的目标客户,并针对这些目标客户制订拜访计划,从而进一步确定如何、何时对目标客户进行开发,需要投入何种开发资源和采用怎样的拜访方式等,制定目标客户拜访方式(表2-11)。

表2-11　　　　　　　　　　　　拜访计划

客户名称	时间	地点	成行方式	拜访级别
客户的基本情况				
竞争对手的情况	竞争对手一的情况			
	竞争对手二的情况			
此次拜访准备达到的目的				
客户可能需要的服务				
银行准备提供的产品				
拟定客户介绍哪些情况及提供哪些宣传材料				
需进一步了解的问题				

续表

客户名称	时间	地点	成行方式	拜访级别
拜访开始的策略				
客户可能会提出哪些问题及如何解答	可能提出的问题		回答	
可能出现的异议及处理办法	可能出现的异议		处理办法	
客户拒绝时的策略				
如果是联合拜访，应该再关注以下问题				
带队客户经理姓名		负责介绍的客户经理		
小组成员及职务				
集体讨论时可能遇到的问题及解决法				

2. 拜访预约。

事先预约的拜访，可以避免出现吃闭门羹的尴尬局面且节约时间，是效率较高的拜访方式。所以，客户经理通常在拜访前，做好拜访预约工作。一般情况下，至少应当提前3天预约，切忌临时仓促的预约；如果拜访的人或企业非常重要，应提前1个月左右的时间预约。约见的内容则取决于面谈的需要和客户的具体情况。拜访预约的主要内容有：

（1）确定洽谈人员。首先，要约见重要人物，即有决策地位的人员，至少是对决策人有影响力的人，避免在无关紧要的人身上浪费时间；其次，要尊重对方，为了顺利约见到重要的人物，对客户的相关人员，包括秘书、助手、前台，以及接待部门经理、负责联络人员和客户的重要关系人都要给予必要的尊重，因为他们是能否约见到决策者的关键；再次，确认客户的参加人员，这一点不要求客户一定告知，但一旦告知，就应当进一步了解参加人员的人数、职务、所属部门，以便于客户经理安排人员配备、携带宣传资料的数量及礼品的数量和等级。

（2）阐明拜访的事由和目的。首先，强调重点。虽然客户经理每次拜访的目的都是推销银行的产品和服务，但每次拜访都应视具体情况的不同而各有重点。如果与客户熟悉，可以直接进入实质问题；若不熟悉则需要首先联络感情。其次，每次拜访的事由不宜过多。一次拜访的事由过多，可能会冲淡会谈的重点，达不到预期的效果，还会给客户留下"客户经理把握事情的水平很低"的感觉，不利于进一步开展工作。所以，客户经理应当认真筛选，确定少数几个、突出的拜访事由，并配备专业水平较高的拜访人员。

（3）确定拜访的时间。首先，要为客户着想。拜访的时间要尽量为客户着想，最好由客户决定，比如可以询问"我是否可以周二下午3点去拜访您"，不要把拜访安排在客户最忙的时间。其次，根据不同的拜访目的确定拜访时间。如正式商谈合作事宜最好选在工作时间；如目的是联络感情，则最好选在吃饭时间。再次，在拜访的前一天，客户经理应当再次确认拜访时间。

（4）确定洽谈的地点。客户经理应根据客户的要求和习惯，本着方便客户的原则确定拜访地点，如办公地点、餐厅饭店、展览会、酒吧、咖啡馆或高尔夫球场等。

（二）预约前的心理准备

良好的心理准备是客户经理成功拜访客户、赢得客户的必要条件。在预约前，客户经理需要作出如下心理准备。

（1）克服"害怕失败"的心理。恐惧是成功的巨大障碍。许多客户经理出于害怕拒绝，恐惧失败，丧失了很多交易机会。事实上，很少有一次约见客户，交易就能成功的。所以，成功是多次争取、不懈努力的结果。客户经理应当树立信心，克服恐惧心理。

（2）抛弃"理亏心怯"的心理。"理亏心怯"的心理的典型例子如"这个产品真能给客户带来好处吗"、"他上次已经买过我的产品了，怎么好意思再找他"等。产生这种心理的主要原因是客户经理不了解本行产品的真正价值，也不了解客户的真实需求，只要这两个问题解决，客户经理的信心就会增强，预约成功的几率则会大大增加。

（三）树立良好的第一印象

营销需要不断地与陌生人接触，给客户留下良好的第一印象对于客户经理来说非常重要。第一印象无论正确与否，总是最鲜明、最牢固的，并且关系到交往能否继续及交往的程度，是以后交往的基础。良好的第一印象也是对客户恭敬的表现和延伸。多数客户在与客户经理第一次接触时，都会本能地竖起防卫的盾牌，双方之间形成一种紧张的状态。如果客户经理能投其所好，让客户一见面就产生"一见如故"的感觉，客户就会卸下防御盾牌，双方的紧张状态也就随之消除，营销工作就变得容易。

树立良好的第一印象，需要客户经理在完善内在修养的同时，做好外在的"包装"。

1. 自重待人、诚恳待人。

客户经理必须相信自己，尊重自己，务求自然大方，而且不能自傲，要秉持自重、诚恳的心态对待和尊重客户，用心待人，让客户感受到真诚。

2. 注意仪表。

为了给初次会面的客户留下一个好印象，客户经理在和客户见面之前要整理好自己的仪容，包括整理服饰和面容两个方面。整体着装要与见面的场合相宜，特别要注意头发、裙子、领带、鞋子等容易忽略的小细节。一个人面部会留给对方深刻的印象，所以需要进行适当的修饰，尤其需要注意的是，女士的妆容不应过于浓艳。除此以外，还应注意以下细节。

（1）时刻保持微笑。微笑是世界通行的语言，是表达恭敬、树立良好的第一印象强有力的手段。对于客户经理来说，适时微笑、笑口常开会给自己带来好运。在和客户首次见面时，一个符合职业要求的微笑不仅可以缓和谈话的气氛，也有助于放松自己的心情。

（2）语言表达要清楚。客户经理和客户谈话时务必声音洪亮、语言流畅、幽默，将自己的观点表达清楚，千万不要支支吾吾、含糊其辞。另外，最好用普通话进行交流，如果普通话说得不标准，可以通过减缓语速弥补不足。

（3）注意肢体语言和目光接触。肢体语言是人类的第二语言，客户经理在和客户见面时,一定要注意优雅得体,端正自己的站姿、坐相和步伐,举手投足之间可以表现得热情,但是不可过于亲昵。和客户进行视线交流时,客户经理的目光中要充满热情与诚意,传递出坚定与执着,要表现得专注,但不要刻意伪装。另外,目光接触的时间平均不超过两秒,太长会使客户感到咄咄逼人、具有攻击性,太短会使客户感觉你心不在焉或者局促不安。

(4) 严格遵守时间。遵守时间是最基本的职业道德。和客户第一次见面时,客户经理最好提前赶到,并借此时间最后检查一遍自己所做的准备。既定的约会时间结束之后,客户经理要准时离去,一方面显示约会的机会难得,另一方面也是尊重客户的表现。

(5) 注意客户的"情绪"。由于客户情绪的变化是无法事先掌握的,初次会面时,觉察到客户的情绪处于低潮,注意力无法集中,客户经理就应该当机立断,果断结束谈话,预约下次会面的时间,礼貌地起身告辞。这时的撤退不是放弃,而是给客户空间,以便于下一次营销。

二、接触客户的方式与技巧

直接拜访客户是接触一般客户常用的方式。直接拜访客户分为两种情况:一种是事先已经和客户约好会谈的时间、地点等,是有计划的拜访;另一种是不预先通知客户,直接拜访客户。直接拜访基本程序如下:

1. 直接拜访的启动阶段。

第一,寒暄与介绍。通过寒暄和互相介绍,营造良好的会谈气氛,尽量给客户留下良好的第一印象。调查显示,散发着自信气息和专业素养良好的客户经理最容易被客户认同和接受。第二,交换名片。第三,简单介绍本行、客户经理及银行业务的情况。第四,拉近与客户的距离。通过谈论一些客户感兴趣的话题,拉近与客户的距离。如可以根据客户从事的专业、工作、爱好、习惯等引出对方感兴趣的话题。第五,简要说明拜访的原因。如媒体上的宣传、第三者的介绍和拜访前的预约等。第六,陈述拜访的目的。可以是直接切入主题,如就贷款事宜进行具体商谈,也可以是泛泛而谈,如介绍本行业务。陈述的出发点是给客户带来的利益和便利。第七,金融业务正式洽谈阶段。

2. 直接拜访的主题阶段。

第一,认清客户需求,了解客户动机。客户经理可以主动提出问题,如鼓励客户讨论其业务、存在的问题、所关心的事项、经营情况、目前的业务关系、企业管理问题、今后的发展等,以此来发现和了解客户的消费动机和产品需求。当客户表示对目前产品和服务不满时,客户经理就可以向客户提供更好的金融产品和服务。第二,阶段性确认。客户经理可以不断观察和检测客户对本行提供的产品和服务的认可和理解情况,以及客户的态度和反应,来确定下一步是否继续重复某一问题的讨论;是否对某一问题继续调查;对拜访作出总结还是可以启动产品的推销。如果客户对某些领域存在不满意、不理解、缺少兴趣或尚未意识到可能带来的利益时,客户经理应当作进一步的解释和引导,以消除客户的疑虑。第三,正式启动产品的销售。有时,产品销售的启动需要通过多次的拜访才能开始。当每次拜访不能达到产品销售的目的时,客户经理应当对每次拜访作出总结,以便尽快进入产品启动阶段。不同产品的销售启动程序都不相同,客户经理应当熟悉每一项产品的启动步骤,并向客户介绍。如果客户反对启动产品销售,客户经理应当有礼貌地询问原因,或者通过其他方式查找原因。产品销售启动后，客户经理还应当进一步收集客户的资料，建立目标客户的信息档案。

3. 直接拜访的结束和总结阶段。

拜访的结束通常有三种结果：双方都满意地达成了一致意见；部分达成了一致，剩下的问题还需要下次商谈；没达成共识。无论是哪种情况，客户经理都应当以积极的心态和专业的方式面对拜访的结束，并为下次商谈留有余地。切忌草草收场，或者拖泥带水，含糊其辞。决定结束拜访后，客户经理还要向客户索取有关资料，并礼貌地向客户告辞。在离开时，应再次表示礼貌，争取给客户留下良好印象。

客户经理结束拜访后，便进入总结阶段，即填制拜访总结表，对拜访过程进行总结，积累客户开发经验。对重要客户还应当尽快撰写拜访报告，就目标客户的基本情况和应该采取的对策提出建议。拜访报告的组成内容包括：部分拜访对象、参加人员、会谈地点、会谈目标，以及为会谈所做的各项准备工作；会谈的内容、方式、达成的共识、下一步工作的重点和工作方式等。

【补充阅读】

拉近距离的小技巧

与客户接触时，拉近距离是十分重要的。这就需要客户经理找好话题。

计策一：了解对方的兴趣爱好。例如，和老年人谈健康养生，和少妇谈孩子和宠物，如果客户喜欢谈足球，就可以跟他谈谈近期的重大赛事。

计策二：多说平常的语言。与客户聊天，用词不要太专业，要多用通俗语言来交流。一味地使用专业用语，很容易使人产生华而不实、锋芒毕露的感觉。

计策三：避免否定对方的行为。初次见面的客户会害怕他人提出细微的问题来否定自己的观点，因此客户经理应当尽量避免出现否定对方的行为，这样才能建立良好的人际关系。

计策四：了解对方所期待的评价。人们都希望别人对自己的评价是好的，所以客户经理要想客户之所想，说客户想听的话，做一个善解人意的人。

计策五：注意自己的表情。一个人心灵深处的想法，往往会形诸于外，在表情中显露无遗。客户经理要保持职业化的笑容，倾听时保持专注的神情。

计策六：留意对方无意识的动作。交换名片的时候，如果客户的手发抖，表明他很紧张，这就不是套近乎的好机会，可以先聊些别的话题帮助客户放松。

计策七：引导对方谈得意之事。比如，得知客户为一个项目三个春节没回家时，客户经理就可以赞美他："你是真正的现代企业家，您的敬业精神堪称业界一流。"

计策八：用笑声支援对方。在客户发言的过程中，客户经理要不时作出回应，笑声是很好的选择。但要笑得自然，不能皮笑肉不笑，否则就显得很虚伪。

计策九：找出与对方的共同点。比如，客户有个老父亲，而客户经理有个老母亲，这时就可以谈论中国的孝道文化来套近乎："没有孝心就没有良心，咱们都是孝子，为孝子干杯。"

计策十：表现出对对方的关心。客户经理可以很自然地嘘寒问暖，如果一见面听见客户咳嗽，可以询问他是否感冒，并嘱咐其注意身体，这样就拉近了两人之间的距离。

计策十一：先征求对方的意见。遇到事情需要选择时，首先把选择权交到客户手里，先征求客户的意见，让客户感到自己受尊重。

计策十二：记住对方"特别的日子"。如结婚纪念日、生日等，在这些日子里，客户经理可以发短信、送礼物，给客户送去惊喜。

计策十三：选择对方家人喜欢的礼物。馈赠礼物时，与其选择客户喜欢的礼物，倒不如选择其家人喜欢的礼物，从而获得客户家人的支持。

任务三　业务洽谈技巧

【案例导入】

美国某大学的一位教授应印第安部落的邀请去为那里的大学生讲学。为了表示尊重，这位教授第一天上课穿着非常正式的西装，但是当他来到课堂，却惊讶地发现听课的学生都一丝不挂！原来按照当地的风俗，为了表示对对方的尊重，当地人在接待重要的人物的时候什么都不穿。于是第二天，教授为了表示对当地风俗的尊重，也一丝不挂地去上课，结果却啼笑皆非——听课的学生全都穿得整整齐齐，打着领带！

这虽然是个尴尬的笑话，但是，对于客户访谈来说，却有很大的启示。人与人交往，特别是访谈，这个过程不是你影响客户，就是客户影响你。而如果能够通过完美沟通，成功地影响你的客户，改变客户的初衷，打动客户的心，就能够成就成功的访谈，达成业务。在与客户的访谈过程中，与客户进行有效的互动和沟通，从而影响客户的决定，是成功洽谈的重要因素。

一、沟通与倾听

（一）沟通

在和陌生人接触的过程中，拒绝与防备是人的本能，因此需要通过沟通来融化陌生凝结的坚冰。通过沟通，客户经理不仅可以全面了解客户的现实需要，还可以发现目标客户的潜在需求，帮助客户形成解决问题的方案。更为重要的是，良好有效的沟通可以在客户经理和客户之间建立起信任关系。

在进行业务洽谈的时候，高效沟通有四个关键点：第一，立场点是帮助客户解决问题；第二，切入点是客户的需求和服务；第三，沟通要点是贴心同流，同流才能交流，交流才能交心，交心才能交易；第四，沟通的基调是平等双赢。和客户沟通有很多方法，如同理心沟通法、提供数字法、以退为进法等。

1. 同理心沟通法。

在洽谈业务时，客户经理不要成为客户的对立面，要用同理心与客户进行沟通，多站在客户的角度想问题，让客户感觉和你是一个阵营里的战友，这样才有成功的机会。其中一个技巧就是多用"您觉得如何"来拉近与客户之间的关系。

2. 提供数字法。

客户经理与客户沟通时，获取的信息要数字化，就是说要运用数字来强化效果，不讲模棱两可的语，这样得到的信息才准确。例如，"王总，不好意思，我在接总行的电话，5分钟以后我给你打过去。"你提供的是一个确切的时间段，这给客户一个很重要的心理暗示，客户就不会着急了，就可以自由安排他的工作。

3. 以退为进法。

在和客户进行业务洽谈时，如果涉及比较敏感的问题，如风险、亏损等，客户经理不能表现得太过强硬，要做到理"直"气"和"。客户经理可以这么说："尽管这份理财产品从理论上来说风险比较小，但并不意味着没有风险，希望您慎重考虑的同时也相信我们的能力"，而不能用"风险上面都说得很清楚了，风险自担，与银行无关"之类的话语来应对客户。

【练一练】

客户经理错在哪里？

某钢铁经销商每年的销售额超过40亿元，在全国有24家分公司，很适合开设网上银行业务。这家钢铁经销公司的老板姓高，是从农村打拼出来的民营企业家。

客户经理小王找到高老板，向他介绍网上银行业务的优点。

高老板："我是民营企业家，你们的网上银行业务虽然方便快捷，但如果我的资金都存到网上银行的账上，税务局一查不就全查出来了？我要多交很多税款呢！"

小王不假思索地脱口而出："高老板，难怪您是乡镇企业家……"

请思考：如果你是小王，你应该如何进行有效沟通。

（二）语言交流技巧

在与客户交流中，语言是必不可少的工具，俗话说"工欲善其事必先利其器"，恰当的语言可以使交流更高效。语言交流的技巧包括如下内容：

（1）主动发问的技巧。客户经理向客户提问可以发现客户感兴趣的领域或激发客户对某一领域的兴趣，还可以使客户意识到自己的意见对客户经理很重要。通常提问要确定提问内容、提问方式、提问时机三方面。客户经理的每一次提问都必须有目的性，要么得到某些事实，要么得到某一个观点。客户经理在提问时还应注意提问的速度和提问时间的长度，不能向客户提问无法回答、回答不了或不必回答的问题。

（2）回答问题的技巧。回答问题前，客户经理要给自己留一些思考时间，思考成熟后再回答；回答某一问题时应包括几个方面：可以只回答部分内容，以免客户听不清楚；对无准备的提问，可以表示自己并不清楚等。

（3）结束谈话的技巧。一般在商谈目的已经达成或客户表现出想结束商谈的意思时，客户经理应当及时结束此次会谈。如有未尽事宜，客户经理应以真诚的态度、婉转的语气表达出希望下次再谈的意愿。

（三）倾听

"喜欢说，不喜欢听"是人性弱点之一，如果客户经理在与客户见面时能够意识到这一弱点，让客户畅所欲言，就会事半功倍。不管客户是在称赞、抱怨、还是在警告、责难，都要仔细倾听，并做出适当反应，才能最终赢得客户的好感和善意的回报。当客户提出问题时，客户经理最好倾听而不是指导，顺应而不要控制。要与客户建立良好的关系，客户经理首先应该学会倾听，了解客户需求，向客户传递这样一种信息：我并不总是赞同您的观点，但是尊重您表达自己观点的权力。

正所谓"先迎合，再引导"，一旦与客户建立了良好的人际关系，再尝试着去引导客户，常常会事半功倍。

积极倾听应该掌握以下三个原则：

1. 站在对方的立场，耐心地倾听。

每个人都有自己的立场及价值观，客户经理必须站在客户的立场，仔细地倾听客户所说的每一句话，不要用自己的价值观去评判或指责客户的想法。耐心地倾听是客户经理对客户尊重的友好表现，有利于拉近客户经理与客户之间的距离。无论是观点相悖，还是语言选择不当，客户经理都要耐心地听完客户的话，不可粗暴地打断客户，不急于下结论，争取理解对方谈话的全部意思，接受和关心客户，认真帮助客户寻找解决问题的途径，不做与谈话无关的事或露出不耐烦的表情，切忌频繁看手表、看手机、打电话。

客户经理要使自己的倾听获得良好的效果，不仅要耐心倾听，还要积极地回应。因为只有当自己的语言引起听者反应时，人才会有继续倾诉的欲望。

2. 确认自己所理解的意思。

客户经理如果通过重点复诵客户讲过的内容，以确认自己理解的意思和对方一致。例如，"您刚才所讲的意思是不是指……""我不知道我理解得对不对，您的意思是……"同时，客户经理要观察客户的肢体语言，倾听客户的话外之音，还要进行确认，整理出重点，得出自己的结论。如对银行提供的企业银行系统，客户说："这个系统对于我们现在的需求来说已经足够了。"你可能会理解为客户对新系统没有兴趣，为了进一步确认，你可以问："您是说您对现在的企业银行系统完全满意了吗？"这就使客户有机会说："也不完全是，现在是足够了，但它没有给将来的扩展留下太多空间。"这就发现了客户的真实需求，为下一步工作创造了机会。

3. 用诚恳、专注的态度倾听对方讲话。

客户经理倾听客户谈话时，最常出现的弱点是只摆出倾听的样子，内心迫不及待地寻找机会讲自己的话，完全将"倾听"这个重要的武器弃之不用。这一点是所有客户经理都要避免的。倾听的要点有：首先，放下手中的工作，双手交叉放在膝盖上，身体微向前倾，全身心置于与对方的谈话中；其次，注意与对方的目光交流，不评价，自然而然地做出聆听的动作；再次，有疑问时，可打断对方（一般情况下不提倡），重申自己的观点，但一定要心平气和；最后，注意总结、归纳或重申对方讲话中对自己有利的一面。

客户经理不能不听客户说话，也不能把所有时间都用来听客户说话。和说话一样，倾听也有技巧，积极倾听是五位一体的：用耳听、用眼看、用嘴问、用脑想、用心灵去感受。

二、介绍产品

银行经营的商品看不见摸不着，所以需要依靠训练有素的客户经理去对客户进行讲解。成功的银行产品介绍，能让客户认识其所存在的问题，同时认同客户经理提供的银行产品或服务能解决他的问题或满足他的需求。

（一）银行产品介绍的含义

一般而言，正式的金融产品介绍是指客户经理在与客户建立关系后，向目标客户说明他提供的银行产品及服务能带给目标客户何种利益，期望客户能购买，也就是客户经理有系统地通过一连串需求确认（needs）、特性（feature）、优点（merit）及特殊利益（specifitbenefit）的陈述，引起客户产生购买的欲望（desire）。

商业银行客户经理在营销实践中总结出这样一条成功经验：金融产品说明的关键点，是客户经理如何熟练地将金融产品的特性转换成对客户别具意义的特殊利益。只有对给客户带来特殊利益的金融产品才能打动客户，让客户产生购买的欲望。

（二）银行产品介绍的技巧

一次成功的金融产品介绍有三个显著特征：能毫无遗漏地说出对客户解决问题及现状改善的效果；能让客户相信客户经理能做到客户经理所说的；能让客户感受到客户经理的热诚，并愿意站在客户的立场，帮助客户解决问题。

1. JEB 介绍法。

"JEB"介绍法是，首先说明商品的事实状况（justfact），其次将这些事实中具有的性质加以解释说明（explanation），最后再加以阐述它的利益（benefit）及带给客户的利益。熟悉这种介绍商品的三段论法，能让客户经理变得非常有说服力。

JEB 的商品说明三段论法，看起来非常简单，实际上能把商品介绍得很成功的客户经理，都是经过长期的练习，才养成 JEB 的说明习惯。JEB 介绍法有三个步骤：

第一步：Justfact。所谓 J（justfact）意指商品的设计、规格等，可以说明商品的一些特征，特别是商品本身所有的事实状况或特征。商品本身所有的事实状况或特征，不管客户经理如何说明，都很难激起客户的购买欲望。例如，当客户经理推销某种信用卡时，若客户经理对客户说："这种信用卡是信用金卡，因此是最好的信用卡。""不错吧！请申请办一张卡！"像这样只停留在介绍商品的性质（substance）是很难把金融产品营销出去的。

第二步：Explanation。为什么信用金卡就好呢？对这一点，客户经理要详细地说出来，这个步骤为 E（explanation）。经过 E 的阐述后，构成金融产品的每个性质或特征，具有意义或功能，就能很清楚地让客户了解。例如，营销信用金卡，若是客户经理能将信用金卡的特征转换成"因为信用金卡是贵宾卡，享有高额透支、多项特殊权益"等较有意义的话语，就能引起客户的兴趣。

第三步：Benefit。接着的最后步骤，要说明利益（benefit）这部分，也就是在客户经理向客户陈述了 J 及 E——信用金卡，高额透支、多项特殊权益后，接下来要强调究竟这些特殊权益会带给客户哪些利益（benefit）？如上面这个例子，客户经理可强调透支额度高，便于客户灵活使用银行资金，随时提用，以保证生意之需要；多项特殊权益如环球购物保障、全面旅游保障、全球紧急医疗支援服务能满足客户多方面的需求，能显现客户珍贵身份的象征。这样一说明，客户就对使用信用金卡后给自己带来的利益、好处有清晰的了解，从而激发其购买欲望。

以上就是 JEB 的商品说明方法，若是利益（benefit）的部分能和客户经理在实战中发掘出来的目标客户关心的利益点一致，那么销售的成功率就大大提升了。

2. 利益营销法。

在作产品介绍前，客户经理需先熟练如何将产品或服务的特性转换成利益的技巧。

（1）了解特性及利益的含义。特性（feature）是指银行产品设计上给予的特征及功能。客户经理可从各种角度发现银行产品的特性，例如，从银行产品的使用工具着手，如这是一种通过网上银行（电话银行、互动银行、自助银行、流动银行）办理的业务；从银行产品的使用功能着手，如这是一种货币组合存款账户，可以实现 15 种货币存款户口的大合奏；从金融产品的使用空间着手，如这是一种全球通用的信用卡，可以在世界上100多个国家使用。

优点（merit）是指银行产品特性的利点。如贷记卡能透支、综合理财户口能实现银行产品的增值等。

特殊利益（specificbenefit）指的是能满足客户本身特殊的需求。例如，目标存款能为客户度身定做存款品种，帮助客户实现自己购房或购车或提供子女教育经费的理想。

（2）将特性转换成利益。如何让客户得到最大的需求满足呢？客户经理带给客户累积的特殊利益（specificbenefit）愈多，客户愈能得到最大的需求满足。

如何将金融产品的特性转换成客户的利益？

步骤一：从事实调查中和询问技巧中发掘客户的特殊需求；

步骤二：介绍银行产品特性（Feature）（说明银行产品的特点）；

步骤三：介绍银行产品优点（merit）（说明银行产品功能及特点的优点）；

步骤四：介绍银行产品的特殊利益（阐述银行产品能满足客户特殊需求）。

3. 事实证明法。

"请拿出证据来！"许多客户会这样询问客户经理。证据是最能让别人相信的。向目标客户提供有力的银行产品使用证明是客户经理营销活动中不可缺少的一个步骤。因此，商业银行客户经理在拜访客户前往往需要事先充分准备好最有力的证明方法。但银行产品又是一种特殊的商品，大都具有无形性的特征。客户经理可以通过以下方法进行证明：

（1）产品演示。产品演示是最好的一种证明方式，商业银行产品本身的许多功能，都可通过产品演示得到证明。如投影片、幻灯片演示、电脑操作演示等。

（2）专家的证言。客户经理可收集有关专家发表的言论，证明自己的说辞。

（3）视角的证明。照片、图片、产品目录等都具有视角证明的效果。

（4）推荐信函。其他知名客户的推荐信函也是极具说服力的。

（5）保证书。保证书可分为两类，一为银行提供给客户的服务保证；二为品质的保证，如获得ISO9000品质认证。

（6）客户的感谢信。客户由于对银行的服务或帮助客户解决特殊的问题而深表感谢，而致函表达谢意，这些感谢信都是一种有效的证明方式。

（7）统计及比较资料。一些数学的统计资料及与竞争者的状况比较资料，能有效地证明客户经理的说辞。

（8）成功案例。客户经理可提供一些客户运用本银行产品带来效益增加、形象提高的案例，证明你这家银行的产品受到别人的欢迎，同时也提供了目标客户求证的情报。

（9）公开报道。报纸、杂志等刊载有关银行及产品服务的报道，都可以当作一种证明的资料，让目标客户对银行产生信赖。

三、处理异议

在与客户进行业务洽谈的时候，很可能遇到客户拒绝、质疑或者提出不同意见的时候。我们将这种情况称为异议。例如，去拜访客户，客户说没时间；询问客户需求时，客户隐藏了真正的动机；向客户解说产品时，客户带着不以为然的表情等，这些都称为异议。客户经理工作不可能不存在异议，面对异议，如果处理得当，很可能就是机会。因此处理异议成为客户经理非常重要的一种技能。

（一）辨别异议

银行客户经理在接触客户，进行业务洽谈的时候会遇到三种异议。准确地识别客户异议属于哪一种，关系到客户对客户经理的接受程度，这有助于客户经理迅速调整战术；把握好不同类型异议的特点，才能有针对性地进行处理，也可以从客户提出的异议中获得更多的信息。

1. 真异议。

客户认为目前没有需要，或对产品不满意，或对产品持有偏见。例如，客户从别人那里听说客户经理推荐的产品容易出问题。属于"真异议"，访谈人员必须视情形考虑是立刻处理还是延后处理。

2. 假异议。

假异议通常可以分为两种，一种是指客户用借口、敷衍应付访谈人员，目的是不想诚意地和客户经理商谈，不与银行合作；另一种是客户提出很多异议，但这些异议并不是他们真正的意图。如要和配偶商量、还没有要理财的想法、现在的投资总是亏本、与其他银行进行比较，等等。这种异议的提出主要是对客户经理不信任。

3. 隐藏的异议。

隐藏的异议指客户并不把真异议提出，而是一些真异议或假异议，目的是要借此假象达成隐藏异议，为商谈创造有利条件。例如，希望降价时，客户会对产品品质提出异议，以降低产品的价值，进而达到降价的目的。

（二）客户提出异议的原因

客户经理只有真正了解客户提出异议的原因，才能更冷静的处理。总的来说，客户提出异议的原因主要由三个，一是客户自己；二是客户经理；三是银行、产品和服务。

1. 原因在客户。

客户经理在洽谈时遇到客户提出异议有时候是客户的原因：拒绝改变、没有意愿、正处于情绪低潮、需要没有得到满足、预算不足、借口和推托、隐藏拒绝等。

2. 原因在客户经理。

客户经理自身的不足也有可能导致客户异议，如举止态度无法赢得客户的好感、作了夸大不实的陈述、使用过多的专业术语、市场调查不正确、礼仪不够专业、姿态过高、处处让客户词穷、方案不能满足客户需求等。

3. 原因在银行、产品及服务。

客户的异议也有可能是银行和产品方面的原因，如银行的品牌美誉度不够高，或者是银行的产品和服务不能满足客户的需要。

（三）冰释异议

掌握了客户异议产生的原因和辨别异议的方法，等待客户经理的就是处理异议，赢得客户的认可和信任。

处理客户异议的方法有很多，如列举其他客户的成功案例。客户由于频繁见面而产生反感，可以用冷处理法淡化一下热度，给客户一点心理空间。除此以外还有一些具体方法。

1. 赞成—反驳处理法。

赞成—反驳处理法又称为"是的……但是……处理法"。这种方法就是业务人员根据有关的事实和理由，间接否定客户异议的一种处理方法。首先，明确表示同意客户的看法，似乎是赞成的，这样就维护了客户的自尊，然后在"但是"后面作文章，用有关事实和理由婉转地否认异议。其次，用委婉的语气、语调阐明自己的看法，有利于创造一个和谐的洽谈气氛。再次，先肯定，说明业务人员是实事求是的，而不是为了扩大业务而不负责地瞎说。这种方法的关键是表达要"委婉"，同样的话由不同的人或用不同的语气说出来，结果可能就会有很大的不同。所以切记要"委婉"，营造良好的谈话氛围。

2. 直接否定法。

与"但是处理法"相对应，是客户经理根据有关事实和理由来直接否定客户异议而进行针锋相对、直接驳斥的一种处理方法。这种方法最好用于回答以问句形式提出的异议或不明真相的揣测陈述，而不用于表达己见的声明或对事实的陈述。如买主可能焦急地问："你肯定它能保证7%的年收益？"业务员即可回答："不，不敢保证，只是预测，不过这种理财产品去年、前年的平均年收益都在7%以上。"

3. 分担技巧。

分担技巧是指销售人员要学会站在客户的角度考虑问题，并给客户以恰当的表扬和鼓励。例如，对客户提出的异议，可以这样回答："您的意见很好"或"您的观察力非常敏锐"。

4. 重复问题，称赞客户。

重述客户的意见，既是对客户的尊重，又可以明确所要讨论问题。例如，对于客户提出的异议，可以这样进行重复："如果我们没理解错的话，您的意思是……"这种讨论方式有利于与客户进行下一步的交流，也便于客户接受我们的观点。也要注意选可称赞的地方，友善地给客户以鼓励。

需要注意的是，处理异议的技巧固然能帮助客户经理提高效率，但前提是必须对异议持正确态度。只有正确、客观、积极地认识异议，才能在面对异议时保持冷静，辨别异议真伪，发现客户需求，将异议转换成机会。

四、提出提议

提议，也叫做报盘，是指商讨问题时提出银行方面的初步合作意向。在商谈阶段，客户经理的目标就在于将实质性的提议摆上商谈桌，为最终达成协议作准备。在整个过程中，首先要作好提出报盘的准备——设定底线和目标，其次是掌握报盘的技巧。

（一）设定底线与目标

很多客户经理认为向客户提出异议是一个难题，即使平时做了很多准备工作，在面对提出提议的时候也非常犹豫。这种现象出现的原因是报价太高或者太低，最终导致交易失败。

（二）掌握报盘的技巧

一个成功的提议或者说报盘应该做到：

满足对方的主要需求或者特殊偏好。客户经理通过望、闻、问、切等方法来发现客户需求，认真地分析研究，找到自己需求与之的共同点，在此基础上提出包含客户主要需求的建议，引起客户的好感，提升成功度。

巧妙地表达自己的需求。语言是沟通的桥梁，良好的表达可以事半功倍。例如，我们通过某个老客户转介绍新客户，并且该老客户是新客户的上级时，不同的表达，效果截然不同。可接受的提议："王副处长您好，感谢您百忙之中接见我们，李处长是我们的老客户，他多次提起您，不知道有没有这个荣幸可以和您交个朋友，为您提供我们的服务？"不可接受的提议："王副处长您好，相信李处长已经和你打过招呼了，你能不能把100万元的存款转到我们银行的账上呢？"

因此，客户经理在提出提议时，要换位思考，重视客户感受，提出最易于客户接受的提议。

【补充阅读】

场外公关——送礼的技巧

场外公关，也称非正式沟通，就是不在办公室或者会议上进行正式商谈，而是在工作之外的业余时间，以朋友的身份进行私人交往。与办公室谈判不同的是，客户经理可以自己选择时间、地点和约会方式，这需要客户经理多花心思，考虑周全。礼物是感情的载体，中国是礼仪之邦，优秀的客户经理懂得赠送礼物的奥妙，往往能收到意想不到的效果。以下是一些送礼的小技巧：

1. 选择礼物不但与众不同而且还要非常有纪念意义。
2. 做好预算。买礼物之前，心里要有个预算。
3. 提早选购。
4. 征求建议，向朋友、亲属或是售货员征求建议非常有助于选择到理想的礼物。
5. 察言观色，留心一下你要赠送礼物的对象。可以帮助你获得给他们选择礼物的启发和线索。人们经常在无意中流露出想要什么样的礼物。
6. 列个清单。
7. 审慎送礼。赠送礼物本是为了表达心意，因此礼物送出之前，要审核一下，免得所赠送的礼物让人反感。

选择礼物的忌讳：

1. 忌选择太过于贵重的礼物。
2. 忌包装带有明显公司广告标志的礼物。
3. 忌伤害对方的宗教习惯。
4. 忌送出的礼物仍然贴有标价。

日本：日本人将送礼看作是向对方表示心意的物质体现。礼不在厚，赠送得当便会给对方留下深刻印象。送日本人礼品要选择适当，中国的文房四宝、名人字画、工艺品等最受欢迎，但字画的尺寸不宜过大。所送礼品的包装不能草率，哪怕是一盒茶叶也应精心打理。中国人送礼成双，日本人则避偶就奇，通常用1、3、5、7等奇数，但又忌讳其中的"9"，因为在日语中"9"的读音与"苦"相同。按日本习俗，向个人赠礼须在私下进行，不宜当众送出。

美国：如是工作关系可送些办公用品，也可选一些具有民族特色的精美工艺品。在美国，请客人吃顿饭，喝杯酒，或到别墅去共度周末，被视为较普遍的"赠礼"形式，你只要对此表示感谢即可，不必再作其他报答。去美国人家中做客一般不必备厚礼，带些小礼品如鲜花、美酒和工艺品即可，如果空手赴宴，则表示你将回请。

欧洲国家：送礼在欧洲不大盛行，即使是重大节日和喜庆场合，这种馈赠也仅限于家人或亲密朋友之间。来访者不必为送礼而劳神，主人绝不会因为对方未送礼或礼太轻而产生不快。德国人不注重礼品价格，只要送其喜欢的礼品就行，包装则要尽善尽美。法国人将香槟酒、白兰地、糖果、香水等视为好礼品，体现文化修养的书籍、画册等也深受欢迎；英国人喜欢鲜花、名酒、小工艺品和巧克力，但对饰有客人所属公司标记的礼品不大欣赏。

阿拉伯国家：中国的工艺品很受欢迎，造型生动的木雕或石雕动物，古香古色的瓷瓶、织锦或香木扇，绘有山水花鸟的中国画和唐三彩，都是馈赠的佳品。向阿拉伯人送礼要尊重其民族和宗教习俗，不要送古代仕女图，因为阿拉伯人不愿让女子的形象在厅堂高悬；不要送酒，因为多数阿拉伯国家明令禁酒；向女士赠礼，一定要通过她们的丈夫或父亲，赠饰品予女士更是大忌。

在广东、香港等地，由于方言的关系，送花时尽量避免用以下的花：剑兰（见难），茉莉（没利）。

【模块训练】

训练一

1. 训练主题：提高与客户面对面沟通技巧。
2. 训练步骤：
（1）教师收集客户经理与客户沟通时课程出现的各种情况；
（2）2位同学一组，每班找出5组同学，这10人用不友好的面部表情、形体语言、语言、态度来表演；
（3）其他组同学可以就情况共同进行分析讨论；
（4）训练效果自我评价、小组互评。
3. 教师点评。

训练二

1. 训练主题：提高与客户面对面沟通技巧。
2. 训练步骤：
（1）教师收集客户经理与客户沟通时课程出现的各种情况；
（2）2位同学一组，每班找出5组同学，这10人用友好的面部表情、形体语言、语言、态度来表演；
（3）其他组同学可以就情况共同进行分析讨论；
（4）训练效果自我评价、小组互评。
3. 教师点评。

模块四 促成交易

【任务描述】

1. 本模块的操作任务。

（1）熟练掌握捕捉成交良机的方法；
（2）熟练掌握销售促成技巧。

2. 完成工作任务的标志性成果。

（1）能够在谈判中熟练应用销售促成技巧；

（2）能够在谈判中捕捉到成交良机；
（3）与客户签订合作协议。

任务一 捕捉成交良机

【案例导入】

步步为营，把握良机

小张向客户介绍："现金管理业务的好处就在于账户的零余额、资金的零在途、控制的零风险和管理的零距离。"听到这里，客户联想到：这样一来，我的资金就能很快到账，存款和贷款也可以实现双降，有利于企业核算。他的购买欲望被激起来了。

小张看到客户动心了，进而将现金管理业务与其他产品进行了比较。不同于网上银行用的互联网平台，现金管理业务用的是DDN专线，可以更好地防止黑客，有更好的防火墙，并且现金管理业务是专门为集团型客户定做的，银行花费的成本很高，是在用整个系统为客户做支撑。这时，客户已经完全相信现金管理业务这个产品很好，对小张的产品和服务也感到很满意，最终决定购买。

客户的购买欲望有时候表现为一种激情，这表明成交的机会随时都会出现。聪明的客户经理在谈判中要高度注意客户的表情、语言、态度等，捉住成交的良机，促成交易的成功。捕捉成交的良机就要把握三大成交的时机：排除重大疑义时、认同重大利益时、发出购买信号时。

一、排除重大疑义时

客户经常对金融产品提出疑义，通过客户经理的解释和说明，在客户消除疑义、克服了购买的障碍后，通常就是一个提出成交的好时机。此时是客户最满意的时候，客户经理应当趁热打铁，积极地提出成交请求。

二、认同重大利益时

如果客户对客户经理介绍的某种利益表现出浓厚的兴趣与强烈认同时，客户经理最正确的反应就是，立即提请成交。当客户对金融产品和服务的价值和益处强烈认同时，是提请成交的最佳时机。

三、发出购买信号时

客户购买意向的到来，往往伴随着一些信号或迹象，如表情、动作、语言等。有些是有意表示的，有些是无意流露的，后者更需要客户经理及时发现。

（一）语言信号

客户产生购买意向的语言信号主要有三种：

（1）提出一些与产品或服务相关的问题，讲述一些参与意见。例如，"你们的现金管理业务能不能上客户端"。

（2）打听有关金融产品与服务的详细情况。例如，"你们这种卡的年费是多少？我一年要做一些什么操作才能免年费呢？"

（3）提出研究合作协议的具体条款。例如，"你们中间业务的保健能不能优惠一些？"

（二）行为信号

同意购买的信号主要表现为：频频点头；身体前倾，更加靠近客户经理；再次查看产品说明书、金融服务方案书、合作协议书草案；提出开户申请、贷款申请的需求；讨价还价等。

（三）表情信号

表情传达的成交信号主要有：紧缩的双眉分开、上扬；眼球转动加快，眼睛炯炯有神；嘴唇紧抿；神色活跃等。

【即问即答】

你认为除了教材提到的方法外，还有哪些是成交良机？

任务二　销售促成技巧

【业务描述】

如何促成交易

客户：现在不忙着买，我要和我的家人商量一下。

客户经理：当然是要考虑一下，说明您对投资非常的慎重，但作为这种非短期投资，要有好的回报是靠每一次很小的变化累积起来的，我们每天的工作就是观察这些微小的变化，而我们常常因太忙忽略了这些，我等一段时间没有关系，损失的是您的回报，一样的投资，早一天就多一天的机会，反正生效以后您还有考虑的时间，再和您家人商量也不晚，如果家人反对您只要给我打个电话，我做个核销，您的钱就会给您打会到卡里的。您将来的投资收益想由谁领取？自己还是您太太？

俗话说"商场如战场"。战场上需要将领排兵布阵，客户经理向客户营销产品和服务时也要讲究策略，兵来将挡，水来土掩。为了最终达成销售目标，客户经理需要掌握一些相关技巧。

一、"二择一"法

"二择一"法是巧妙利用人类微妙心理促成交易的方法。在即将成交时，客户经理要做营销的推动方，主动给客户提出两个建议，让客户进行选择，促使目标客户做出决定性的行动。只有一个建议会让客户产生被动感,建议太多反而容易让客户无法选择,所以两个建议是最佳选择。

在银行营销中,客户经理可以用这样的问话方式:"您要买基金,是买10万还是20万?""您要确定的保险额度是200万还是300万?""您喜欢您的分公司从下自上将销售资金汇划给总公司,还是由总公司直接从分公司账上扣划资金?"

"二择一"法促成交易有很强的操作性,可以有效地控制场面,避免客户偏离原先设定的营销方案,客户经理不妨经常采用。

二、投石问路(征询)法

投石问路(征询)法是指通过设计提问来激发潜在客户的反应,而不是咄咄逼人地迫使客户作出明确的购买决策。例如,可以提问:"我们还需要讨论什么问题呢?"若目标客户作出否定回答,就表明他将要作出购买决策了。如果客户回答"我已经提供了所有相关信息"或"我想你们提出了一个非常好的金融服务方案",就可以进一步促使他作出购买决策。

这种方法所采用的提问不是直接促成交易,却能够使客户经理知道如何去促成交易。

三、直接请求法

面对顾虑很多的客户,客户经理就需要讲究策略,步步为营;有的客户十分直爽,这些客户也喜欢和爽快人打交道,这时客户经理就表现得谦虚一点,直接向客户提出请求。直接请求成交是一种最简单也最常见的成交方法。这种方法使用起来比较自然,也容易表述,不带丝毫勉强之意,会让客户觉得很舒服。

值得注意的是,客户经理在直接提出成交请求时,必须看准成交时机是否已经成熟,并注意自己的言辞和态度,从而加深客户的信任。

四、使用让步方法

一位成功的企业家曾经说过:"事情永远要在客户抱怨以前处理好。"当客户出现抱怨和不满时,客户经理要懂得适当的让步,这对于维护长期的客户关系是必要而且重要的。

"让步"是谈判中经常采用的策略,在运用该策略时应当遵循下列原则。

1. 明确让步的最终目标。

向客户让步是为了达到最终目的的途径之一,并不是最后的结果。在谈判中,客户经理可以遵循这样的思路:首先,分析自己所处的环境和位置,考虑在不牺牲任何目标的前提下冲突是否可以解决;其次,如果必须要做出一定牺牲,区分主要目标和次要目标,以保证整体利益的最大化;再次,时刻对让步资源的投入与所期望效果的产出进行对比分析,必须做到让步价值的投入小于所产生的积极效益。

2. 让客户知道你在为他着想。

在谈判中,客户关心的是对方是否作出了让步,而不在于对方作出了什么样的让步。因为客户需要的是别人的理解和接受,希望自己的观点得到认同。有一位教徒问神父:"我可以在祈祷时抽烟吗?"他的请求遭到神甫的严厉斥责。而另一位教徒又去问神父:"我可以吸烟时祈祷吗?"后一个教徒的请求却得到允许,悠闲地抽起了烟。这两个教徒发问的目的和内容完全相同,但是效果却截然相反。

3. 避免客户的过分要求。

让步可能出现的结果就是客户会提出更进一步的要求,这种行为是难免的,也是正常的。客户经理如果简单粗暴的拒绝,很可能导致合作失败,因此使用一些方法和技巧来拒绝也是必要的。例如,灵活使用幽默拒绝法,当无法满足对方提出的不合理要求,在轻松诙谐中设一个否定,让客户听出弦外之音;移花接木法,当客户要就进一步提高收益率时,客户经理可以说:"您的要求我们也可以满足,但是很可能会在很大程度上增加风险。"

五、实证借鉴法

实证借鉴法是向目标客户介绍一个没有竞争关系的已成交客户。人们会吸取别人失败的教训,同样也会学习别人成功的经验,现实的例子远比空泛的叙述更有说服力。

例如,"邓老板,某某公司的王总是您的好朋友,你们是东北老乡,他用了我们的网上银行,现在货款回流的速度很快,资金周转情况也非常好,而且他公司的财务管理越来越规范了,我们要不要一起到他的公司去看一看?"客户经理需要详细描述该客户的情况(不要泄露对方的商业秘密),以便使目标客户感觉身临其境,具有参照和借鉴作用。

六、优惠诱导法

优惠诱导法就是同等产品用低于其他银行的价格销售,或者是同等价格的产品优于别人的服务来吸引客户注意。

每个客户心里都有一杆秤,同等价格的两个商品,任何人都会选择质量优、服务好的那个。优惠诱导法就是利用了客户的这种心理来营销。例如,"我们的贷款报价是所有银行里最优惠的"、"我们的中间业务收费是非常优惠的"。

七、期限成交法

期限成交法也叫做激将法。对于某些客户适当地运用激将法,反而能激起对方的购买决心。例如,提醒对方你所作出的让步是很大的,达成协议是明智之举。

个人客户考虑的核心问题是收益,也就是瞬间即逝的投资机会。用机会成本来促成个人客户成交,就可以达到很好的效果,这就是期限成交法的原理。例如,客户经理在面临成交时可以这样说:"王女士,这个理财产品收益不错,风险适中,是我们银行针对目前的投资环境而设计的新产品,昨天刚开始发售,就已经销售了80%。目前每个银行也只有两个名额,机会是很难得的。"

【练一练】

尝试使用销售促成方法向同学推荐一种或多种金融产品。

任务三　签订合作协议

【案例导入】

一字千金

客户经理小王平时比较粗心,有一次在签协议时出现了一个低级错误,让银行付出了高额的代价。小王和客户达成协议的内容是授信15亿元,在签订协议的时候,小三在录入数字时少写了一个"0",结果变成了"1.5亿",无形中使银行缩减了13.5亿元的业绩。尽管后来得以更正,但银行的声誉和可信度都受到严重影响。

客户经理与客户洽谈达成了某项合作时,就需要用书面的方式确定下来。签订合作协议是锁定客户最好的方法。在银行营销中,客户的人事变动对银行是非常大的危机,因此客户经理不能只和客户君子协定、口头协议,而是要运用签订银企合作协议来巩固、发展银企关系。

一、起草合作协议

银企合作协议的主要内容由银企双方当事人约定,一般包括:双方当事人的名称、住所及法人代表;双方合作的主要内容;协议履行期限、地点和方式;双方的权利和责任;违约责任及解决争议的方法等。

(一) 合作协议的基本结构

银企合作协议的结构形式表现为表格式和条文式。表格式是把某项合同关系必然涉及必须明确规定的内容,设计印刷成固定的表格样式,签订这项合同时按表格项目逐一填写。条文式是用文字叙述的形式,把双方协商一致的内容分条记载下来。

无论采用哪种表现形式,银企合作协议一般都包括四个部分:标题,即协议的名称,标明合同的性质;双方单位名称和地址;正文,正文是协议的重要组成部分,包括双方签订合同的依据和目的、双方签订合作内容、经济责任和违约责任、合同的有效期限、合同的份数和保存情况等;落款,由法人单位具名盖章,代表人签名盖章,这是协议签订基本完成和协议开始生效的标志。重要的协议还应该通过当事人双方上级主管机关、合同签证机关司法公证机关签证或公证,以便在合同发生纠纷时能得到妥善的处理。最后署上签订合同的日期。

(二) 签订协议的注意事项

签订协议可以维护合作双方的利益。为使协议的签订更加合法和有效,合作双方在撰写协议时应注意以下问题。

1. 签约之前要严守秘密。在没有正式签约之前,双方一定要严守秘密,如果声张出去,一方面会造成客户的压力;另一方面可能给其他竞争者以可乘之机。

2. 订立协议的当事人必须具有完全的缔约能力与合法资格。与公司客户签订协议,公司客户必须具有法人资格；与个人客户签订协议，个人客户必须是完全民事行为能力人。

3. 双方共同参与撰写协议的过程，一方独揽的协议最容易发生争议。

4. 语言要规范、准确、严谨，具体标的名称、规格要明确；标的的数量要准确；计量单位要清楚；质量标准要具体；价款总额要大写；违约情况要预料到。

5. 须用钢笔或签字笔签订。

6. 协议文本不得涂改，确需变动时，须经双方同意，改动的地方要盖章。

7. 重要协议要由律师参与起草。

8. 签约双方都要认审核协议。协议撰写完毕之后不能立即签署，必须对协议的合法性、有效性、一致性和文字进行严格的审核。审核发现问题时应立即提出，进行协商，直到双方意见完全一致，方可签字。

【案例分享】

银企战略合作框架协议（节选）

甲方：×××××集团有限公司

乙方：中国工商银行股份有限公司×××分行

甲、乙双方经友好协商，本着互惠互利、实现双赢的目标，建立战略合作关系，成为战略合作伙伴。甲方作为×××投资项目的投资主体和×××项目建设开发的主要投融资平台，充分发挥×××丰富的旅游资源优势，利用省政府授权经营的省级国有资产和投资功能，开展资产的有效营运，通过存量资产的重组和优化组合，追求公司投资的经济效益最大化，推动×××产业结构的调整，促进×××旅游资源的开发和利用。乙方凭借雄厚的资金实力和完善的服务，为甲方提供全方位金融服务支持。甲方选择乙方作为金融业务的主办银行，乙方在国家政策、法律、法规允许的范围内，充分利用资源优势，与甲方开展多层次、多领域、全方位的金融业务合作。

第一条　双方基本情况

一、甲方，（企业）略

二、乙方，（银行）略

第二条　合作内容、方式

为满足甲方在项目建设过程中各个方面的需求，乙方向甲方提供金融产品和服务。

一、融资授信

乙方在符合有关规定及内部风险管理制度的前提条件下，支持甲方实现战略目标，向甲方提供授信和融资，包括项目贷款、流动资金贷款、商用房开发贷款、住房开发贷款、贸易融资业务、票据业务、非融资类保函等。

1. 在甲方2009~2014年开发建设旅游开发区及配套工程的等项目期间，乙方根据项目建设需要和融资需求情况，在符合乙方行业政策、信贷政策等相关规定的前提下，向甲方项目提供50亿元融资支持。适用范围主要包括：固定资产项目贷款、流动资金贷款、商用房开发贷款、住房开发贷款、备用贷款、贸易融资等。

2. 乙方向甲方所发放贷款的期限、利率执行中国人民银行有关规定，在不违反中国人民银行、工商银行总行有关规定的前提下，可给予利率优惠。

3. 乙方在不违反外汇管理局、工商银行总行有关规定的前提下，根据甲方的综合贡献度，可给予甲方结汇、购汇费率优惠。

二、信息咨询服务

根据有关法律法规，乙方可接受甲方的委托，为甲方提供资信证明、资信调查和信息咨询等服务。

三、其他业务合作
第三条　合作机制
一、建立信息通报制度。乙方及时向甲方提供财经动态、经济金融形势分析预测等方面的资料和信息，甲方及时向乙方提供地方政策法规变动、项目投资等方面的资料和信息。在必要的情况下，甲方同意乙方列席参与部分投资建设项目洽谈。
二、双方各自指定具体牵头机构，负责日常协调、传达、布置、汇总、反馈和跟踪有关事宜。
第五条　附　　则
1. 双方约定：本协议内容，以及在双方具体合作过程中可能相互需要提供专有的具有价值的保密信息，在未取得提供方事先书面同意前提下，须各自遵守保密义务，不以任何理由或目的向第三方披露，各自的咨询顾问、代理人（均不包括乙方的竞争对手）除外，法律、法规另有规定除外。
2. 本协议为双方战略合作的框架性协议，在开展具体合作业务时，另行商洽签订具体合作协议。
3. 本协议自双方签字并加盖公章之日起生效，有效期_____年。本协议正本一式_____份，双方各执_____份，法律效力均等。
4. 本协议经双方友好协商达成一致，所商定事项仅作为双方今后业务战略合作的意向文本，不构成协议双方互相追究违约责任。

甲方：××××××××　　　　　　　　乙方：中国工商银行股份有限
　　　集团有限公司　　　　　　　　　　　　××省分行
法定代表人（或授权人）：　　　　　　负责人（或授权人）：
　　年　月　日　　　　　　　　　　　　　年　月　日

二、签署银企合作协议

客户经理与客户就协议具体条款进行详细的沟通，并报本银行法规部门审核。审核批准后，客户经理应同客户就协议签署的有关事宜进行洽谈。一般来讲，客户经理为签订合作协议需做好以下准备工作：

（1）协议上的任何文字以终稿为准，协议文本不得涂改，确需变动时须经双方同意，改动的地方要加盖公章。

（2）订立协议的当事人必须具备完全的缔约能力和合法资格，必要时应对协议的签署进行公证。

（3）与拟签约客户进行联系：确认客户方关于签约事项的联络人；商讨签约时间、地点；确认客户方签约人员姓名、性别、职务，如签约人不是法人代表，应出具法人代表的授权书；确认客户方参加签约人员名单及各自的性别、职务。

（4）确认己方签约人员姓名、性别、职务，确认己方参加签约人员名单及各自的性别、职务。

（5）联系签约地点。一般在本银行办公地点或某个宾馆进行签约活动。如在宾馆进行签约，应与其就费用、会议室的使用、摄像、礼仪人员、条幅制作等问题进行协商。

（6）联系新闻单位，协助新闻单位起草新闻稿。

（7）起草领导讲话稿。

（8）准备好赠送给客户的礼物并届时由参会领导进行交换。

（9）确定是否邀请非签字双方的第三方人士参加。

（10）确定所有参会人员的成行方式及成行时间。

（11）确定主持人，安排签字仪式程序。

（12）如在宾馆签约且需要住宿，需预订好房间。

（13）在签约前1~2天到签约地点进行实地考察，确定签约参加人员的座位位次（制订座位牌并摆放好）、条幅的悬挂等会场布置事宜。

（14）协助礼仪小姐引领领导入座及签字后退席。

（15）安排好来宾携带的文件包及其他物品。

（16）根据财务标准安排宴席，确定参会者的座次（届时应有专人引领）。

（17）安排好参加人员的接站、到达时车位的引领及接待工作。

（18）如在外地签约，应为参加人员预订好往返车票或机票。

三、成交不等于结束

签订合作协议之后，银行客户经理还须做好一些善后工作，如呈送已经签订的协议，祝贺客户，展望合作前景、询问客户的其他要求等，以加深和巩固已经取得的业务成果。

项目小结

（1）商业银行客户开发流程在商业银行客户经理的工作环境中处于关键一环，这要求客户经理熟练掌握并应用综合性的方法来处理工作当中的各种问题。

（2）与客户交流总体来说分为合作前的准备、合作中各种情况的处理，以及环节的把握，最后是合作之后对客户的维护。只有掌握好各个环节，才能在实际操作当中基本做到游刃有余。

（3）由于不同客户的诉求不同，每次合作的环境也有差异，这就要求客户经理能够根据情况的变化及时调整策略。

项目实训

实训一　提高与客户交流和沟通的基本能力

1. 实训内容：牢记客户信息。
2. 实训目的：提升对客户信息的敏感度。
3. 实训素材：由老师和同学共同收集各个行业的名片。
4. 实训场所：校内。
5. 实训步骤：

（1）成立任务小组（5~8人）。

（2）每组获得20张（随着训练的增加数量递增）。

（3）学生利用10分钟进行记忆。

（4）老师从每组分得名片中提出问题，看哪一组记忆效果最好。

（5）学生之间进行相互讨论，如何能更深刻记住客户。

（6）教师进行总结和点评。

实训二　提高与客户交流和沟通的基本能力

1. 实训内容：表达能力及理解能力。

2. 实训目的：提高客户经理的表达能力和理解能力。
3. 实训素材：教师收集资料（各种图形）。
4. 实训场所：校内。
5. 实训步骤：

(1) 教师随机抽取同学上台来看一幅图形，时间为30秒。
(2) 被抽中的同学组织一下语言。
(3) 由被抽中的同学描述，其余同学根据这位同学的描述在草稿纸上画出图形。
(4) 描述完毕，各个同学展示自己的成果，并讨论"什么样的表达方式是最容易被理解的"、"双方如果没有相互沟通会出现什么样的问题"、"如果是我，我会怎么说"。
(5) 教师进行总结和点评。

项目自测

一、单选题

1. 个人金融需求按需求目的划分不包括（   ）。
   A. 安全性需求　　　　　　　　　B. 流动性需求
   C. 盈利性需求　　　　　　　　　D. 消费性需求
2. 商业银行开设专人理财服务属于客户关系维护中的（   ）维护。
   A. 银行硬件　　　　　　　　　　B. 银行客户经理软件
   C. 功能　　　　　　　　　　　　D. 特色

二、多选题

1. 影响商业银行个人客户金融需求实现的因素有（   ）。
   A. 文化因素　　　　　　　　　　B. 社会因素
   C. 个人因素　　　　　　　　　　D. 心理因素
2. 成交良机是指（   ）。
   A. 排除重大异议时　　　　　　　B. 认同重大利益时
   C. 发出购买信号时　　　　　　　D. 主动打破僵局时

三、判断题

1. 访客前，应事前与客户取得沟通并征得同意，约定时间。　　　　　　　　　（   ）
2. 每次拜访客户的事由不宜过多，以免冲淡会谈的主题。　　　　　　　　　　（   ）
3. 上门维护是商业银行客户经理进行客户关系维护最常见、运用最为广泛的方法。（   ）

四、简答题

1. 商业银行搜寻目标客户的方法有哪些？
2. 简述JEB介绍法，并针对某一银行产品运用此方法作简单介绍。

推荐阅读

1. 云晓晨著，中国金融出版社出版的《银行客户经理营销技巧20课》。
2. 立金银行培训中心编写，中国经济出版社出版的《银行客户经理25堂课》。

项目三
商业银行产品营销

【职业能力目标】
　　1. 知识学习目标。
　　(1) 能对商业银行产品营销有基本认知；
　　(2) 能熟练掌握商业银行营销策略；
　　(3) 能按照商业银行整体营销策略进行促销和品牌管理。
　　2. 技能训练目标。
　　(1) 准确理解和执行商业银行营销策略；
　　(2) 熟练进行商业银行促销和品牌管理。

【典型工作任务】
　　1. 本项目的工作任务：进行商业银行产品营销。
　　2. 完成工作任务应提交的标志性成果：执行商业银行产品营销策略，进行商业银行产品促销和品牌管理，取得预定营销业绩。

【业务场景】
　　模拟银行营业大厅

【导入案例】
　　张翔最近上班的时候总是无精打采的，因为作为客户经理助理，他的主要任务就是打电话向目标客户介绍本银行最新产品。但是，往往是张翔刚说了产品名称和主要特点，客户就说其他某某银行早就推出了类似产品，或者调侃说："你们银行动动脑筋好不好？不同银行的产品名字却很像，只有一个字不一样，好像大家族排辈分起名字似得。"张翔的上级是个精力充沛的行动派，看见张翔电话联系表上"购买意向"一栏始终为零，不停地摇头搓手，说：客户不懂，你要行动啊！请问：张翔应该怎么行动？

模块一　商业银行产品营销认知

【任务描述】
　　1. 本模块的操作任务。
　　(1) 认识商业银行产品营销概念、特点；
　　(2) 了解商业银行产品营销基本内容。
　　2. 完成工作任务的标志性成果。
　　(1) 掌握商业银行产品营销概念；

（2）掌握商业银行产品营销的基本内容。

【案例导入】

布满灰尘的产品宣传架

某银行客户经理助理邱露刚刚入职3个月，是个勤快的姑娘，除了完成部门经理交办的各项事务性工作，平时还主动学习银行产品知识。一天吃饭时，她和一同入职的柜员刘灿说起银行产品滔滔不绝，刘灿笑道，你该去大堂看看你说的这些宝贝们。饭后，邱露走到大堂产品宣传栏旁，发现崭新的产品宣传册躺在布满灰尘的陈列架上。

一、商业银行产品营销概念

商业银行产品营销是指商业银行发现、激发、设计客户需求，提供产品和服务满足客户需求的全过程。其中产品和服务成分交互影响，决定了商业银行产品营销服务至上的特点。

商业银行产品营销的特点：服务至上。

金融服务创意的容易复制性很难做到产品的差异化。无论商业银行给自己的产品增加什么样的附加特色，例如，附属信用卡或在线账单支付，这些创意都能够被商业银行的竞争对手很容易地复制。从长远来看，附加值不是来自产品本身，而是来自其他方面。

商业银行营销最重要的差异还是来自于服务。对产品来说，商业银行可以从生产过程的源头控制其质量。对于服务，其质量掌握在销售人员或客户管理人员手中，他们能影响其质量。这意味着，由于销售或提供产品的个体不同，银行的产品质量也会有所不同。例如，所有的惠普2210型彩色复印机都是一样的，但银行的金融顾问却不尽相同。因此，银行面临的最大挑战之一，就是控制服务质量。这是一项艰巨的任务，尤其是在由第三方负责提供服务的领域，因为他们与服务的制造商之间没有直接雇佣关系。

【想一想】

作为商业银行产品的消费者，你理想中的商业银行产品营销是怎样的？

二、商业银行产品营销主要内容

商业银行产品营销可以概括分为营销战略和营销战术两个大的部分。

（一）商业银行产品营销战略

1. 市场细分。

市场细分是最基本的营销战略，实施市场细分考虑以下问题：

第一，哪些组织与商业银行做生意？能否把他们进一步分为有固定关系和需要培养关系的客户；第二，目前的客户能否按当前和潜在的获利能力对他们进行分类，以便销售人员可以在能够产生80%收益的20%客户身上付出更多的时间；第三，能否按照客户目前购买产品及可能需要的其他产品的类型对客户进行分析；第四，与银行的竞争对手做生意组织。

【想一想】

距离学校最近的商业银行网点的市场细分结果应该是怎样的？

市场细分的最终目标是选择目标细分市场。选择目标市场就是挑选商业银行想要寻求的现实的市场细分。目标市场选择的益处包括如下内容：

- 选择目标市场有助于商业银行确定能最好地影响目标细分市场的媒体。
- 选择目标市场有助于商业银行建立口碑。
- 目标市场选择特定的细分市场，会增加营销资金的潜在收益。
- 选择目标市场有助于聚焦商业银行的信息，提高反馈率。

（1）市场细分的方法。

——客观方法。第一，人口细分。消费者市场中的人口统计变量可以包括年龄、性别、种族、宗教信仰、个人收入、家庭收入、婚姻状况、子女数量及年龄、住宅所有权、教育状况、职业状况（工作类型）、语言、民族、身体残疾和性别偏好。

第二，地理细分。地理也是一个基本的、可测量的市场细分变量，一家商业银行的生意如果只限于某些地区（如一家地方银行），它就将把其目标市场限定为该地区的潜在客户。地理细分也适用于销售区域的创建、拓展全国性或国际性市场的努力，以及按照周边地区类型、都市与乡村地点、企业单一或多个位置等准确指出潜在市场。

第三，生命周期细分。生命周期细分方法请参见模块二、任务三的个人客户分类。

——性格特征方法。第一，以卖点为基础的市场细分。细分市场的办法之一是按照对客户有吸引力的卖点进行划分。例如，为了确定以人口细分的不同群体选择各自银行的原因，英国研究人员向大约 2 000 个随机选择的家庭发送了一份 7 页的问卷。基于对他们的研究得出了如下结论：一家不提供自动柜员机（ATM）服务的银行，不应该把目标市场定在年轻人市场；反之，一家拥有自动柜员机但是存款利息低于平均水平的银行，会发现 18～26 岁的市场是一个合适的目标利基市场。知道客户们购买的原因，对于开展有目标的营销活动是非常有帮助的。

第二，生活方式的市场细分。按照生活方式进行市场细分，是按照"物以类聚"原则操作的。相似的利益、态度和活动，对于居住同一社区的人们往往是共同具有的。例如，专职妈妈经常阅读相同的杂志，在相同的商店购物，并与邻居们分享政治和社会观点。把客户及未来前景分类归入按照态度和行为细分市场的工具，包括交叉制表分析、数据挖掘、预测模型、族群分析和其他的统计技巧。

——客户价值细分方法。当生活方式的特性与盈利能力的数据相结合时，商业银行就能够进一步加深对其客户的了解。由于客户关系管理系统已经能够进行预测和规划，市场细分的发展，就能够增加客户的终身价值。也就是说，既可以延长客户使用产品的时间，又可以提高客户产生的长期盈利能力的价值。

通过市场细分给商业银行带来如下好处：它们能够帮助商业银行整合当前最好的客户，把目标瞄向新的前景；它们能够帮助实现对部分当前客户的交叉销售和向上销售。交叉销售指向购买某产品的客户推荐与该产品相关的其他产品或服务；向上销售指向购买某产品的客户推荐更高端的同类产品或服务。

（2）发现细分目标市场。任何一家已经运营一段时间的商业银行，都有 3 个潜在的市场：当前客户、潜在客户和以前客户。其中，最后一组经常被忽视，但它却可能是新生意的重要来源。例如，一个过去购买过商业银行理财产品的客户，可能是未来极有希望购买信贷产品的用户。

目标市场的确定要依赖于对以下各个因素的判断：第一，市场潜力。按照资金和产品单位，以及该细分市场的总体规模。第二，销售潜力。该细分市场期望占有的市场份额。第三，竞争状况。有多少同业在此区域开展业务。第四，接触市场的难易程度。第五，成本。商业银行对进入这个市场需要支付的成本，包括人力、物力、财力等。

【知识链接】

让顾客告诉你怎样找到更多的顾客

尽你所能学习更多相关的知识：为什么你的顾客从你那里购买，怎样让他们买得更多，如何鼓励他们引导其他人去你的商业银行，怎样发现更多像他们那样的顾客。这里列举了一些针对最佳顾客的问题样本：

需要得到了满足的顾客。
◆ 你为什么开始与这家商业银行做生意？
◆ 你是怎样听说我们的？
◆ 你最初的印象是什么？
◆ 你现在的印象是什么？
◆ 与我们的竞争者相比，你认为我们的最大优势是什么？

需要没有得到满足的顾客。
◆ 你对什么感到不满？
◆ 竞争者是否提供了我们所没有的产品或服务？如果有，是哪些？
◆ 如果我们提供了这些产品或服务，你会购买吗？（买多少？多长时间购一次？）

产生推荐。
◆ 你把我们的服务告诉过同事和朋友们吗？为什么？你考虑过将来会这样吗？如果未来的服务提供给你一定的折扣，你还会这么做吗？

寻找相似的顾客。
◆ 要探究他们是怎样第一次找上你的。他们是被人介绍来的吗？谁介绍的？为什么？
◆ 还有谁可能对这类服务感兴趣？设法向特定的决策影响者们（会计师或律师）或者特定的组织（行业和专业协会、校友团体、社会组织、社区团体）进行推介。

如果由于一次营销活动而吸引来了顾客，就要收集到促使他们了解你的产品或服务的媒体的具体细节。特别是在机构消费领域，要查明你的顾客会参加哪类贸易展览会或会议，他们是否会直接查邮件或主动提供的电子邮件及可能合适的任何个人信息（例如，如果他们希望成为高尔夫球选手或者积极参加某一特别慈善团体）。

2. 定位与品牌创造。

定位就是确定商业银行希望其他人在竞争中如何看待银行、产品或者服务。如果商业银行不知道未来的客户是谁，商业银行就不可能追逐到他们。如果客户经理不清楚自己是谁，客户也不会知道。定位与品牌一起，详细定义了商业银行是谁，传播的价值有多大，商业银行与提供相似产品的其他人的不同之处在哪里，以及为什么客户应该更青睐这家商业银行而不是其竞争对手。

【案例分享】

银行界的沃尔玛

当华盛顿共同基金商业银行把业务扩展到一个新的地区时，它的名字通常不为人知。但是它的定位策略非常强有力，不久就可以成为市场领先者。这家被人们亲切称为 Wampum 的银行，重点在城区内年轻且低收入的客户中开拓出了一个适当的利基市场，这些人对现今可供选择的银行服务感到不满。是什么让 Wampum 与众不同呢？是更低的收费与友好的服务。

免费检查和免费使用自动柜员机是强有力的差异化工具，但是真正赢得客户倾心的是 Wampum 的友好。当该银行开拓进驻新的区域时，它就会通过举办户外烧烤、设置称为"Amole"的免费取款设备来吸引客户。其分支机构设计得更像是零售店，而不是银行。分支机构里通常要包括供孩子玩耍的区域、一家向孩子出售出纳员娃娃玩具和向成人出售个人金融书籍的"商店"。出纳员们不是在格栅或者高柜台后面，而是亲切得可以接近，门卫则会迎接进来的客户们并致以热诚的问候。由于面向大众市场和低定价，该银行模仿沃尔玛商店进行定位，从而取得了相当的成功。

（1）确定定位战略。一家商业银行正在提供一种新的产品或者服务，通过对自身实力、目标市场的需要、竞争程度等多个因素的判断，明确在市场中定位。

一旦建立了自己的定位策略，商业银行就要保证其产品和营销的全部要素都要与之相呼应。一家私人银行应该与一家大众银行在外观和感觉上都有明显的不同。私人银行的客户办公室应该铺上厚厚的地毯，并且在四周的墙壁上装饰一些艺术品。它的营销资料也要优雅、庄重而不是色调明亮、逗趣。与客户直接打交道的人员应该有高学位，着装和举止要职业化。定位意味着要知道商业银行是谁，并且要保证商业银行展示给世界的形象就是自己设计和以为的那个样子。

（2）品牌创建。在竞争白热化的金融行业，品牌的重要性是不言而喻的，品牌的重要性包括：

——品牌形象可以转化为利润。拥有品牌的产品可以比价值相当的普通产品制订更高的价格。银行也是如此，如在美国很多银行也提供免费旅行支票，但是由于美国运通是首选品牌，它就能够要求额外的溢价。

——一个品牌形象提供了一种让支持者知道可以期望从该商业银行得到什么的快捷方式。每个品牌形象都有自己的个性，以及与具体品牌相关联的可预知的质量水平。如果一家商业银行的目标市场已经熟悉了该商业银行的品牌形象，销售人员与客户约见时就会有非常宽松的时间。例如，在银行业中流传着这样一段话：汇丰的美女，农行的汉，民生的客户经理满街转；工行的网点，招商的卡，浦发的存款人人拉；兴业的费用，渣打的楼，工行排队是潮流……这些行业的戏语事实上也是大家对于银行品牌的初步认知。

品牌名称是独一无二的。这是产品的一个特征，竞争对手无法模仿。

3. 市场计划。

市场计划是营销过程的核心。在制订营销计划过程中，首先要利用好已经收集到的市场细分和定位信息，然后设定具体的市场目标，并制定实现这些目标的财务预算和方法。制订市场计划对于商业银行而言有以下作用。

首先，制订市场计划可以节省时间。尽管营销人员抱怨制订计划的过程会搭进去几个小时，但计划可以使有限的资源与最重要的目标相结合。计划能提供一幅从所在地到达目的地的交通图，可以让客户经理少走许多弯路。

其次，制订市场计划提供了衡量工作效果的依据。如果对当前情况和未来目标没有一个清楚的陈述，就无法确定自己是否已经取得了成功。即使部分计划失败了，相关信息也非常有用。通过市场计划，能够修正错误，并尝试其他办法。

再次，计划使成功的可能性增加。在大商业银行里，市场计划是常规性工作。然而，对于较小的金融商业银行或者个人（如金融顾问、会计师或咨询师等）来说，市场规划常常被认为过于麻烦而令人生厌。不过，最新的调查显示，市场计划与高销售额是密不可分的。收入越高的人，想要制订计划的可能性也越大。

（二）商业银行产品营销战术

1. 媒体广告。

对大多数人来说，广告就是营销。当销售或产品经理在考虑建立销售体系时，广告策略往往首先出现在他们的脑海中。但媒体广告只是营销组合的要素之一。媒体广告的重要功能是目前众多银行争相使用的原因。

原因一，品牌构建。这是大多数商业银行使用品牌或者"形象"广告的主要原因。人们购买大多数金融服务的行为是没有规律的。购买者很少留意那些不想购买的产品或者服务的广告。因此，金融广告的任务就是不断地提高知名度，使客户在准备进行抵押或聘请一位新投资银行家时，对商业银行"烂熟于心"。英国关于商标知名度和消费者"购买意愿"的一项比较研究表明，"知名度较高的商业银行更容易为消费者所接受"。

原因二，增加熟悉程度。广告对正在作出正确决定的潜在购买者是个慰藉。对一些人来说，从知名商业银行购买比冒险从不知底细的商业银行购买更容易。这种熟悉度也为销售队伍"奠定了基础"。商业银行广告做得越多，售货人员的销售就会越成功。

原因三，维系客户。广告使那些已在商业银行购物的人更加满足。商业银行所做的一项专门研究表明，广告对获得新用户没有太大的作用，但是对维系客户却有重要影响。

原因四，接触有影响力的第三方。商业银行广告经常针对的是高级管理者而不是那些实际购买某种具体产品的人，其目的是获得自上而下的推介业务。金融顾问更愿意对他们认为是"知名"的商业银行做推介业务。

原因五，保持市场份额。为了能赶得上竞争对手的广告支出，进而避免丢失市场份额，一些商业银行可能被迫进行"防御性广告"，提高员工士气。广告对提高员工士气产生积极的影响，同时也使招聘工作更容易。有针对性的产品广告活动，能增加需要定期购买的金融产品的销售。

（1）媒体选择。电视。电视是最昂贵的广告媒体。虽然对一些商业银行来说，当地电视和有线电视的广告可能在成本上是划算的，不过只有大型的和全国性分销的品牌银行，才适用每30秒可能需要投入近百万元的黄金时段电视广告，这还不包括数百万的制作成本。再加上一个明星作品牌代言人，银行将花掉上千万元。

印刷品广告。虽然越来越多的金融服务商业银行使用电视广告来帮助定位产品或提高商业银行知名度，但在大多数情况下，印刷品广告是传送产品信息的主要媒体。印刷品广告在制作和刊登上较便宜。在美国，100家广告支出最多的商业银行中，几乎所有商业银行主要依赖电视，只有4家金融商业银行：美国运通、维萨卡、万事达卡和摩根士丹利的发现卡，能负担得起由自己决定广告播出时间表所要求的大约3亿美元预算。金融产品的复杂性适于印刷品广告。印刷品广告则能更好地传达事实和数据，具有更准确地指向目标市场的能力。

互联网媒体广告。根据艾瑞咨询发布的《2010～2011年中国网上银行行业发展报告》的研究数据显示，银行在网络广告方面的投放力度不断加大，但投放媒体出现不同侧重。银行网络广告投放费用呈上升趋势的主要原因为：互联网网民大幅增加，电子商务热潮兴起，网络广告无疑仍是树立银行形象和品牌价值的有效手段。同时，由于社区网站，手机媒体等垂直网站的媒体价值日益凸显，银行亦加大在这些新兴媒体上的网络广告投放费用。数据显示，工行、中行、兴业、中信银行在门户网站的广告投放预估费用均超过70%；光大、民生银行在财经网站的投放力度相比其他银行明显较大；在统计的9家银行中，7家银行选择在手机媒体上投放广告。由监测数据可以看出，招行的网络广告覆盖媒体力度最大，几乎覆盖所有媒体类型；在地方网站的投放力度上，交行居于首位，预估费用占比达7.8%；中行是在房产网站上投放广告预估费用最大的银行，建行居其次。由此看出，银行网络广告投放仍以门户、财经网站为主，而其余类型网站则出现不同侧重（表3-1）。

表3-1　　　　　　　　　银行网络广告预估费用投放媒体差异

媒体	预估费用/%								
	工行	招行	交行	建行	中行	民生	兴业	光大	中信
门户网站	71.0	69.3	60.5	52.6	70.6	62.9	75.8	59.5	79.0
财经网站	15.7	7.0	22.7	23.6	13.9	32.7	17.0	32.0	6.5
新闻网站	5.1	3.5	1.6	11.3	1.9	—	3.6	1.4	0.4
地方网站	6.2	1.9	7.8	4.8	3.2	3.5	0.7	1.2	7.4
房产网站	0.4	—	0.4	4.0	4.8	—	1.5	—	—
社区网站	1.1	7.2	0.2	0.3	1.3	0.4	0.5	2.7	0.2
IT类网站	—	0.7	—	0.1	—	—	—	1.5	—
游戏网站	—	0.5	—	—	—	—	—	—	—
生活服务	—	0.4	1.5	2.6	0.6	—	—	—	—
视频网站	—	1.1	2.9	—	—	0.4	—	—	2.1
客户端	—	0.2	1.6	—	—	—	0.1	0.4	0.1
手机媒体	0.3	1.6	0.7	0.5	0.5	0.3	0.8	—	—
汽车网站	—	4.7	0.1	—	0.3	—	—	0.6	—
亲子母婴	—	0.3	—	—	—	—	—	—	—
女性网站	—	0.8	—	—	—	—	—	—	3.4
其他网站	0.1	0.6	—	0.1	2.7	—	—	0.7	1.0

注：以上数据是根据网络广告投放预估费用计算得出。

【知识链接】

不可忽视的新型广告媒体

广告的发展离不开这些媒体，银行广告应随着各种新型广告的出现而调整。

DM 广告

DM 是英文 direct mail advertising 的省略表述，直译为"直接邮寄广告"，即通过邮寄、赠送等形式，将宣传品送到消费者手中、家里或公司所在地。DM 则是贩卖直达目标消费者的广告通道。DM 形式有广义和狭义之分，广义上包括广告单页，如大家熟悉的摆放在银行大厅的理财产品、各种服务的广告。

灯箱广告

阿凡提集成媒体集团所推出的"都市宝藏——GAN 地下车库广告媒体网络"可谓是世界首创。该集团竟将广告灯箱做到了从来没有人想到过的地下车库，并以迅雷不及掩耳之势攻城略地。

投影广告

投影广告根据光学成像原理，利用一种强力的投影系统，将客户的广告内容投放到户外大型建筑物、天空、云幕、烟幕、水幕等表面上，投影广告具有极强的品牌推广能力，其高到达率的特点，以及新颖特别的媒体形式、动态的视觉效果，最吸引人的视觉元素。投影广告通过一些特殊技术的应用，可产生许多新奇的效果。北京王府井步行街、重庆三峡广场、重庆解放碑商业步行街等都有成功的案例。

电影植入式广告

植入式广告又称植入式营销，是指将产品或品牌及其代表性的视觉符号甚至服务内容策略性地融入电影、电视剧或电视节目内容中，通过场景的再现，让观众留下对产品及品牌的印象，继而达到营销的目的。产品植入作为一种广告形式在全球范围内被广泛采用，它可以将广告产品及品牌带入真正的生活场景，对于消费者来说也是最直接最自然的交流形式。

机票票袋广告

机票票袋是指用来包装机票的纸质封套,为避免机票在配送过程中破损或泄露客户个人资料,全部机票均采用固定规格票袋封装,由专门配送人员负责配送。所有票袋均由订票人开启,因此其宣传作用无可取代,是针对中、高端用户群体媒体宣传的最优选择,是一种新形式的分众媒体。作为登机的票据凭证包装,在购买机票时、登机、旅行结束整个过程中,票袋必然成为搭机旅客反复注意的焦点,这是一种主动性的视觉关注,票袋上的广告拥有了唯一性和排他性。

(2) 广告效果。正如人们所熟知的那样,广告对销售的影响是难以衡量的,因为很难把这种影响从影响销售的其他因素中完全分解开来。研究人员发现,72%回答者没有足够的数据来分析其营销方案的效果。广告客户可以运用定性和定量的评估方法,来确定其广告是否满足了商业银行的短期或长期目标。例如,广告是否引起注意,是否能被回想起来,回想是否有提示功能。再如,提起朗朗,很多银行客户都知道他是招商银行的代言人。对产品或者广告客户态度的变化,也能通过焦点小组和访谈方式来进行测量。

评估效果的定量方法包括:
- 可直接归因于营销活动的咨询数量或销售量;
- 与以前一年度相比,各变量所发生的变化:市场份额、客户群规模、购买频率、购买的平均规模、所持有总资产的百分比,以及盈利能力和客户维系期(生命时间价值)。

2. 直接营销。

直接营销并不新鲜。长期以来,保险和经纪人寻找新客户的传统方式,就是进行没有事先安排的访问。大多数打电话者和接电话者都厌恶这种方法。但是对于那些还没有很多业务的商业银行,这种方式一直被销售经理们认为是销售新手起步的手段。同时,这也是一种成功的做法,所以一直延续到现在。银行经常使用直接方法招揽新客户,例如,在分行门口分发传单招揽新客户。信用卡商业银行是直接邮寄和电子邮件的主要使用者。将直接营销方法与间接营销方法区分开来的一个标准就是是否使用了人对人(Person to Person)的沟通方式。大众传媒营销方法,如广告和公共关系,是从营销者到客户的单向传播。直接营销是营销者与客户之间的双向交流。

在非专业人士中间,直接营销的口碑很差。常常将其与垃圾邮件、骚扰电话等词联系在一起。但是当商业银行提供客户所需要的服务,如一个与租车商业银行的联合方案,能让客户免费租车,或者与4S店合作,提供免费洗车、道路救援等服务,这种营销方式就不会被视为是垃圾或骚扰了。客户比较欢迎那些与其有业务往来的商业银行所提供的东西。

【模块训练】

1. 训练主题:充分认识和了解商业银行产品营销。
2. 训练步骤:
(1) 知识准备,了解商业银行营销概念内涵和内容;
(2) 教师给出附近各个银行网点的分布图;
(3) 5位同学一组,结合所学知识及银行地理环境和周边人口特征,讨论银行网点营销目标市场;
(4) 每组组长总结阐述,小组间相互交流;
(5) 训练效果自我评价、小组互评。
3. 教师点评。

模块二　银行产品营销策略

【任务描述】

1. 本模块的操作任务。

（1）商业银行促销策略拟定；

（2）商业银行品牌策略拟定。

2. 完成工作任务的标志性成果。

（1）准确分析、执行商业银行促销策略；

（2）准确分析、执行商业银行品牌策略。

任务一　银行产品促销策略

【案例导入】

好的促销人员长什么样？

闭上眼，想象一下一个好的促销人员长什么样？可能大多数人会说：女的，年轻貌美，活泼善言。实际上呢？根据系统调查，绩效突出的促销人员的典型形象是：男的，35 岁以上，内向，少言寡语，最让人没想到的是，一半以上具有非商科硕士学位。

你相信吗？

一、促销作用

产品推销最基本的作用是传递信息。尽管商业银行的客户是产品推销的主要目标，包括企业员工、媒介、股东、公众。产品推销的功能非常广泛，从促进客户之间的沟通到告知和教育听众。

在一个竞争激烈的市场，如金融服务，客户置身于不同形式的产品推销中。因而，产品推销的另一个关键作用是说服听众。产品推销的力度必须有足够的刺激性和鼓动性，这样才能使客户对商业银行及其产品产生兴趣，并发展成一种积极的态度，那么该商业银行及其产品在竞争中就会处于有利地位。产品推销可以实现以下目标：

目标一，获得客户。获得新客户是一项主要的商业行为。一个企业不可能指望无限期地受到同一批客户的青睐。从长远观点来看，为了保持现有的商业水平或者发展银行业务，重新补充新客户也是必要的。新客户主要来自两个方面。有些新客户也许刚进入适合该产品的生命阶段，这样，代表了新的商机。另一些新客户也许并不是不熟悉该产品市场，而仅仅是刚了解该商业银行，他们是从竞争对手那儿争取过来的。在帮助新客户树立对该商业银行及其产品的良好印象中，产品推销扮演了重要角色，当客户犹豫不决时，可以向客户介绍本产品与其他同类产品相比，可以提供的关键优势。

目标二，保持客户。尽管获得新客户是重要的且必需的，但同样不可忽视现有客户的价值。获得新客户有关的营销与产品推销成本，远远超过用于保持现有客户和从现有客户处获得利益所需要的成本。随着需求的增加，或者随着产品进入适当的生命阶段，产品推销在建立和维持客户忠诚度及对客户交叉销售附加产品方面起着重要的作用。

目标三，工作人员的士气。商业银行不应该把注意力完全集中在客户身上而忘记银行职员。在商业银行中，客户经理起着联系纽带的作用，他们经常被看作是产品包装的一部分或者被认为是应提供的服务。因此，内部的营销和沟通，同与外部客户的沟通一样重要。产品推销和沟通可以为客户经理提供支持，并且有助于提高商业银行的形象。

目标四，商业银行的稳定。对于商业银行而言，产品推销的另一个重要作用是：客户、职员、股东、媒介和其他投资者认为产品推销反映了商业银行稳定性的一个侧面。商业银行对它的客户和投资者负有受托责任。这是一种基于信任并且依赖于信任的关系。客户必须认为该机构值得信赖并可以依靠。对广大客户而言，产品推销代表着企业的自信和稳定。它传达了这样的信息：这家商业银行既然能够担负得起做广告的费用，那么它就是可信任的以及不会改变的。

目标五，公众形象与意识。对于那些与商业银行有直接联系的对象和客户，应同他们保持沟通，那些与机构没有联系或者间接联系的广大公众也不应被遗忘。建立机构意识，维持积极的公众形象及总体上建立良好的公众关系，是非常重要的。某些产品推销能沟通参与社会责任活动的公众（如慈善事业），并且消除对任何机构的负面误解。

（一）影响商业银行产品促销的因素

有许多因素影响着金融服务的产品推销，一些因素与产品的特殊性质、特点及功能有关；另一些因素与客户的本质有关；还有一些因素与立法的性质和外部因素控制着金融服务机构推销产品的环境相关。

（1）缺乏有形的尺度。商业银行的产品和服务往往是无形的，因此就不可能展示产品。商业银行通过把这样的产品或服务"确切化"来解决这个问题。例如，使用一些可以描述提供物本质的自然迹象和符号来完成。

（2）服务的差异性或者变化不定性要求商业银行在它们的产品推销中注重质量。这可以通过概述服务的过程和范围及销售记录来完成。有助于赢得客户对服务质量的信任，从而使客户安心。产品推销还可以通过突出服务特殊的前后关联性，从而更加有效。

除了上面所讲的因素，商业银行产品促销还必须应对以下问题：

问题一，客户的冷淡反应。与金融服务息息相关的诸多问题之一是，尽管很多人都相信金融服务是重要而必需的，但并非每个人都对它感兴趣。这种冷淡反应的后果是很多客户没有充分的动机去搜索产品和银行。很多产品未被寻求，这给产品推销造成了更大的压力，必须使得产品刺激更有鼓动性和吸引力。

问题二，高风险。和许多金融产品有关的另一个问题是可感知的高风险。许多产品需要客户投入很多，但在购买前又不提供试用的机会。并且，可从产品中得到的好处大多数是无形的，不可能在购买的同时去衡量，在许多情况下是由于合同时间的长期性所导致。

问题三，信息来源的可信度。商业银行很难甚至不可能精确地登广告和展示产品。在许多场合下，客户被迫从那些不受商业银行控制的来源获得信息。这些信息可能包括来自亲戚朋友和独立人群的口头描述。而这些其他的信息来源比那些受经销商控制的来源，更容易影响客户对产品的可信度。

（二）促销的方法

随着金融服务行业竞争的加剧，价格变得越来越透明，价格的竞争也越来越鲜明，促销这种方式也逐渐被使用。这些因素的联合导致了越来越强调以客户需求为中心的短期目标。因此，大多数商业银行采用的促销活动主要是用于鼓励客户尝试并产生换用其他商业银行产品的念头。目前市场上广泛采用的促销方法包括：

1. 直接邮寄。

直接邮寄广告的方式属于直接销售这一类。直接邮寄广告与其他传播方式相比的真正优点在于，它能够通过多种类型和式样来使沟通人性化和定制化，直接邮寄广告允许商业银行将产品相关信息传达给客户，并且使得客户有时间去考虑这些信息并作出反应。因此，这种方式最可能增加客户与商业银行打交道的信心，因为客户在购买过程中已经对产品有所了解。

2. 公关活动和公共关系。

公关活动是商业银行用来树立和维持与公众的良好关系的一种措施。公关活动和公共关系需要用到很多手段，如年度财务报告，讨论发表会和演说，相关缘由的市场营销，内部杂志和新闻稿，以便为商业银行建立积极的形象。商业银行应当谨慎地处理它们与公众的关系。为了取得最佳效果，它们应当深思熟虑，周密计划。

公关活动和公共关系同其他形式产品推销的最大区别是，沟通的重点不仅仅是客户。公众关系涉及者众多，这包括股东、提供商、客户地方团体、员工、政府。因此，公共关系不应是市场营销功能的责任，而应该是全体商业银行员工的职责，以便维持统一的商业银行整体形象。

3. 赞助。

赞助具有公共关系维度，传统上被认为是公共关系功能的一部分。然而，它比公共关系更能深入人心，通常被认为是产品推销组合中非常重要的一个元素。

一家商业银行几乎可以赞助任何事情，从事件或竞赛，到装备和建筑、想法或研究、教育、动物或人物、商业活动或慈善事业、电视节目等。例如，中国银行倾力赞助"全民健身日"活动；外资银行如瑞士银行、德意志银行、花旗银行、渣打银行、HSBC、摩根大通等，从20世纪90年代起，都陆续地参与艺术项目，通过成为艺术家或艺术活动赞助方的方式，为自己的品牌赢得更好的口碑；很多银行通过赞助慈善项目来提高社会声誉。赞助的好处在于：它可以增加普通公众对商业银行的关注，它可能会改变公众的态度，它可以建立友好亲切的形象，它可以对员工带来积极效果并改善员工关系，它可以使客户和股东放心，并且它可以让人们对赞助的商业银行有一个大概的了解。

任务二　银行产品品牌策略

【案例导入】

为什么要花巨资放弃普惠的名字？

2000年，UBS（Union Bank of Switzerland，瑞士联合银行，简称瑞银）以110亿美元购买了普惠（PaineWebber）。该商业银行的资产里包括了其超过120年的品牌。那么，为什么两年后瑞银放弃了普惠的名字？

实际上，完成了一项并购之后，大多数商业银行都会放弃原有的品牌。但如果那些老的名字更为有名，就会被保留下来，如当汉华银行收购了大通，曼哈顿以及第一联盟中心收购了Wachovia中心之后。尽管普惠在美国远比瑞银更有名，但瑞银却在国际上拥有更强大的品牌。

一家发起并购的商业银行，经常会通过产品或者地域性报价来填补某些察觉到的缺口，进而使得并购行为能够增强它的自主品牌。通过重新命名被收购商业银行来增强母商业银行的做法是符合逻辑的。瑞银在过去几年里也曾经收购了华宝（Warburg）和其他几家投资银行，就是希望所有下属商业银行都来支撑瑞银作为一家强大的国际性投资银行的形象。

一、创造品牌形象

对于一家新银行、新产品或一个没有被认知的品牌形象来说，事业的起点就是名称。名称能够对一家商业银行的成功或者失败产生巨大影响。例如，两家为批发贸易商提供在线交易的商业银行，几乎是在同一时间创建的。一家称为小船，另一家叫聚富。两家贸易商的结局和命运似乎在取名之日就确定了。

在商家林立的市场中，一个令人难忘的商号名称会是非常醒目的。在具有竞争性的对冲基金领域，大多数基金是以它们的创始人命名的，但是有一些基金经理人已经试图使用海盗资本（Pirate Capital）和大灰熊基金（Grizzly Bear Fund）等名字，以便从众多基金中脱颖而出。

解决了商业银行和产品名称之后，构建品牌的下一步工作就是标志。标志应该与众不同和容易辨识。标志既可以使用有特色的字体，也可以是一个视觉形象图形。有不少大商业银行花费数百万元来设计合适的标志，但要成功地设计出产品标识，前提是要知道商业银行的定位，然后确保标识能够反映出定位的理念。例如，招商银行（China Merchants Bank，CMB），行标以招商银行英文名首字母C、M、B为基本设计元素，立足招行国际化、现代化进行设计；视觉中心"M"形稳实有力，象征招行全面拓展国内、国际市场的发展态势；"M"下加横线构成"B"的造型，又与充满速度感的平行射线，形成扬帆出海、资金畅通的图形寓意；七条平行射线代表招行最初的七家股东，传达出明确的亲和性与时代性。

（一）商业银行品牌内容

（1）品牌名称。即品牌中可以读、写的部分，包括字母、词语、数字等。好的品名一般具备易读、易认、易记、短小精悍、与众不同等特征，能够说明产品的用途，并有利于金融机构进行产品宣传，同时可以受到国内外市场的相关法律保护。

（2）品牌标记。即品牌中可以识别但不可读出声来的部分，如银行的行徽等。

（3）商标。即一个品牌或品牌的一部分，一般已获得专用权，并受到相关的法律保护。

（4）版权。一般是指将品牌的有关内容进行复制、出版、销售或移作他用的受法律保护的专用权利。

（5）品牌个性。品牌不同于其他品牌的特有品质或因素。

（6）品牌魅力。是品牌最吸引顾客的那些特性和优势，以及顾客对它的印象、感觉强度和价值评价高度等。

【补充阅读】

中国各大银行标志（logo）释义

中国工商银行徽标释义：白底红字，镂空"工"，表示服务工商行业。行徽图案整体为中国古代圆形方孔钱币，图案中心的"工"字和外圆寓意的是商品流通，表明工行作为国家办理工商信贷专业银行的特征；"工"字图案四周形成四个面和八个直角象征工商银行业务发展和在经济建设中联系的广泛性；图案中两个对应的几何图形象征工行和客户间相互依存紧密合作的融洽关系。

中国银行徽标释义：白底红字，行标从总体上看是古钱形状，代表银行；不贯通的"中"字代表中国；外圆表明中国银行是面向全球的国际性大银行。

中国建设银行徽标释义：以古铜钱为基础的内方外圆图形，有着明确的银行属性，着重体现建设银行的"方圆"特性，方，代表着严格、规范、认真；圆，象征着饱满、亲和、融通。图形右上角的变化，形成重叠立体的效果，代表着"中国"与"建筑"英文缩写，即两个C字母的重叠，寓意积累，象征建设银行在资金的积累过程中发展壮大，为中国经济建设提供服务。图形突破了封闭的圆形，象征古老文化与现代经营观念的融会贯通，寓意中国建设银行在全新的现代经济建设中，植根中国，面向世界。标准色为海蓝色，象征理性、包容、祥和、稳定，寓意中国建设银行像大海一样吸收容纳各方人才和资金。

中国农业银行徽标释义：白底绿图，麦穗标示，表示服务农业为主，象征绿色丰收。

中信银行徽标释义："中国印"在我国古代称为"玺"，是权力和尊贵的象征。"印"的主色调为红色，代表上涨、增长、发展。"印"的第一含义喻示"诚信"。标识好。

中国人民银行的标志主要是为了体现"人民银行"这一性质，因此标志的总体形状为一个"人"字，意为"人民"的银行。而人字是由三个古代钱币构成的，如果关注过秦朝统一货币和度量衡，应该对这种钱币有印象。

（二）品牌决策的内容

商业银行品牌决策是对金融营销者的一个挑战，是商业银行现代形象塑造的重要组成部分。主要包括下列内容：

（1）品牌化决策。是否需要为商业银行及其银行产品设计确定一个品牌。

（2）品牌使用者决策。决定由谁来使用该商业银行品牌，是商业银行整体，商业银行的某一分支机构，还是其他有关单位或个人。

（3）品牌质量决策。商业银行品牌如何体现出银行产品或服务的质量，应体现出什么样的质量与服务。

（4）品牌组合决策。银行产品如何使用品牌组合。一般地，品牌组合可以有四种类型的选择：一个产品使用一个品牌；所有产品共同使用一个品牌；所有产品均使用不同类别的品牌（如商业银行的信贷业务用一个品牌，而其信托业务用另一个品牌等）；商业银行品牌与单个银行产品名称的结合（如在某一类型的信用卡上印有发卡银行的徽标等）。商业银行需要根据具体情况来确定如何使用品牌。

（5）品牌扩展决策。金融机构是否允许本机构的其他金融产品使用同一的品牌。一般采用的战略是：金融机构会允许新产品使用其已在市场上获得成功、有较大认可度的同一金融品牌，从而既带动新产品的推广，又有利于其创造名牌。

（6）品牌多样化决策。金融机构是否要为同类产品设计多个品牌，以满足不同消费者的需要。

（7）品牌再定位决策。商业银行是否要进行品牌的重新定位，如何重新定位，等等。这是商业银行适应市场变化的一种营销决策。如中国建设银行在1996年3月实施CI战略时，将其行名由"中国人民建设银行"改为"中国建设银行"，并重新设计了行徽，强调其业务定位于大行业、大企业，从而有利于其改变以往主要从事国家的"拨改贷"及固定资产投资业务的形象。

（8）品牌差异化决策。是指商业银行通过为基本的或核心的银行产品及服务增加某些特制的功能与服务，从而使其银行产品形成与其他商业银行相关银行产品的明显差异，以此达到通过"标新立异"而获得较大市场占有额的目的。如美国运通公司把其信用卡定位为"旅行与娱乐卡"，因与其他金融机构信用卡不同而获得了极大的成功。

（9）创造名牌。名牌，一般被认为是著名的、被公众认可和接受，并受到广泛欢迎的品牌。创造名牌是品牌战略的核心，也是商业银行多种产品营销策略的最终落脚点。商业银行如果能够成为顾客认定的名牌商业银行，其无形资产的价值是极其巨大的。如果商业银行的某种银行产品成为消费者心目中的名牌银行产品，则其对于商业银行未来业务发展的巨大促进作用也是不可低估的。

（三）名牌战略

金融名牌的创建可以是多层次、多角度的。如对于商业银行来说，名牌银行的含义可以是指名牌总行、名牌分行、名牌支行、名牌网点，甚至其所拥有的名牌产品等。顾客一般会从商业银行的规模大小、质量高低、产品品种、数量多少、价格状况、服务质量优劣、信誉好坏等方面来认定自己心目中的金融名牌。商业银行实施名牌战略，可以从创立名牌银行产品和创建名牌商业银行等方面来进行。

1. 创立名牌银行产品。

名牌银行产品应该符合下列基本条件：

（1）在同类产品中，为最大多数顾客所欢迎、期盼，即忠诚顾客群最大或市场占有率最高。

（2）最先开发，最先上市，并成功营销，市场知名度很高，长期为顾客所信赖。

（3）在市场上具有导向作用或领导地位，有较多的追随者或仿制者，能够为商业银行带来较为丰厚的利润。

（4）名牌银行产品的品牌应在特殊性、恰当性、记忆性、灵活性上达到较高的测试等级；其品牌特征要素要一致，在所有的媒介上使用一致；品牌决策应以科学研究为基础。

2. 创建名牌商业银行。

名牌商业银行应具备以下基本条件：

（1）拥有至少1~2个名牌银行产品，并以其为中心组成多品种的、合理的银行产品结构，使其数量、质量、规模、效益等在同行业中保持领先地位。

（2）拥有与新科学、高技术发展同步的、先进的金融理论和精良的技术设备，可以与世界上主要的金融市场及先进金融机构的主要业务进行对接。

（3）各种银行产品和服务的品种、数量、质量和其他营销组合因素，能够适合社会环境的变化与要求，适合市场需要与顾客需求，并具备快速、灵敏的市场应变能力。

（4）拥有比较稳定的和逐步扩大的市场份额，具有一定的控制力量。如具有较强的融通资金的能力，可以适应不同情况下的资金流动性的需求，等等。

（5）拥有明显的人才优势，应有一支结构合理、素质高、能力强的领导人才队伍、管理者队伍、科技信息人才队伍和员工队伍。

（6）拥有明显的特色优势，在多方面异于、优于、新于其他金融机构。如具备总体上的质量优势；盈利稳定上升，成本明显低于同行业；员工待遇较高，工作安心；金融机构形象良好，顾客满意等。

二、借用品牌形象

一家商业银行从竞争中脱颖而出是非常困难的，于是有些银行采取通过联合另一个更出名品牌的方法取得了成功。例如，很多信用卡发卡银行与航空商业银行、汽车商业银行、像亚马逊一样的在线零售商等"联名品牌"。客户们可能记不住他们携带的是万事达卡还是维萨卡，但是他们肯定会记得哪次刷卡消费得到了可能获得一辆新车或者一本新书的积分。

【案例分享】

为一家80岁商业银行创建品牌

大学退休股票基金会（TIAA-CREF）是由安德鲁·卡耐基于1918年创立的为大学教师提供养老金基金管理的一项慈善信托基金。该基金在其核心支持者——教育工作者中赢得了尊敬，TIAA-CREF在20世纪90年代后期以前，从未在大学校园之外积极地进行过营销。

虽然在大学之外很少有人听到过它，了解该品牌的人们还是认为它是"值得信赖、谨慎、有原则性和价值驱动"的基金。这是奥美广告商业银行广告与品牌管理总监理查德·阿尔伯特的观点。在广告代理商奥美广告商业银行的帮助下，TIAA-CREF通过定量和定性研究，开始构建它的品牌形象。研究发现，它的目标客户都受过高等教育，通常从业于公共服务行业，充满理想化。"他们不会仅仅为财富而吸引——他们希望每一美元都不一样。"阿尔伯特说。TIAA-CREF很快考虑要改变它不再适用的名字，但是又不想冒险失去已经在其客户中建立的公平形象，或者发出激进地改变经营方向的信号。

相反地，TIAA-CREF及其广告代理商集中发起了一次主题为"为还需思考其他事情的人们管理金钱"的运动，体现了TIAA-CREF存量客户的特征。将名人认同的"光环"效应与过去、当前用户的社会地位相结合，广告活动的效果从或许是TIAA-CREF最著名的客户阿尔伯特·爱因斯坦（Albert Einstein）开始出现。其他有号召力的名人客户包括著名作家库尔特·冯内古特和DNA发现者詹姆斯·沃森，还有一些有趣行业中的达人，例如，一名古生物学家和一位火山研究专家。对于那些意见领袖，除了广告之外，公关和赞助活动也是补充手段，例如，在美国自然史博物馆举办的一次爱因斯坦展览。

阿尔伯特认为，品牌认同在目标市场细分中"显著"地培育起来。同样重要的是，品牌意识对TIAA-CREF内部雇员、分支机构咨询师和金融规划师中介领域产生了积极的影响。该策略的成功已经被事实所证明：TIAA-CREF成为《财富》杂志评选的2003年全球50家最受尊敬商业银行中仅有的3家金融商业银行之一（其他两个是花旗集团和汇丰银行）。

联名（Co-branding）品牌有助于提升双方的品牌形象。首先，广告资金是每个额外营销商成本支出的乘积。迪士尼、第一银行和维萨卡组织创造了一个联名品牌卡片——来自第一银行的迪士尼维萨信用卡，得到了上述三家机构的支持。其次，联名品牌使协同增效成为可能，例如，在迪士尼乐园为维萨卡进行的免费宣传，或者将迪士尼的名字出现在维萨卡上。这样的"擦除"效应使得第一银行和维萨卡组织受益于迪士尼独有的品牌。实际上，迪士尼的身份是如此的有价值，以至于维萨卡商业银行估计支付了2 000万美元的许可使用费。

联名品牌策略并不局限于消费者市场营销商。华尔街通路商业银行是纽约证券交易所的一家成员商业银行，它已经计划设立战略性联盟来构建品牌形象。由于它的项目之一是通过银行来提供共同基金，该商业银行寻找并赢得了美国银行家协会的排他性认可。这一支持使得该商业银行能够迅速地成长。

其他"借用"品牌形象的方法是，在广告和促销中使用众所周知的名字。例如，大都会人寿保险商业银行（MetLife）得到了《花生》画报的许可，在该商业银行产品中借用了连环漫画人物"温暖和模糊"的感觉。许多商业银行也已经在设法使用名人认可的方法，取得了不同程度的成功。

创造品牌形象的另一种方法，就是使用真实的客户或具体操作者作为案例。例如，招商银行用朗朗作为其银行代言人，构建商业银行广告和品牌，就是使用真实客户名字来加强投资银行形象的例子。

三、支持品牌形象

在保持品牌形象的过程中，最重要的性质是一致性。无论是有形的物品（如小册子或保险费），还是无形的因素（如对质量的承诺），都应该与其品牌形象相符。

通过所有传播渠道进行交流的信息，必须保持一致性，包括下述领域：
（1）通过开展公共关系（对新闻机构谈话）和投资者关系（与分析师交谈）所进行的

管理沟通；

（2）与雇员、卖主和投资者进行的内部交流；

（3）商业银行历史和领导力；

（4）建筑实体外观和感觉（办公室、标志）；

（5）雇员们所展现的形象；

（6）网上在线形象；

（7）形象标识系统：名称使用、厂标或记号、颜色及印刷样式。

除了一致性外，品牌管理还要求差异化，可用的方法有很多，诸如独有的产品特性、市场感知的特殊性和适当的赞助。

保持一个品牌形象的价值，最重要的或许是要主动地避免消极信息。消极信息并不总能压得住，但主动出击，并非束手无策。以下是商业银行应对消极信息的一些方法，包括：

（1）与全部支持者包括新闻界进行诚实的、前瞻性的交流；

（2）创立前瞻性客户满意项目；

（3）通过雇员招聘和培训，保持商业银行的水准；

（4）建立一个积极向上的工作场所环境；

（5）通过慈善事业和公共服务为建造"商誉库"做贡献，从而有助于一个优秀商业银行顺利度过不景气的时段。

四、重定位与品牌再造

一旦一家商业银行已经开发了定位策略，想要改变它可能会很困难。例如，成都银行率先建立了作为本土银行和草根银行的形象。当该银行为了获得更多高净值客户而想转向高消费阶层，着力提高跨行业务、国际业务服务水平和价格折扣，而不是设法对现有理财产品的品牌名称进行再定位。当定位最高端客户的北京银行上市后，在扩大对中低端客户服务和产品营销的同时，面对了数次客户关系危机。

【模块训练】

1. 训练主题：充分了解商业银行促销策略和品牌策略。
2. 训练步骤：
（1）知识准备，了解某家商业银行促销策略和品牌策略；
（2）教师给出各个银行近期的产品促销广告和品牌广告；
（3）5位同学一组，结合所学知识及银行的广告，分析各家银行产品促销策略和品牌策略；
（4）每组组长总结阐述，小组间相互交流；
（5）训练效果自我评价、小组互评。
3. 教师点评。

项目小结

（1）商业银行产品营销是客户经理核心的岗位职责，也是商业银行赖以生存的关键业务流程。可以分为营销战略和营销战术两个层级，都必须从商业银行整体战略出发。

（2）商业银行产品营销中的两个关键环节是战略水平的品牌策略和战术水平的促销策

略。客户经理必须对其熟练掌握。

（3）商业银行产品营销是指商业银行发现、激发、设计客户需求，提供产品和服务，满足客户需求的全过程。

（4）产品推销最基本的作用是传递信息。尽管商业银行的客户是产品推销的主要目标，然而还包括一些其他的目标听众或者客户，也是该机构需要进行沟通或者产品推销的对象。其中包括企业员工、媒介、股东、公众。因此，产品推销的功能非常广泛，从促进客户之间的沟通到告知和教育听众。

项目实训

实训一　银行网点营销方案制订

1. 实训内容：提升商业银行产品营销能力训练。
2. 实训目的：提升营销能力。
3. 实训素材：银行网点分布图（学生自选）。
4. 实训场所：室外。
5. 实训步骤：

（1）每组10名以上学生，自行组织，进行网点走访，获取产品资料和周边信息，起草商业银行网点营销计划。

（2）分组展示和学生互评。

（3）教师进行总结和点评。

项目自测

一、单选题

1. 产品推销最基本的作用是（　　）。
   A. 争夺市场份额　　　　　　　　B. 传递信息
   C. 增加利润　　　　　　　　　　D. 提高市场竞争力
2. 促销的方法不包括（　　）。
   A. 直接邮寄　　　　　　　　　　B. 直接回应广告
   C. 赞助　　　　　　　　　　　　D. 制定市场策略

二、多选题

1. 作为金融服务与产品相同的包括（　　）。
   A. 可分离性　　　　　　　　　　B. 缺少易灭失性
   C. 批量生产　　　　　　　　　　D. 缺少排他性
2. 商业银行产品营销包括（　　）。
   A. 营销战略　　　　　　　　　　B. 营销技术
   C. 营销手段　　　　　　　　　　D. 营销战术
3. 市场细分中，客观细分方法包括（　　）。
   A. 人口细分　　　　　　　　　　B. 地理细分
   C. 经济收入细分　　　　　　　　D. 生命周期细分

三、判断题

1. 市场细分的最终目标是选择目标细分市场。　　　　　　　　　　　　　　（　　）
2. 并不是所有商业银行，都有3个潜在的市场：当前客户、潜在客户和以前客户。（　　）
3. 品牌名称是竞争对手可以模仿的。　　　　　　　　　　　　　　　　　　（　　）

4. 市场计划是营销过程的核心。（　）
5. 银行广告客户考虑的两个关键问题是预算和竞争。（　）

四、简答题
1. 商业银行品牌内容主要包括哪些部分？
2. 商业银行产品营销战术有哪些？

推荐阅读

1. 艾沃琳等著，广东经济出版社出版的《金融服务营销手册》。
2. 徐海洁编著，中国金融出版社出版的《商业银行服务营销》。

项目四
商业银行客户风险管理

【职业能力目标】

1. 知识学习目标。

(1) 了解商业银行各种客户风险的概念,掌握客户风险的特征;
(2) 熟悉非财务分析法与财务分析法的分析要点;
(3) 掌握处理和化解商业银行客户风险的方法。

2. 技能训练目标。

(1) 能够识别各种客户风险;
(2) 能够对商业银行的客户风险进行评估;
(3) 熟练处理和化解商业银行客户风险。

【典型工作任务】

1. 本项目的工作任务: 识别、评估并处理商业银行面临的各种客户风险,为商业银行开展各种业务保驾护航。

2. 完成工作任务应提交的标志性成果: 能在本项目学习完成后,对商业银行客户风险进行评估并形成客户风险评估报告。

【业务场景】

模拟银行后台办公室

【导入案例】

深发展15亿元贷款无法收回

2006年3月28日,深圳发展银行原党委书记、董事长周林被深圳市公安局刑事拘留,涉嫌违法放贷。同案被拘另有3人,均来自深发展。他们分别是深发展原行长助理、审贷会主任张宇,深发展人力资源部副总经理陈伟清,以及深发展总行公司业务部的林文聪。这笔15亿元贷款为期3年,于2003年七八月间,由深发展天津、海口、北京3家分行完成出账,分别贷给首创网络有限公司(下称首创网络)和中财国企投资有限公司(下称中财国企)及下属5家企业,申报用途分别为建设全国性的连锁网吧,以及"农村科技信息体系暨农村妇女信息服务体系"。事实上,这笔资金很快即被挪用到北京市东直门交通枢纽项目中的东华国际广场商务区(下称东直门项目)上。事后证明,共有7亿~8亿元最终进入了东直门项目,其余资金去向不明。深发展在案发后,已计提高达4亿元的拨备。2004年年底,深发展外资股东"新桥"入股后,新管理层在检查资产质量的过程中,发现这几笔贷款有发放不合内部管理程序和借款人使用贷款违规的嫌疑,并于2004年11月向公安机关报案,获立案。

模块一　客户风险认知

【任务描述】

1. 本模块的操作任务。

（1）认识商业银行客户风险的种类；

（2）了解商业银行客户风险的基本特征。

2. 完成工作任务的标志性成果。

能够对客户风险进行识别、测量，做出风险评价报告。

任务一　区分客户风险种类

【案例导入】

15 年来改变美国银行业经营业务的一些重要理念

"银行是属于高风险的行业，其利润主要是靠对风险进行有效的管理来得以实现。"

"更为完善的风险管理体系，不是一种可有可无的奢侈品，而是银行赖以生存和发展的必需条件。"

"银行"的存贷款利差，不是一种简单的差额收入和利润来源，而是对银行发放贷款所承受风险对应的补偿。"

"贷款的利息收入是有限的，而贷款的损失是无限的。"

"实行审贷分离后，信审人员所掌握的信息，应多于客户经理所提供的信息。"

风险与收益是永远相伴而生的。银行客户经理要想从客户那里获得收益，就必须承担一定的风险。但风险并非无法预测避免的，它可以被化解、被转移、被减小。客户经理应加强对所拓展客户风险的监控与管理，实现以最小的代价获得最大的客户收益。

客户经理在拓展业务的过程中面临着两类风险，一类是客户经理自身及银行所造成的风险，另一类则是客户自身的风险给客户经理及银行带来的风险。前一类风险主要通过银行的规章制度加以防范，客户经理拓展过程中的风险大都体现在第二类风险上，因此本项目重点剖析客户自身的风险。

【想一想】

外部环境的变化会给银行客户带来怎样的风险？你能举出一两个例子吗？

从客户角度看，风险大致可划分为内部风险和外部风险两部分。外部风险，即外部环境因素的变动导致的客户风险，包括宏观风险和行业风险；内部风险是客户自身因素引起的风险，包括客户的经营风险和管理风险。

一、外部风险

商业银行的外部风险包括宏观风险、行业风险两类。

（一）宏观风险

造成客户宏观风险的因素主要有政治法律因素、经济因素和国际因素。

（1）政治法律因素。

政治与法律对客户的经营活动及其效果有重要影响。对客户经营构成风险的政治法律因素主要表现在：政府部门改革及领导人更换是否频繁、政府部门对经济的干预是否大、政府官员工作效率与作风、法制规章健全程度等。

（2）经济因素。经济增长率、经济波动周期、物价水平、市场结构、产业政策、就业状况、市场结构、经济发展程度、市场前景等因素都可能造成客户的风险。其中，政府政策变动、物价上涨和经济发展的周期性波动均可能直接给客户带来风险。例如，2014年因地产风险走高及资金成本上升，国内商业银行大幅收缩甚至暂停了个人房贷。这正是经济因素变化给商业银行带来风险，银行随之而采取的相应措施。

（3）国际因素。来自国际方面的因素同样可能对客户的经营状况构成威胁，主要表现在汇率变动、国际资本流动、国际技术竞争、对外资政策等。对一些从事国际贸易与技术交流的客户来讲，国际因素的影响极为重要。

（二）行业风险

行业结构、发展状况、未来发展趋势、竞争格局、替代性、依赖性和周期性等因素都会直接影响到客户的经营状况，都可能成为客户承受风险的重要原因。

（1）竞争风险。指客户所在行业内部企业间的相互竞争带来的风险。产品与服务的可替代性是形成行业的前提，行业市场空间的有限性决定了客户之间必然为抢夺市场而竞争，由此必然有的客户要退出行业，同时又有其他客户进入该行业。竞争使行业内部各企业之间的势力对比总是处在变动之中，加剧了行业市场的不确定性。除少数垄断性行业外，任何一个客户在求得自身生存和发展时，都不得不承受这种竞争风险。客户竞争力的大小主要得益于其对市场的影响力。在激烈的行业竞争面前，那些规模较大、服务对象相对集中、技术优势明显、销售体系完善的客户往往具有较强的抗风险能力。

（2）管制风险。出于经济结构调整等方面的需要，政府会从法律或政策上对某些行业作出一些限制性规定，而这些限制性规定就可能给客户带来某些风险。因此，在分析管制风险时，应从长远的角度考察客户所在的行业是否具有良好的法律环境，特别是一些新兴的、尚缺乏统一的行业约束标准的行业。对那些政策敏感性强的行业，如房地产、外贸等也应特别注意政策的变化所带来的影响。

（3）替代性风险。指一些生产替代产品的行业发展较快而对本行业内的客户产生冲击的风险。替代行业的发展会扩大替代产品的使用范围，使本行业的消费群变小，市场规模萎缩，从而使本行业的客户面临风险。

（4）依赖性风险。客户所在行业所依赖的关联行业发生变动影响本行业的发展，从而使本行业客户产生风险。本行业与关联行业在原材料供应、产品销售、技术交流等方面有着很深的联系，因此，关联行业出现问题会波及本行业，从而给本行业客户带来风险。

（5）周期性风险。指客户受所在行业自身发展周期性波动的影响而面临的风险。行业的周期性波动幅度越大，客户的风险就越大，反之就越小。

【案例分享】

金融危机导致汽车行业风险加剧
——通用汽车破产案例

一、案情

金融危机之后，美国通用汽车公司迫于近年连续亏损、市场需求萎缩、债务负担沉重等多方压力，于2009年6月1日，正式按照《美国破产法》第11章的有关规定向美国曼哈顿破产法院申请破产保护。CEO瓦格纳被换掉了，公司的业务将会萎缩，其中一些品牌将会出售（悍马、霍顿、欧宝），至于这些车的售后服务就只有叫别的公司代理了。这样以优化公司的资源，整合力量。GM破产保护阶段业务照样进行，而且将会在2个月之内成立一家新GM，这家新公司将会继承旧GM的一些主要品牌（凯迪拉克、别克、雪弗兰），而其余的工厂都卖了用来还一些债务，而且新GM重新经营时将会把主要精力转向小排量汽车、环保汽车上面来。

二、原因

1. 福利成本。昂贵的养老金和医疗保健成本，高出对手70%的劳务成本及庞大的退休员工包袱，使其不堪重负，让其财务丧失灵活性。

2. 次贷冲击。次贷危机冲击了各大经营次级抵押贷款的金融公司、各大投行和"两房"、各大保险公司和银行，之后就是冲击美国的实体经济。次贷危机给美国汽车工业带来了沉重的打击，汽车行业成了次贷风暴的重灾区。2008年以来，美国的汽车销量也像住房市场一样，开始以两位数的幅度下滑，最新数据显示，美国9月汽车销量较上年同期下降27%，创1991年以来最大月度跌幅，也是美国市场15年来首次月度跌破百万辆。底特律第一巨头——通用汽车公司，尽管其汽车销量仍居世界之首，但2009年4月底以来通用的市场规模急剧缩小了56%，从原本的130多亿美元降至不到60亿美元。销量下跌、原材料成本上涨导致盈利大幅减少。同时，通用公司的股价已降至54年来最低水平。始料不及的金融海啸，让押宝华尔街，从资本市场获得投资以渡过难关的企望成为泡影。

3. 战略失误。2005年以来，通用处在连续亏损状态，CEO瓦格纳没能扭转这一局面。通用汽车公司除了对其他汽车生产厂家的一系列并购和重组并不成功外，在小型车研发方面落后于亚洲、欧洲同行，其麾下的通用汽车金融公司在其中也扮演了重要角色。为了刺激汽车消费，争抢潜在客户，美国三大汽车巨头均通过开设汽车金融公司来给购车者提供贷款支持。银行对汽车按揭放贷的门槛相对较高，而向汽车金融公司申请贷款却十分简单快捷。只要有固定职业和居所，汽车金融公司甚至不用担保也可以向汽车金融公司申请贷款购车。这种做法虽然满足了一部分原本没有购车能力的消费者的购车欲望，在短期内增加了汽车销量，收取的高额贷款利息还增加了汽车公司的利润，但也产生了巨大的金融隐患。统计资料显示，目前美国汽车金融业务开展比例在80%~85%以上。过于依赖汽车消费贷款销售汽车的后果是：名义上通用汽车卖掉了几百万辆汽车，但只能收到一部分购车款，大部分购车者会选择用分期付款方式来支付车款。一旦购车者收入状况出现问题（如失业），汽车消费贷款就可能成为呆账或坏账。金融危机的爆发不仅使汽车信贷体系遭受重创，很多原本信用状况不佳只能从汽车金融公司贷款的购车者也因收入减少、失业、破产等原因无力支付贷款利息和本金，导致通用汽车出现巨额亏损。

4. 资产负债糟糕。通用公司2009年2月提交给美国政府的复兴计划估计，为期两年的破产重组，包括资产出售和资产负债表的清理，将消耗860亿美元的政府资金，以及另外170亿美元已陷入困境的银行和放款人的资金。放款人及美国政府担心他们的借款得不到偿还。他们的恐惧有充分的理由。贷款安全是建立在抵押品安全的基础之上的，而通用汽车的抵押品基础正在削弱。

5. 油价上涨。新能源、新技术的开发费用庞大，却没有形成产品竞争力；通用旗下各种品牌的汽车尽管车型常出常新，却多数是油耗高、动力强的传统美式车，通用汽车依赖运动型多用途车、卡车和其他高耗油车辆的时间太长，错失或无视燃油经济型车辆走红的诸多信号。

【想一想】
作为商业银行的客户，你的哪些因素会给商业银行带来风险？

二、内部风险

客户内部风险是指由客户内部存在的各种不确定性因素而引发的风险。每个客户都有其自身独特的特点，从规模到产品、从组织结构到经营策略，都可能存在潜在的风险因素，都可能给客户的经营带来风险和损失。对银行客户经理来说，不可能对客户的每一项经营决策都参与，这就增加了对客户风险监控的难度。客户内部风险主要分为客户经营风险和客户管理风险两种。

（一）客户经营风险

客户经营风险是指客户在生产经营过程中可能遇到的风险。客户的生产规模、发展阶段、经营策略、产品性质与特点、原材料采购、产品的生产与销售等环节构成了客户经营的全部内容，这些环节的任何一点出现问题都会给客户的经营带来风险。

（1）客户规模带来的风险。一个客户的规模合理与否并不仅仅从绝对数量上去衡量，而是必须结合本身的产品情况、发展阶段及所在行业的发展状况，并与同行业的其他企业相比才能得出结论。在合理的经营策略之下，规模越大、市场份额也就越大，对市场的影响力或控制力也就越强，客户发展也就越稳定。

（2）客户的不同发展阶段所带来的风险。一般来说，新兴客户发展速度快，不稳定因素较多，经营前景较难预测，面临的风险也较高；成熟客户发展平稳，对市场的理解和把握有较丰富的经验，但技术更新的要求和市场需求的转变与升级同样使客户面临风险。

（3）产品多样化程度带来的风险。多样化经营的主要目的在于寻求品种效益和分散市场风险，多样化程度体现着客户的经营实力和成熟程度。产品单一的客户，目标消费群较为单一和集中，市场需求变化与客户总体绩效的关联程度高，因而客户面临的风险较为集中；产品多样化程度较高的客户，在分散市场风险的同时，也面临着许多市场经营的风险，如果处理不好可能使客户总体经营面临风险。

（4）经营策略的风险。客户大多都会为自己制定明确的近期、中期和远期经营目标，客户经营目标合理与否及执行情况如何，直接关系着客户的经营前景。如果制定的经营目标脱离实际或者在执行中偏离方向，都可能给客户带来风险与损失。

（5）产品风险。产品性质和与之相关的社会消费特征也会给客户带来经营风险。客户的产品分为生产性产品和消费性产品。生产和销售生产性产品的客户受国际经济形势和社会投资需求的影响很大。生产和销售消费性产品的客户面临着激烈的市场竞争，如果不具备很强的市场竞争力，客户就面临着较大的经营风险。

（6）购买风险。指客户在采购环节出现问题而使客户面临的风险。客户的购买风险主要包括原材料价格风险、购货渠道风险、购买量风险。如果客户能很好地影响供应商的销售价格、有很多的进货渠道并能根据生产进度确定恰当的进货量，则表明其面临的风险较小。

（7）生产风险。客户在生产环节出现的风险主要包括：第一，连续性风险。在生产过程复杂、生产环节繁多时，从原材料的供应到产品的生产再到产品的销售，构成了客户经营的整个流程，每一环节出现滞留不畅，都会造成生产的中断，给客户经营带来风险。第二，技术更新风险。第三，灾难风险。客户经营过程中遇到的无法预测的灾难性、突发性事件，如洪水、地震、水灾等，会对客户尤其是实力较低的客户带来灾难性影响。第四，环境保护风险。是指客户的生产可能给自然环境造成污染，直接影响社会整体利益，引起政策或法律的干预和管制，因被迫停产、交纳罚金或增加附加的环保配套设施等造成损失的风险。

（8）销售风险。客户在销售环节出现的风险主要包括：一是销售区域风险。客户根据自己的经营能力选择相应的销售区域，销售区域分布和区域性质选择的合理程度直接关系销售的成效；如果销售区域过于集中，就意味着区域市场的变化与客户销售业绩的关联度高，客户的销售风险就过于集中；如果客户进行新销售区域开发，对陌生市场区域的消费习惯、消费群结构等因素掌握的相对欠缺，也使客户面临着新的风险。二是分销渠道风险和销售环节风险。分销渠道的完备程度体现着客户产品分销的效率。如果客户未能建立起有效的多渠道分销网络，或者对现有的网络缺乏足够的控制力量，不能随时全面调动使用其销售功能，在包装、装载、运输、卸货、出售等任何一个环节发生运转不灵，客户就无法及时向其顾客提供产品与服务，从而影响其声誉，造成营业损失。

（9）财务风险。客户收支状况恶化、财务账面异常、资金周转出现困难等都会导致财务风险。客户的财务风险主要包括借贷风险、货款周转风险、利率风险和汇率风险等。借贷风险的发生有两种情况：客户是借出者（如以委托贷款形式通过银行向其他企业借出资金）和客户是借入者（如从银行贷款）。客户对借出的资金不能按期收回或对借入的资金不能按期归还，都会影响客户资金周转计划的实现，使客户面临财务风险。贷款周转风险则是指客户购买和销售过程中因应收、应付款项出现异常而使客户资金周转计划无法按期实现所带来的财务风险。利率风险是指因为利率的上升直接造成客户财务账面损失而使客户面临的财务风险；汇率风险则主要是针对外向型客户，或者有对外业务的客户而言的。

（二）客户管理风险

公司客户管理体系的许多重要环节如果出现问题，都可能直接影响客户的总体效益，使客户面临管理风险。

（1）组织形式的风险。指客户组织形式的不合理及变动而使客户的盈利能力受影响所带来的风险。由于不同客户的基础条件不同，每个客户应当根据自身条件设计自己的管理体系与组织架构。如果组织形式本身具有缺陷，那么必然会影响客户资源的调配和使用，使客户承担风险和损失。此外,组织结构的变动、增资扩股、股权分拆、兼并、联营、重组等行为如果操作不当,也会对客户的现金流量、盈利能力产生不利影响。

(2) 管理层的风险。指由管理层的素质、经验、经营思想和作风、人员的稳定性等给客户带来的风险。管理层的文化程度、年龄结构、行业管理经验及熟悉程度、知识水平与能力、经营思想与作风等都影响着客户的发展,尤其是管理人员离任、死亡或更换、管理层内部不团结、经营思想不统一、人事变动频繁等会使客户面临较高的风险。

(3) 员工的风险。员工的年龄结构、文化程度、专业技术等素质方面的因素,以及和劳资关系的和谐程度等方面的因素都可能给客户带来风险。

(4) 管理机制的风险。客户内部管理机制是否合理,是否建有科学的决策程序,人事管理政策、质量管理与成本控制、年度计划及战略性远景规划、管理信息系统、财务管理政策与水平等,都在很大程度上影响客户的正常运作和经营成果。

(5) 关联企业的风险。关联企业是指客户的母公司或子公司,以及主要供应商、经销商、零售商等构成生产与销售上游、下游的关联性很强的企业群。关联企业在股权、资金、产品等方面与客户有着密切的连锁关系,其经营状况的变化将间接影响客户的生存与发展。

【知识链接】

关联企业之间关联交易给银行带来的风险

一、关联企业及其运作特点

关联企业是指与其他企业之间存在直接或间接控制关系或重大影响关系的企业,是根据这种关系可能转移资产和利润并从中获取利益的企业。关联企业的形式主要有:企业集团、合营企业、联营企业。其中,企业集团是最典型的关联企业形式,本文也将着重分析企业集团中存在的关联交易。企业集团的运作特点主要表现在以下四个方面:

(1) 企业集团内关联企业投资关系复杂。企业集团的关联企业主要是通过投资链条形成的,投资形式主要有三种:全资、控股和参股。在多元化投资时,集团通常的做法是每有一个新项目就设立一个新公司,这样既能扩大集团规模,又能免受债务牵连。

(2) 企业集团的财务管理模式以集权型为主。多数集团的财务管理集中于集团总部,由集团财务部门对融资和投资进行同一计划安排。通过这种方式可使财务费用得到有效降低,同时也为关联交易创造了有利条件。

(3) 企业集团的发展模式以融资促投资,以投资带融资。企业集团的多元化投资是以其独特的融资能力为基础的,并与其融资能力相互助长。集团控制的关联企业越多,集团可用的借款主体和担保主体就越多,集团可控制的金融资源也越多,融资能力也越强。

(4) 企业集团的融资以银行贷款为主。由于股权融资的成本较高,并且对融资企业的要求较严,因此企业集团更趋向于债务融资,且以银行贷款为主。

二、关联企业交易及其对债权人的危害

关联企业交易是指关联企业之间发生转移资源或义务的事项,是一种不为法律禁止的客观存在。然而,由于关联企业之间存在的特定利益关系,关联交易不可避免地存在着不公平及滥用的巨大风险。因此,关注和规制关联企业交易显得尤为必要和迫切。

关联企业交易的存在,对债权人的利益可能带来以下几个方面的损害:居于被控制或被重大影响的从属公司利益遭到不当损害给债权人带来的损害;关联企业相互投资出现资本虚增给债权人带来的损害;控制公司与从属公司抵消债权给债权人带来的损害;不当增加从属公司负债给债权人带来的损害;关联企业相互担保给债权人带来的损害。

三、目前对集团客户的授信中由于关联交易所带来的风险

从已发生的并造成重大损失的许多案件中发现，一些企业集团及关联企业往往利用相互担保，或者各自独立分别向同一银行或不同银行取得授信，大量套取银行信贷资金。当其中的某一企业或某些企业发生经营和财务问题时，就会使银行的风险突然暴露，形成风险的高度集中和信贷资金的严重损失。银行在集团客户授信中对关联企业交易风险的控制情况目前存在以下问题。一是银行与企业间的信息严重不对称，导致银行的贷前调查、审查容易出现偏差。二是银行对借款人是否按借款合同约定的用途使用贷款缺乏有效的监督机制。三是银行无法完全规避借款人通过关联交易逃废银行债务的风险。

任务二　了解客户风险特征

【案例导入】

银行贷款损失猛于自然灾害损失

1998年，全国共有29个省、直辖市、自治区遭受了不同程度的洪涝灾害。据统计，农田受灾面积3.34亿亩，死亡4 150人，直接经济损失2 551亿元。2007年全国气候异常，降雨严重不均，极端天气事件频发，多灾并发，点多面广，全国直接经济损失达2 363亿元。2008年初低温雨雪冰冻灾害造成107人死亡，直接经济损失1 111亿元。然而，以上的自然灾害损失，对比以下的银行贷款损失，可以说是小巫见大巫了。

1999年中国银行将不良资产按照账面价值剥离给了东方资产管理公司2 674亿元，中国建设银行剥离给信达资产管理公司2 730亿元。4家国有金融资产管理公司共从国有商业银行接收不良资产14 000亿元。2002年底，四大国有商业银行按五级分类口径的不良资产余额又达16 000亿元。2004年5月，中行、建行第二次不良资产剥离，东方、信达共收购了约1 970亿元的损失类贷款。同年6月，中行和建行剥离可疑类贷款2 787亿元。2006年底，4家资产管理公司累计处置政策性不良资产12 102.82亿元。

【想一想】

上述案例反映了风险的什么特征？

从商业银行角度看，其客户风险既具有风险的一般特征，又不同于一般经济风险，主要表现在以下几方面。

一、风险的客观性

风险是一种客观存在，即它的存在与否是人类所无法决定的，它不是以人的意志为转移的。就像我们所熟知的自然灾害、意外事故、生老病死及决策失误等风险。尽管我们知道这些风险的存在，也能够部分地控制它们，但我们无法完全消除它们。即风险是无法完全控制和排除的。就风险的发生而言，它是有一定的规律性的，而这种规律性又为我们提供了认识风险、评估风险和进行风险管理，从而将风险所造成的损失降到最低的可能性。

二、风险的损害性

一般的风险（投机风险除外）发生会给客户的生活带来损害（或称损失），其通常表现

为客户经济收入上的减少，或支出增加，或两者兼而有之。总之，风险的发生将会给客户的生活带来影响。

三、风险的不确定性

风险的不确定性表现为以下几个方面：

1. 空间上的不确定性。

空间上的不确定性是指虽然从统计学的大数法则上讲风险是必定要发生的，但就风险发生的具体地点是不确定的。

2. 时间上的不确定性。

时间上的不确定性是指即便确定某种风险肯定要发生，但发生的确切时间往往是无法确定的。

3. 损失程度上的不确定性。

所谓损失程度上的不确定性是指每次风险事故发生所造成的损失事先是无法预知的。

四、风险的可测定性

所谓可测定性是指抛开就个别客户无法测定的风险事故是否发生的情况，就总体而言，利用数理统计的原理及方法，针对一定时期内特定风险发生的频率和损失情况加以总结和综合分析，依据概率论的原理可得出基本正确的预测结论。

五、风险的连带性

商业银行和客户是利益共同体，任何客户遭受任何风险所造成的损失及后果都必然会给商业银行带来连带的经济损失。

六、风险的不对称性

客户与商业银行对风险和损失的关注程度具有不对称性。客户一般只关心自身的损失，而商业银行不仅要关注自身可能遭受的损失，还要关注客户的风险损失，并应给予扶持和帮助。这是因为在全方位经营的理念下，商业银行必须从长期合作的角度出发，培养和扶持客户，在保证客户正常经营与发展的前提下，维持和扩大银行的客户数量和市场规模，以获取更长远的收益。

【模块训练】

1. 训练主题：充分了解客户内外部风险。
2. 训练步骤：
（1）知识准备，了解客户风险种类和特征；
（2）5位同学一组，选择一个客户进行走访调查，利用一周时间了解其风险因素有哪些；
（3）每组写一份调查报告，由组长总结阐述，小组间相互交流；

(4) 训练效果自我评价、小组互评。

3. 教师点评。

模块二　客户风险分析与识别

【任务描述】

1. 本模块的操作任务。
(1) 认知客户风险结构；
(2) 客户风险评估：非财务因素；
(3) 客户风险评估：财务因素。

2. 完成工作任务的标志性成果。
(1) 能够发现客户存在哪些风险隐患；
(2) 能够对客户存在的各种风险因素进行分析。

任务一　认知客户风险结构

【案例导入】

中国银行：客户结构趋于平衡资产风险未见上升

民生证券研究员李峰于2012年对中国银行进行调研，发现从2011年下半年开始中国银行的客户结构逐渐趋于平衡，中小企业、个人贷款将较快增长。从信贷投向来看，平衡客户结构是未来工作重点。过去公司业务以大客户为主，从2011年开始公司开始逐步平衡客户结构：2011年公司小微企业管理体系已经建立完全，2012年将实现规模性快速增长；中等规模客户业务也已经建立团队，业务开展正在进行中；同时，对小微企业与中等规模客户实行与大客户一样的风险管控。

风险控制严格，资产质量不悲观基于严格的风险控制，公司在房地产贷款、平台贷款及海外资产三方面资产质量控制良好。房地产贷款中，按揭贷出现风险概率较小；开发贷以大客户为主，虽议价能力较差，但还款能力强，风险相对较低，同时回款周期较短，抵押充足。平台贷款审批保守、风控严格，总行设立平台贷款核批团队，进行程序合规性审核；同时，公司平台贷款期限结构较行业整体情况略好，近六成贷款在2016年以后到期，2012~2015年到期压力有限。公司海外资产规模与利润的85%以上在中国香港，公司持有意大利主权债约4.54亿元人民币，并不持有PIIGS主权债，整体受欧债危机影响较小。

一、客户风险的构成

按照经济性质，商业银行的客户可以分为个人客户和法人客户。由个人客户发生的风险而给商业银行带来的风险叫个人客户风险；由法人客户发生的风险而给商业银行带来的风险叫法人客户风险。

二、客户风险的分析与识别

（一）个人客户风险的分析与识别

个人客户风险主要表现为自身作为债务人在信贷业务中的违约，或在表外业务中自行违约或作为保证人为其他债务人/交易方提供担保过程中的违约。商业银行在对个人客户风险进行分析和识别时，应该从个人客户的基本信息和个人客户信贷产品分类及风险两个角度进行分析。

1. 个人客户的基本信息调查。

商业银行在对个人客户风险进行识别和分析时，同样需要个人客户提供各种能够证明个人年龄、职业、收入、财产、信用记录、教育背景等的相关资料。同时，从多种渠道调查、识别个人客户潜在的风险。

（1）借款人的资信情况调查。利用内外部征信系统调查了解借款人的资信状况。重点调查可能影响第一还款来源的因素。

（2）借款人的资产与负债情况调查。

（3）贷款用途及还款来源的调查。

（4）对担保方式的调查。

大部分中资银行要求客户经理填写"贷前调查报告"或"贷前调查表"，呈送个人贷款的审核/审批部门。而国际先进银行已经广泛使用自动受理/处理系统，直接将客户的相关信息输入个人信用评分系统。

2. 个人信贷产品分类及风险分析。

个人信贷产品可以基本划分为个人住宅抵押贷款、个人零售贷款、循环零售贷款三大类。

（1）个人住宅抵押贷款的风险分析。客户经理应关注以下几种风险：

一是经销商风险。主要包括：第一，经销商不具备销售资格或违反规定，导致销售行为、销售合同无效；第二，经销商在履行合同时出现违约，导致购买人（银行客户）违约；第三，经销商在高度负债经营时，存在经销商卷款外逃的风险。

二是"假按揭"风险。"假按揭"是指开发商以商业银行员工或其他关系人冒充客户作为购房人，通过虚假销售的方式套取银行贷款的行为。"假按揭"的主要特征是，开发商利用积压房产套取银行信用，欺诈银行信贷资金。

三是由于房产价值下跌而导致抵押值不足的风险。房地产行业发展周期及政府宏观调控政策对房地产市场价格的影响，可能会导致按揭贷款的客户所购房产的价值波动，如果客户所购房产的价值下跌，就可能会产生抵押值不足的风险。

四是借款人的经济财务状况变动风险。住房按揭贷款的期限越长，借款人经济财务状况变化的可能性就越大。如果由于工作岗位、身体状况等因素导致借款人经济、财务状况出现不利变化而无法按期偿还按揭贷款，而借款人是以其住房作为抵押的，则商业银行的抵押权益在现行法律框架下难以实现，该笔贷款就可能成为不良贷款。

（2）个人零售贷款的风险分析。个人零售贷款可以分为汽车消费贷款、信用卡消费贷款、助学贷款、留学贷款等。个人零售贷款虽然品种不尽相同，但面临的个人客户风险却有一定的相似之处。个人零售贷款的风险在于：
- 借款人的真实收入状况难以掌握，尤其是无固定职业者和自由职业者的收入状况；
- 借款人的偿债能力有可能不稳定；
- 贷款购买的商品质量有问题或价格下跌导致消费者不愿履约；
- 抵押权益实现困难。

对于助学、留学贷款，还应当要求学校、家长或有担保能力的第三方参与对助学、留学贷款的担保；对用于购买商品（如汽车）的贷款，商业银行应对经销商的信誉、实力、资格进行分析考察。由于个人贷款的抵押权实现困难，因此应当高度重视第一还款来源。

（3）循环零售贷款的风险分析。目前，我国商业银行尚未真正开展针对个人客户的循环零售贷款业务。根据《巴塞尔新资本协议》，个人循环贷款应满足如下标准：
- 贷款是循环的、无抵押的、未承诺的；
- 子组合内对个人最高授信额度不超过10万欧元（或等值货币）；
- 商业银行必须保证对循环零售贷款采用的风险权重函数，仅用于相对于平均损失率而言损失率波动性低的零售贷款组合，特别是那些违约概率低的贷款组合。
- 必须保留子组合的损失率数据，以便分析损失率波动情况；
- 循环零售贷款的风险处理方式应与子组合保持一致。

【知识链接】

客户的风险属性

一、影响客户投资风险承受能力的因素

（一）年龄

一般而言，客户年龄越大，所能够承受的投资风险越低。

（二）资金的投资期限

如果用于投资的一项资金可以长时间持续进行投资而无须考虑短时间内变现，那么这项投资可承受的风险能力就较强。相反，如果一项投资要准备随时变现，就要选择更安全、流动性更好的产品，那么这项投资可承受的风险能力就较弱。

（三）理财目标的弹性

理财目标的弹性越大，可承受的风险也越高。若理财目标时间短且完全无弹性，则采取存款以保本保息是最佳选择。

（四）投资者主观的风险偏好

投资者主观上可以承受本金损失风险的程度是因人而异的。个人的性格、阅历、胆识、意愿等主观因素所决定的个人态度，直接决定了一个人对不同风险程度的产品的选择与决策。

（五）学历与知识水平

一般来说，掌握专业技能和拥有高学历的人，对风险的认识更清晰，管理风险的能力更强，往往能从事高风险的投资。

（六）财富

绝对风险承受能力由一个人投入到风险资产的财富金额来衡量，而相对风险承受能力由一个人投入到风险投资的财富比例来衡量。

一般地，绝对风险承受能力随财富的增加而增加，因为投资者将更多的财富用来投资，而相对风险承受能力未必随财富的增加而增加。

二、客户风险偏好的分类及风险评估

（一）分类

1. 非常进取型。

非常进取型的客户追求更高的收益和资产的快速增值，操作的手法往往比较大胆，同样，他们对投资的损失也有很强的承受能力。

2. 温和进取型。

温和进取型的客户愿意承受一定的风险，追求较高的投资收益，但是又不会像非常进取型的人士过度冒险投资那些具有高度风险的投资工具。

3. 中庸稳健型。

中庸稳健型的人既不厌恶风险也不追求风险，对任何投资都比较理性，往往会仔细分析不同的投资市场、工具与产品，从中寻找风险适中、收益适中的产品，获取社会平均水平的收益，同时承受社会平均风险。

4. 温和保守型。

温和保守型的客户总体来说已经偏向保守，对风险的关注更甚于对收益的关心，更愿意选择风险较低而不是收益较高的产品，喜欢选择既保本又有较高收益机会的结构性理财产品。

5. 非常保守型。

非常保守型客户往往对于投资风险的承受能力很低，选择一项产品或投资工具首要考虑的是能否保本，然后才考虑追求收益。

（二）个人风险承受能力的评估

1. 评估目的。

风险承受能力的评估不是为了让金融理财师将自己的意愿强加给客户，可接受的风险水平应该由客户自己来确定，金融理财师的角色是帮助客户认识自我，以作出客观的评估和明智的决策。

2. 常见的评估方法。

（1）定性方法和定量方法。定性评估方法主要通过面对面的交谈来搜集客户的必要信息，但没有对所搜集的信息给予量化。定量评估方法通常采用有组织的形式（如调查问卷）来收集信息，进而可以将观察结果转化为某种形式的数值，用以判断客户的风险承受能力。

（2）客户投资目标。金融理财师首先必须帮助客户明确自己的投资目标。

（3）对投资产品的偏好。衡量客户风险承受能力最直接的办法是让客户回答自己所偏好的投资产品。

（4）概率和收益的权衡。第一，确定/不确定性偏好法。第二，最低成功概率法。第三，最低收益法，要求客户就可能的收益而不是收益概率作出选择。

（二）法人客户风险的分析与识别

按照业务特点和风险特征的不同，商业银行的客户可以划分为法人客户与个人客户，法人客户根据其组织形式不同可划分为单一法人客户和集团法人客户。

1. 单一法人客户风险的分析与识别。

（1）单一法人客户基本信息分析。商业银行在对单一法人客户进行风险识别和分析时，必须对客户的基本情况和与商业银行业务相关的信息进行全面了解，以判断客户的类型、基本经营情况（业务范围、盈利情况）、信用状况（有无违约记录）等。

（2）管理层风险分析。重点考核企业管理者的人品、诚信度、授信动机、经营能力及道德水准，具体包括：

- 历史经营记录及其经验；

- 经营者相对于所有者的独立性；
- 经营者的品德与诚信度；
- 影响客户决策的相关人员情况；
- 决策过程；
- 所有者关系、内控机制是否完备及运行正常；
- 领导后备力量和中层主管人员的素质；
- 管理的政策、计划、实施和控制。

（3）行业风险分析。行业风险分析的主要内容有：
- 行业特征及定位；
- 行业周期性分析；
- 行业的成本及营利性分析；
- 行业依赖性分析；
- 行业竞争力及替代性分析；
- 行业成功的关键因素分析；
- 行业监管政策和有关环境分析。

（4）生产与经营风险分析。行业风险分析只能够帮助商业银行对行业整体的共性风险有所认识，行业中的每个企业都有其独特的自身特点。就国内企业而言，存在的最突出的问题是经营管理不善。通常，企业的生产经营风险可以从以下几方面进行分析：
- 总体经营风险，包括企业在行业中的地位、企业整体特征、企业的目标及战略等因素；
- 产品风险，包括产品特征与定位（是不是核心产品）、消费对象（消费对象的分散度与集中度）、替代品、产品研发等；
- 原料供应风险，包括原材料供应渠道的依赖性、稳定性、议价能力、市场动态等；
- 生产风险，包括流程、设备状况、技术状况、劳资关系等；
- 销售风险，包括市场份额、竞争程度、销售量及库存、竞价能力。

（5）宏观经济及自然环境分析。经济环境、法律环境、科技进步及战争、自然灾害和人口等各种自然和社会因素的变化，均可能给借款人带来意外风险，对借款人的还款能力产生不同程度的影响。对宏观经济环境应关注信用环境、GDP增长、货币供应量、收入水平及社会购买力、汇率与利率、贸易政策、价格管制、税收、失业、政府财政支出、通货膨胀及紧缩、外汇政策等。

2. 单一法人客户的担保分析。

担保是指为维护债权人和其他当事人的合法权益，提高贷款偿还的可能性，降低银行资金损失的风险，由客户（借款人）或第三方对贷款本息的偿还或其他授信产品提供的一种附加保障，为商业银行提供一个可以影响或控制的潜在还款来源。担保方式主要有保证、抵押、质押、留置和定金。

（1）保证。在对贷款保证进行分析时，商业银行最关心的是保证的有效性。

①保证人的资格。具有代为清偿能力的法人、其他组织或者公民可以作为保证人。国家机关（除经国务院批准）、学校、幼儿园、医院等以公益为目的的事业单位、社会团体，企业法人的分支机构和职能部门，均不得作为保证人。

② 保证人的财务实力。保证人的财务状况、现金流量、或有负债、信用评级，以及保证人目前所提供保证的数量金额都会影响保证人的偿债能力。

③ 保证人的保证意愿。保证人是否愿意履行责任，以及保证人是否完全意识到由此可能产生的一系列风险和责任。

④ 保证人履约的经济动机及其与借款人之间的关系。

⑤ 保证的法律责任。保证分为连带责任保证和一般保证两种。连带责任保证的债务人在主合同规定的债务履行期届满没有履行债务的，债权人可以要求债务人履行债务，也可以要求保证人在其保证范围内承担保证责任；一般保证的保证人在主合同纠纷未经审判或仲裁，并就债务人财产依法强制执行仍不能履行债务前，对债权人可以拒绝承担保证责任。

（2）抵押。抵押是指债务人或第三方不转移财产的占有，将该财产作为债权的担保。债务人或第三方为抵押人，债权人为抵押权人，提供担保的财产为抵押物。对抵押应注意以下方面：

① 可以作为抵押品的财产的范围及种类。根据《物权法》第180条规定：债务人或者第三人有权处分的下列财产可以抵押：第一，建筑物和其他土地附着物；第二，建设用地使用权；第三，以招标、拍卖、公开协商等方式取得的荒地等土地承包经营权；第四，生产设备、原材料、半成品、产品；第五，正在建造的建筑物、船舶、航空器；第六，交通运输工具；第七，法律、行政法规未禁止抵押的其他财产。

抵押人可以将前款所列财产一并抵押。

② 抵押合同应包括的基本内容：第一，被担保人的主债权种类、数额；第二，债务的期限；第三，抵押品的名称、数量、质量、状况、所在地、所有权权属或者使用权权属；第四，抵押担保的范围；第五，当事人认为需要约定的其他事项等。

③ 抵押物的所有权转移。根据我国《担保法》的规定，订立抵押合同时，抵押权人和抵押人在合同中不得约定在债务履行期届满抵押权人未受清偿时，抵押物的所有权转移为债权人所有。

④ 抵押物登记。

⑤ 抵押权的实现。

（3）质押。质押又称动产质押，是指债务人或第三方将其动产移交债权人占有，将该动产作为债权的担保。在动产质押中，债务人或第三方为出质人，债权人为质权人，移交的动产为质物。对动产质押应注意以下几个方面：

① 出质人和质权人应当以书面形式订立质押合同。

② 质押合同时效。

③ 质押合同应当包括的内容：第一，被担保的主债权种类、数额；第二，债务人履行债务的期限；第三，抵押物的名称、数量、质量、状况、所在地、所有权权属或者使用权权属；第四，抵押担保的范围；第五，当事人认为需要约定的其他事项。

④ 质物的所有权转移。

⑤ 质押担保的范围。

⑥ 质权人对质物承担的权利、义务和责任。

⑦ 债务履行期届满时质物的处理。

（4）留置与定金。留置是指债权人按照合同约定占有债务人的动产，债务人不按照合同约定的期限履行债务的，债权人有权依照法律规定留置该财产，以该财产折价或者以拍卖、变卖该财产的价款优先受偿。留置担保的范围包括主债权及利息、违约金、损害赔偿金、留置物保管费用和实现留置权的费用。留置这一担保形式，主要应用于保管合同、运输合同、加工承揽合同等主合同。定金是指当事人可以约定一方向对方给付定金作为债权的担保。

【即问即答】
 1. 个人住宅抵押贷款的经销商风险还有其他表现形式吗？
 2. 银行对各类担保方式的管理要点在哪儿？
 3. 集团法人客户风险的分析与识别。
（1）集团法人客户的整体状况分析。商业银行的集团法人客户是指企业集团法人客户。企业集团是指相互之间存在直接或间接控制关系，或其他重大影响关系的关联方组成的法人客户群。确定为同一集团法人客户内的关联方可称为成员单位。

本书所述的集团法人客户仅指非金融机构类集团法人客户，但企业集团财务公司或其他金融机构纳入集团法人客户统一管理。金融控股公司中的商业银行不纳入集团法人客户管理范畴。商业银行可以参照前述的单一法人客户分析方法，对集团法人客户的基本信息、经营状况、财务状况、非财务因素，以及担保等整体状况进行逐项分析，以识别其潜在的信用风险。但集团法人客户的状况通常更为复杂。其中，对集团内关联交易的正确分析和判断至关重要。

关联交易是指发生在集团内关联方之间的有关转移权利或义务的事项安排。关联方是指在财务和经营决策中，与他方之间存在直接或间接控制关系或重大影响关系的企、事业法人。国家控制的企业间不应当仅仅因为彼此同受国家控制而成为关联方。

分析企业集团内的关联交易时，首先应全面了解集团的股权结构，找到企业集团的最终控制人和所有关联方，然后对关联方之间的交易是否属于正常交易进行判断。商业银行发现客户的上述行为时，应当注意分析和判断其是否属于集团法人客户内部的关联方。此外，在识别和分析集团法人客户信用风险的过程中，商业银行还应当尽量做到以下几点：

- 充分利用已有的内外部信息系统；
- 与客户建立授信关系时，授信工作人员应当尽职受理和调查评价；
- 识别客户关联方关系时，授信工作人员应重点关注；
- 集团法人客户的识别频率与额度授信周期应当保持一致；
- 在定期识别期间，集团法人客户的成员单位若发生权属关系变动，导致其与集团的关系发生变化；
- 对所有集团法人客户的架构图必须每年进行维护，更新集团内的成员单位。

（2）集团法人客户的风险特征。集团法人客户风险通常是由于商业银行对集团法人客户多头授信、盲目过度授信、不适当分配授信额度，或集团法人客户经营不善，或集团法人客户通过关联交易、资产重组等手段，在内部关联方之间不按公允价格原则转移资产或利润等原因造成的。集团法人客户的风险包括以下几种：

① 内部关联交易频繁。集团法人客户内部进行关联交易的基本动机是实现整个集团公

司的统一管理和控制，或者是通过关联交易来规避政策障碍和粉饰财务报表。关联交易的复杂性和隐蔽性使得商业银行很难及时发现风险隐患并采取有效控制措施。

② 连环担保十分普遍。集团法人客户内部的成员单位通常采用连环担保的形式申请银行贷款，虽然符合相关法律的规定，但一方面，企业集团频繁的关联交易孕育着经营风险；另一方面，风险通过贷款担保链条在企业集团内部循环传递、放大，贷款实质上处于担保不足或无担保状态。

③ 财务报表真实性差。现实中，企业集团往往根据需要随意调节合并报表的关键数据。例如，合并报表与承贷主体报表不分；制作合并报表未剔除集团关联企业之间的投资款项、应收/应付款项等。这就使商业银行很难准确掌握客户的真实财务状况。

④ 系统性风险较高。为追求规模效应，一些企业集团往往利用其控股地位调动关联方资金，并利用集团规模优势取得大量银行贷款，过度负债，盲目投资，涉足自己不熟悉的行业和区域，很可能引发关联方"多米诺骨牌式"的崩溃，引发系统性风险并造成严重的信用风险损失。

⑤ 风险识别和贷后管理难度大。由于集团法人客户经营规模大、结构复杂，商业银行很难在短时间内对其经营状况作出准确的评价，增加了商业银行贷后管理的难度。

【知识链接】

招商银行重庆分行集团客户风险管理办法（节选）

第二章 管理范围和职责分工

第七条 分行风险控制部主要职责：

1. 推动、组织分行开展集团客户管理的总体工作。
2. 审核对集团客户的认定。
3. 审批对集团客户的综合授信和内部信用限额。
4. 统一整理和发布集团客户的信息。

第八条 分行信贷管理部主要职责：

1. 组织、管理和实施对集团客户的贷后管理工作。
2. 统计分析集团客户信贷业务规模和结构。
3. 统一发布集团客户风险预警提示，研究确定风险控制对策。

第九条 分行公司银行部主要职责：

1. 组织、管理分行对集团客户的客户关系维护、信贷调查、贷后管理。
2. 牵头发起对具体集团客户的综合授信、内部信用限额的工作，直接主办或指定某一支行主办，带领协办支行开展各项工作。
3. 统一管理综合授信额度的使用和运作，在支行之间进行额度分配、调剂和控制。
4. 为风险控制部提供集团客户信息资源，并协助其开展其他集团客户管理工作。

第十条 支行（营业部）主要职责：

1. 执行并实施分行集团客户管理政策和各集团客户的具体政策，风险控制部、信贷管理部和公司银行部按照本办法规定的职责开展各项集团客户管理工作。
2. 被分行公司银行部指定为集团客户的主办支行（营业部），履行主办职责，带领协办支行开展综合授信和内部信用限额各项工作；对没有被指定为集团客户的主办支行（营业部），履行协办职责，配合主办支行开展工作。

第十一条 主办支行（营业部）的确定规则：

1. 对下列任一类型的集团，一般由分行公司银行部主办：
(1) 分行直接营销和关系维护的集团客户；
(2) 对分行具有特别战略意义的集团客户；
(3) 分行认为应由分行主办的集团客户。
2. 除上述分行主办的集团客户外，对其他集团客户，由分行公司银行部按照如下规则指定一个支行（营业部）为主办单位：
(1) 集团总部在我行某一支行有信贷业务，原则上由该支行承担主办职责。
(2) 集团总部在我行没有信贷业务的，原则上由信贷业务最大的支行承担主办职责。
(3) 分行公司银行部可根据实际情况，突破上述两个原则，按照有利于管理的要求，指定任一认为最合适的支行承担主办职责。
3. 与集团客户有信贷业务的支行，没有被指定为主办单位的，均为协办单位。

第十二条 主办单位的主要职责：
1. 在集团客户认定工作中，对集团客户关联关系信息搜集承担主要职责。
2. 综合授信工作中，组织协办支行开展各项工作；负责对集团客户整体及自身经办企业的信贷调查和贷后管理；负责提出集团客户综合授信的申报。
3. 在内部信用限定管理中，提出集团客户整体信用限额的建议和申报。
4. 在信息管理中，组织协办支行开展信息搜集工作；负责对集团客户整体和自身经办企业的信息搜集。
5. 在风险预警和对策中，负责对集团客户整体和自身经办企业的风险预警信号的监测；负责针对预警信号提出对策意见，上报分行信贷管理部，并按照分行统一部署落实相应措施。

第十三条 协办单位的主要职责：
在所协办的集团客户，按照主办单位统一部署，对自身所经办的企业实施信贷调查、贷款经办、贷后管理、信息搜集、风险预警和对策等各项具体工作。

第三章 内部信用限额

第十四条 集团客户的内部信用限额是指针对一个集团客户整体核定一个最高信用限额，用以控制集团所有企业在我行所有支行的信贷总体规模。最高信用限额为银行内部核定，不与企业签订正式的授信协议，不告知企业。

第十五条 对某一集团进行限额核定时，应按照一般信用分析方法，测算集团整体债务承担能力后确定集团的内部信用限额。具备完整信用分析充分信息条件的，应在完整、规范地对集团客户财务和内外各项非财务因素分析的基础上，核算集团客户整体可承担债务的最大限额，扣除集团除我行以外的其他债务后，核定出我行内部信用限额。对不具备信用分析充分信息条件的，可参考下列约束条件核定信用限额，即保证在我行核定信用限额且假设全部使用占满后，这些指标不会突破：
1. 资产负债率的约束，保证集团合并报表的负债合计/资产合计的比例不会超过60%。
2. 刚性负债率的约束，保证集团合并报表的（短期借款＋1年内到期的长期借款＋长期借款）所有者权益的比例不会超过100%。
3. 流动性的约束，保证集团合并报表的流动比不会低于1.5；速动比不会低于0.8。
4. 借款与经营规模的约束，保证集团合并报表的贷款总量年度销售收入的比例不会超过50%。
5. 我行贷款适度性的约束，保证集团合并报表中，我行贷款总量年度销售收入的比例不会超过30%；我行贷款总量所有者权益的比例不会超过50%。

第十八条 对集团客户的信用限额有效期为1年。有效期内，除低风险业务不列入外，我行任一支行与集团任何企业之间的信贷敞口均受此约束，信用敞口余额总量不得超过信用限额。对已经给予综合授信的集团客户，如果同时核定了信用限额，则该信用限额发生效力；如果没有核定信用限额，或原核定信用限额小于综合授信额度，则综合授信额度自动成为信用限额而发生效力。

第四章 综合授信

第十九条 综合授信是指我行与集团客户正式签订授信协议,对集团内所有企业核定一个总体授信额度,供有关支行对集团内所有有关企业开展业务,该集团内所有企业在我行的贷款规模受总额度约束,不得突破。需改变额度,或改变条件的,应重新核定综合授信额度。

第二十条 对认定为我行集团客户的企业群组,具备信贷条件的,均应争取进行综合授信,实行统一授信管理。具备下列任一条件的,原则上进行综合授信:

1. 在我行信贷业务较大的集团。信贷业务超过6 000万元(不含低风险业务)。此金额将根据实际情况随时由分行调整。
2. 内部企业之间风险关联性较强的集团。
3. 具有易产生系统性风险特点的集团。如民营资本控股或控制的集团,连锁商业企业构成的集团,经营多元化程度高、规模扩张快的集团,资本运作活跃、收购兼并题材突出的集团等。

第二十一条 进行综合授信时,一般应事先明确借款主体。借款主体应选择优质企业,重点为从事集团主营业务的核心企业。总公司自身经营主业,有直接经营活动现金流量的,可作为借款主体;总公司自身无重大主营业务,主要从事股权投资和运作的,一般不作为借款主体。对管理高度集约、总公司有很强财务掌控力的集团,可不事先明确借款主体,由总公司统配使用,但总公司必须对所有企业的授信使用提供连带担保责任。

第二十二条 集团客户综合授信应遵循下列调查、申报和审批程序:

1. 调查。

(1) 主办支行制订信贷调查方案,向协办支行安排调查任务。主办支行应指导协办行开展调查,并督促各协办支行调查落实,协调各协办行之间的关系,控制时间进度等。协办支行密切配合主办支行,完成主办支行安排的调查任务。

(2) 主办支行和协办支行各自实施信贷调查,主办支行主要对集团整体和所经办企业进行调查,协办支行主要对所经办企业进行调查。

(3) 协办支行向主办支行提交信贷调查结果,主办支行整理出对集团整体信贷调查结论。

2. 申报 主办支行撰写综合授信调查报告(并附协办支行的调查报告),准备相关材料(附协办支行相关材料),向分行风险控制部申报授信项目。

3. 审批 分行风险控制部经初审、复审,并经分管行长审批后,提交风险控制委员会审批。

第二十三条 对集团客户的调查和审查,除遵循一般信贷业务有关规定外,还应重点强调以下内容:

1. 集团背景、资本积累和经营历史、组织架构和管理方式。
2. 集团产业分布和比重、战略发展规划,当前重点投资项目。
3. 集团整体、各产业、各核心企业的经营财务情况。
4. 集团内企业之间资金往来、产品供销等关联交易情况。
5. 对集团分析评价和风险揭示。

第五章 信息管理和风险预警

第二十六条 分行信贷管理部和公司银行部分别将各自工作中搜集的集团客户行外信息和行内信息,提交给风险控制部,由风险控制部统一整理、分类后发布,供分行有关人员共享。

第二十七条 集团客户信息预警揭示和风险对策由分行信贷管理部统一管理。分行各级部门均可提出预警提示的申请,由分行信贷管理部分析、整理、分类后,统一发布。因保密、时效等各种原因导致不宜公开发布方式,在适宜范围内发布。风险对策由信贷管理部牵头,与风险控制部、公司银行部及有关支行协商研究作出。

任务二 客户风险评估：非财务因素

【案例导入】

A公司是H市一家知名的外商独资企业，由于开业后经营形势较好，加上据称拥有雄厚的外资背景，深受H市地方政府和金融机构追捧。在众多竞争者当中，D银行经过调查，了解到A集团在台湾、香港、深圳、漯河、太仓、张家港等地都注册有公司，公司经营范围包括进出口贸易、制药、化纤、纺织等领域，经营规模均较大，都是当地比较知名的外商投资企业，确认A公司实力雄厚；而且，根据A公司财务报告，对其进行的财务因素分析和现金流量分析，结果非常理想。1998年底，D银行决定与A公司建立紧密合作关系，向A公司贷款700万元，以A公司房地产加设备抵押。由于A集团和A公司实际上主要是台湾X氏的家族公司，公司生产、销售、经营管理、财务等活动均高度依赖X氏夫妇，其他人员根本对公司决策产生不了影响。1999年8月，X氏因涉嫌犯罪被刑事拘押，后来其妻XC氏也被收审。结果A集团在大陆投资的所有企业几乎在一夜之间完全陷于停顿。

点评：D银行只注重对A公司的财务分析、现金流量分析，而忽视了对其进行非财务因素分析，如A公司的法人治理结构、关联企业、管理能力等，结果还是造成贷款损失。

目前对于银行客户非财务因素还没有建立起一个公认的完整体系，国际上通常遵循5C原则，即借款人的品格（Character）、能力（Capacity）、资本（Capital）、担保（Collateral）、环境（Condition）。在此基础上，结合国内各大商业银行操作的实际情况，将客户非财务分析体系归纳为以下五大方面：

一、管理环境的分析

作为社会经济的微观单位，客户不可避免地与外界环境保持着密切的联系，同时也受到外界环境的制约，因此对客户外部环境的分析是保证业务成功的首要因素。管理环境主要包括：

（1）一般环境。主要涉及政治、经济、社会、技术等方面，这些因素的变化都不是借贷双方所能控制的，但它对借款人还款能力的影响有时可能相当大。不同的行业对一般环境的敏感程度是不同的。如美国"9·11"事件发生后，一些行业如民航、保险都受到了巨大的冲击，而另外一些如咨询、制造业等基本不受影响。因此对于不同行业的贷款，应区别对待。

（2）任务环境。客户的任务环境与一般环境共同构成了客户的外部环境。与一般环境相比，任务环境更加具体而且直接。任务环境主要涉及客户产业链上的各个主体，包括资源供应方、企业产品或服务提供方、竞争对手、政府管理当局，以及其他相关利益组织或个体。任务环境的好坏直接影响客户的生存与发展，这就要求银行必须进行充分了解后才能进行贷款决策。

【知识链接】

极端损失事例

1. 政治风险。包括战争、军事行动、政局动荡、种族冲突、恐怖活动等。2001年9月11日，美国遭受国际恐怖分子袭击，导致航空运输、商业贸易、旅游娱乐、保险和银行等行业的巨大损失。

2. 经济风险。社会经济衰退甚至恶化，通货膨胀或紧缩，利率与汇率大幅变动等，都可能对银行资产造成损失。如1997年亚洲金融危机，对我国的外贸出口企业造成重大影响，从而导致当时银行对外贸行业的贷款出现大量逾期和坏账。

3. 自然风险。我国幅员辽阔、气候多样，火灾、雪灾、洪涝、台风、地震等灾害时有发生，造成严重的生命财产损失，同时，也导致银行贷款损失大幅上升。2008年初，我国南方大部分地区遭受几十年不遇的特大雪灾，5月12日四川汶川发生百年不遇的强烈地震，这些都造成国民经济的巨大损失。

二、企业核心竞争力

企业在市场上的表现及将来的还贷可能性归根结底是由企业所拥有的核心竞争力决定的。所谓核心竞争力，概括说来就是企业保持持续市场竞争优势、无法被竞争对手轻易模仿的能力，包括企业开发的独特产品、独特的技术和独特营销手段等。对于银行而言，衡量企业核心竞争力应着眼于企业的不可模仿性和战略性，因为一旦企业形成了某种核心竞争力，将会在较长时间内在同行内形成优势，从而使对这些企业的贷款的保险系数大大增加。具体而言，衡量指标可大致分为：

（1）企业战略实施情况。主要指企业经营战略的有效性，客户战略实施情况，包括客户形象策略、资源利用策略、组织策略、投资策略等效果情况。

（2）市场占有率。指销售收入（营业额）在同行业总销售额中所占比率。

（3）技术装备水平。企业技术、装备或经营设施是否先进。

（4）产品替代性。被其他行业或其他产品替代的可能性。

（5）行业壁垒。他人进入此行业所需的资金、技术和政策壁垒情况。

（6）议价能力。企业对上、下游客户的价格谈判地位和能力。

（7）融资能力。企业在资本市场、货币市场的筹资能力。

【补充阅读】

企业核心竞争力的构建

营造企业竞争优势，构建企业核心竞争力，必须做好以下几个方面的工作：

1. 开发企业核心竞争力。

构建企业核心竞争力，就是要将潜在的核心能力转化成现实的核心能力。核心竞争力作为企业能力中最根本的能量，是企业成长最有力、最主要的驱动力，它提供竞争优势的源泉。因此，开发核心竞争力，首先，要明确战略意图。核心竞争力突出体现着企业的战略意图，企业在全面、深入地分析市场未来趋势的基础上，通过特定的发展战略形式的拟定，确定企业的战略目标，明确企业核心能力的技术内涵，如何将核心竞争力实现为核心产品。其次，建立合理战略结构。企业根据既定的战略意图，协调管理人员的工作，优化配置企业的各种资源。设立相应的协作组织，平衡内部资源的分配，同时更有效吸收企业外部的可用资源。再次，实行战略实施。企业根据既定的战略意图和战略结构，具体组织开发核心竞争力，对开发进行实时控制。20世纪70年代，Neck公司就意识到计算机与通信相结合是未来通信业的发展方向，据此指定C&C（计算机与通讯）战略，调整战略结构。企业决策层专门成立C&C委会，监督核心能力和核心产品的发展。从而，Neck在该领域抢得先机。

2. 维护和巩固企业核心竞争力。

核心竞争力是通过长期的发展和强化建立起来的，核心能力的丧失将给企业带来无法估量的损失。如通用、摩托罗拉公司从1970~1980年先后退出彩电行业，丧失了该部分的核心竞争力，则必然失去了企业在影像技术方面的优势。显然，企业必须通过持续、稳定的支持、维护和巩固企业的核心竞争力，确保企业核心竞争力的健康成长。

（1）实施企业战略管理。企业通过对本行业的专注和持续投入、精心培育核心竞争力，把它作为企业保持长期充分的根本战略任务，从时间角度看，培育核心竞争力不是一日之功，它必须不断提炼升华才能形成。巨人集团起初所选择正确的战略模式，把软件技术这个核心竞争力作为根本战略来构建，所以取得空前成功。后来，企业匆匆进入房地产和保健品产业，分散了公司的资源，削弱了核心竞争力，最终导致"巨人"倒下。

（2）加强组织管理体系的建设。客观上，随着时间的推移，企业核心能力可能会演化为一般能力。这就要求企业安排专职管理队伍全面负责，加强各部门沟通。将各种分散的人力和技术资源组织起来，协同工作，形成整体优势。定期召开企业核心竞争力评价会，保持企业核心竞争力的均衡性。

（3）信息体系的培育。企业在整个生产经营过程中，不断收到来自企业内外的各种信息。信息作为重要的战略资源，其开发与利用已成为企业竞争力的关键标志。企业更多、更早获取信息，并在组织内部准确、迅速地传递和处理，是巩固企业核心竞争力的基本条件。

（4）知识技能的学习和积累。要让企业核心竞争力永不削弱，企业员工的个人知识技能，整体素质与知识技能结构尤为重要。通过各渠道培训员工技能，积累企业的技术和管理经验，是企业在市场竞争中能够凭借的优势之一。

3. 再创新的核心竞争力。

（1）增强企业再研发能力。企业要生存，就不断开发新产品。这要求企业不断增强研究与开发能力，满足顾客不断变化的需求。增强研发能力是企业核心竞争力提升、发展的动力。当然，企业再研发必须以核心竞争力为基础，在资源共享前提下展开。

（2）寻找培育核心竞争力的新生长点。在自身核心竞争力的基础上，寻找新的生长点。并把生长点培育成企业的核心竞争力。通过企业管理、技术、营销人员，细分市场，找出本企业产品领先的竞争优势所在，对构成上述优势的技术和技能进行分解、归纳。经界定测试，确定为核心竞争力的生长点。借用科研机构、高等院校科技优势建立研究与开发联姻关系，引进相关的技术人才，将该生长点培育成企业核心竞争力。

（3）塑造优秀的企业文化和价值观。以价值观为核心，激发员工责任心和创造性是提高企业集体效率的一项基础管理工作。企业的软件就是培育和强化企业文化。一个企业能否不断发展，持续巩固和创新企业核心竞争力、员工的价值观、企业经营理念至关重要。台湾电子巨头房基公司，它的成功很大程度上得益于建立了一套人性本善的人性管理，平实务本，顾客为首、贡献智慧。

总之，在知识经济时代，企业核心能力成为商业竞争优势之源。构建合理的企业核心竞争力，成为企业发展的基石。国外许多成功企业，在经营过程中早已把企业核心竞争力作为战略决策的前提。当前，我国越来越多的企业也重视这一趋势，积极完善企业核心竞争力，制定长期规划，体现自身的竞争优势，只有这样，才能使企业在激烈的市场竞争中立于不败之地。

三、企业经营管理水平

企业的经营过程中充满着风险，无论贷前、贷中还是贷后，银行都必须对企业管理水平密切关注，其中尤为重要的是企业的核心领导层素质。无数案例告诉我们，一个优秀的领导组织往往能在关键时刻扭转逆势，而一个不恰当的领导组织也能将蒸蒸日上的企业搞垮。对于企业经营管理水平的考核可以从以下几方面着手：

（1）领导者素质。包括个人领导魅力、可信任度、专业学历、荣誉情况、开拓创新、领导班子稳定程度等。

(2) 员工素质。包括员工专业化程度、培训情况、稳定性等。

(3) 组织制度。包括企业产权关系、法人制度是否明晰、组织机构是否完善等。

(4) 决策机制。企业管理宗旨是否得到员工和社会的认同，决策组织、决策程序是否积极、有效等。

(5) 人事管理。包括任免机制、奖惩制度、培训制度等。

(6) 财务管理。财务制度是否健全，财务报表是否可信等。

四、发展前景分析

银行对企业的信贷业务合作是一种远期收益，其风险也由此而来。因此企业的发展前景对于银行十分重要。具体而言，企业发展前景可分为：

(1) 企业所属周期。包括企业所处行业的发展阶段，企业主要产品所处的寿命周期，以及企业发展所处寿命周期。

(2) 政策支持情况。是否有中央政策及地方政府政策上的支持。

(3) 股东支持情况。股东实力及支持情况。

(4) 销售分销渠道。是否拥有有效且可靠的分销渠道和物流能力。

五、信誉状态分析

企业的信誉对经营风险的银行意义毋庸置疑，经营再好的企业，如果信誉不佳，也将给银行带来信用风险。企业的信誉状态可以从历史贷款质量、贷款付息情况和存贷比这三项指标中反映出来。目前国有商业银行通常会在贷款前，到央行企业贷款资料库中调取所需企业历史资料，根据这些资料作出判断。由于企业贷款资料库通常只对一些国有企业进行存档，对于那些民营企业或新成立的企业的信誉资料的收集及分析有待于进一步探讨。

此外，企业信誉中还有一个十分重要的因素，即企业担保情况。这包括企业贷款所获得的外界担保情况，同时也包括企业自身对他人所做的担保情况。对于前者，银行自然希望担保质量越高越好，而对于后者，银行则要密切关注，因为一旦该企业由于他人还账而必须履行担保义务时，将会对企业的经营业绩及资产负债产生很大影响。

任务三 客户风险评估：财务因素

【案例导入】

蓝田神话的倒塌

一、资产规模扩张和公司业绩的情况及疑点

(一) 资产规模扩张和公司业绩的情况

蓝田股份（600709）于1996年发行上市，从公布的财务报告来看，该公司上市后一直保持着优异的经营业绩：总资产规模从上市前的2.66亿元发展到2000年末的28.38亿元，增长了近10倍；上市后净资产收益率始终维持在极高的水平，1998年、1999年和2000年分别高达28.9%、29.3%和19.8%，每股收益分别为0.82元、1.15元和0.97元，位于上市公司的前列。

（二）资产规模扩张和公司业绩的疑点及具体分析

公司历年报表内的在建工程、固定资产、累积折旧等项目，主要存在以下几点问题：

1. 在建工程工期拖延，支出超预算。

如公司自募资金项目——莲花酒店二期工程，1996年就开始施工一直到2000年末尚未完工，仍挂在在建工程项目上。又如洪湖菜篮子二期工程，原预算2亿元，但截至2000年末，公司已累计在此项目上投入4.17亿元（包括该工程的细分项目），超支100%。对于这些异常，公司还未作出合理解释。

2. 工程及固定资产项目分类混淆。

公司对工程项目的分界较为模糊，经常在费用支出的归属上混淆，1999年和2000年年报内多次出现调整在建工程、累计折旧项目账面金额的现象。

3. 固定资产折旧年限过长。

固定资产折旧年限延长，会降低每年应摊的折旧费用，从而提高早期年度的利润。根据蓝田2000年年报信息，该公司以前年度制定的折旧年限过长，2000年依据《农业企业财务制度》，大幅度缩短了一些固定资产的年限，增提了巨额折旧，致使当期利润比原折旧政策下估算的利润减少4 800万元。值得指出的是《农业企业财务制度》1993年就开始实行，为何公司当初不依照执行？以往年度折旧年限过长对这些期间的利润产生多大影响，公司年度报告也未作说明。

二、公司收入的情况及疑点

2000年3月，蓝田股份总经理瞿先生曾公开说：洪湖有100万亩水面可以开发，蓝田股份现在只开发了30万亩，而高产值的特种养殖鱼塘面积只有1万亩，这种精养鱼塘每亩产值可达3万元，是粗放经营的10倍，开发潜力非常巨大。

1. 应收账款怎么会如此之少？

公司2000年销售收入18.4亿元，而应收账款仅857.2万元。2001年中期这一状况也未改变：销售收入8.2亿元，应收账款3 159万元。在现代信用经济条件下，无法想象，一家现代企业数额如此巨大的销售，都是在"一手交钱，一手交货"的自然经济状态下完成的？其水产品销售，不可能是直接与每一个消费者进行交易，必然需要代理商进行代理，因此水产品销售全部"以现金交易结算"的说法是难以成立的；而销售收入达5亿元之巨的野藕汁、野莲汁等饮料，不可能也是以现金交易结算的吧？

质疑一：看不到野藕汁卖，何来上亿元的利润。蓝田股份年报显示，公司的蓝田野藕汁、野莲汁饮料销售收入达5亿元之巨。在一般人的眼里，全国应该到处都卖蓝田野藕汁、野莲汁，而且很热销，并没有看到这种热销场面，甚至在当地市场根本没有见过野藕汁，看到的只是中央电视台连篇累牍的广告。

2. 融资行为为何与现金流表现不符？

2001年中报显示，蓝田股份加大了对银行资金的依赖程度，流动资金借款增加了1.93亿元，增加幅度达200%。这与其良好的经营现金流表现不太相符。按照公司优秀的现金流表现，自有资金是充足的，况且其账上尚有11.4亿元的未分配利润，又何以会这样依赖于银行借贷？2000年该公司实现经营性现金净流量7.86亿元，而投资活动产生的现金流量则为-7.15亿元（绝大部分是固定资产投入），这两个数字极为相近，这是巧合吗？

3. 产品毛利率怎么会如此之高？

2000年年报及2001年中报显示，蓝田股份水产品的毛利率约为32%，饮料的毛利率达46%左右（身处同行的深深宝的毛利率约20%，驰名品牌承德露露毛利率不足30%）。从公司销售的产品结构来看，以农产品为基础的相关产品，都应是低附加值商品，一般情况下，这种产品结构的企业，除非是基于以下几种情况才会有如此高的毛利率：

（1）产品市场被公司绝对垄断，产品价格由公司完全控制；

(2) 产品具有超常低成本的优势。从实际情况看,以公司现有的行业属性、市场环境、产品技术含量等方面进行评估,达到这样高的盈利水平的可能性有多大?

4. 巨额广告费用支出哪里去了?

公司2000年的野藕汁、野莲汁等饮料的销售收入达到5亿多元,而其中仅3 590万元是通过集团公司遍布于全国的销售网点销售的,仅占股份公司销售量的1.9%,2001年中报显示的情况也基本如此。而野藕汁、野莲汁在中央电视台投放的巨额广告费用应该是由"中国蓝田总公司"投放的,因为在股份公司的报表中找不到巨额的广告费用支出。这里是否存在着虚增股份公司利润的嫌疑?

5. 职工每月收入仅100多元?

从现金流量表"支付给职工及为职工支付的现金"栏中看出,2000年度该公司职工工资支出为2 256万元,以13 000名职工计,人均每月收入仅144.5元,2001年上半年人均收入为185元。如此低廉的收入水平,对于员工30%以上为大专水平的蓝田股份职工,对于历年业绩如此优异的蓝田股份而言,合乎情理吗?

三、神话的终结

2002年元月21日、22日,生态农业(原蓝田股600709)的股票突然被停牌,市场目光再次聚焦到这只曾经备受关注的"绩优神话股"。停牌也许仅仅是个开端。高管受到公安机关调查、资金链断裂,以及受到中国证监会深入进行的稽查,似乎预示着这只绩优股的神话正走向终结。生态农业(原蓝田股份)董事会发布公告说,早在一星期前,即2002年1月12日,该公司董事长、董事兼财务负责人、董秘等3名高管,以及包括公司财务部部长在内的7名中层管理人员共10人被公安部门拘传,接受调查。据知情人士介绍,公司的会计资料也被查封用于办案。

资料来源:百度文库。

财务分析是通过对企业的经营成果、财务状况及现金流量情况的分析,达到评价企业经营管理者的管理业绩、经营效率,进而识别企业信用风险的目的。主要内容包括财务报表分析、财务比率分析以及现金流量分析。

一、财务报表分析

财务报表按所反映金融变量的不同性质可进行简单分类,存量报表提供有关存量变量信息,流量报表由有关流量信息组成。主要有三种报表:资产负债表、利润表和现金流量表。

(一)资产负债表分析

1. 资产负债表的结构(表4-1)。

表4-1　　　　　　　　　　　　资产负债表

年月　　　　　　　　　　　　　　　　　　　　　　　　　　　　　　　　单位:万元

资产	年初数	期末数	负债及所有者权益	年初数	期末数
流动资产			流动负债:		
货币资金			短期借款		
交易性金融资产			应付票据		
应收票据			应付账款		

续表

资产	年初数	期末数	负债及所有者权益	年初数	期末数
应收股利			预收账款		
应收利息			其他应付款		
应收账款			应付工资		
其他应收款			应付福利费		
预付账款			未交税金		
存货			未付利润		
1年内到期的非流动资产			其他未交款		
其他流动资金			预提费用		
流动资产合计					
非流动资产:			1年内到期的长期负债		
可供出售金融资产			其他流动负债		
持有出售金融资产					
持有至到期投资					
投资性房地产					
			流动负债合计		
长期投资:			长期负债:		
长期投资			长期借款		
固定资产			应付债券		
固定资产原价			长期应付款		
减: 累计折旧			其他长期负债		
固定资产净值			其中: 住房周转金		
固定资产清理					
在建工程					
待处理固定资产净损失			长期负债合计		
			递延税项:		
固定资产合计			递延税款贷项		
无形资产及递延资产:					
无形资产			负债合计		
递延资产			所有者权益:		
			实收资本		
无形资产及递延资产合计			资本公积		
其他长期资产:			盈余公积		
其他长期资产			其中: 公益金		

续表

资产	年初数	期末数	负债及所有者权益	年初数	期末数
递延税项：			未分配利润		
递延税款借项					
			所有者权益合计		
资产总计			负债及所有者权益总计		

2. 资产负债表分析。

（1）资产负债表的水平分析。

● 资产负债表水平分析表的编制。将分析期的资产负债表各项目数值，与基期（上年或计划、预算）数进行比较，计算出变动额、变动率，以及该项目对资产总额、负债总额和所有者权益总额的影响程度。

● 资产负债表变动情况的分析评价。

第一，从投资或资产角度进行分析评价。包括分析总资产规模的变动状况，以及各类、各项资产的变动状况；发现变动幅度较大，或对总资产影响较大的重点类别和重点项目；分析资产变动的合理性与效率性；考察资产规模变动与所有者权益，总额变动的适应程度，进而评价企业财务结构的稳定性和安全性；

分析会计政策变动的影响。

第二，从筹资或权益角度进行分析评价。包括分析权益总额的变动状况，以及各类、各项筹资的变动状况；发现变动幅度较大，或对权益影响较大的重点类别和重点项目；注意分析评价表外业务的影响。

第三，资产负债表变动原因的分析评价。原因包括负债变动；追加投资变动；经营变动；股利分配变动。

（2）资产负债表的垂直分析。

● 资产负债表垂直分析表的编制。通过计算资产负债表中，各项目占总资产或权益总额的比重，分析评价企业资产结构和权益结构变动的合理程度。第一，静态分析：以本期资产负债表为对象。第二，动态分析：将本期资产负债表与选定的标准进行比较。

● 资产负债表结构变动情况的分析评价。

第一，资产结构的分析评价。资产结构的分析评价可以从两个角度，首先从静态角度观察企业资产的配置情况，通过与行业平均水平，或可比企业的资产结构比较，评价其合理性；其次从动态角度分析资产结构的变动情况，对资产的稳定性作出评价。

第二，资本结构的分析评价。从静态角度观察资本构成，结合企业盈利能力和经营风险，评价其合理性；从动态角度分析资本结构的变动情况，分析其对股东收益产生的影响。

● 资产结构、负债结构、股东权益结构的具体分析评价

第一，资产结构的具体分析评价。包括从经营资产与非经营资产的比例关系分析；固定资产和流动资产的比例关系：适中型、保守型、激进型；流动资产的内部结构与同行业平均水平，或财务计划确定的目标为标准。

第二，负债结构的具体分析评价（表4-2）。

表 4-2　　　　　　　　　负债结构的具体分析评价

负债结构分析应考虑的因素	典型负债结构分析评价
1. 负债结构与负债规模 2. 负债结构与负债成本 3. 负债结构与债务偿还期限 4. 负债结构与财务风险 5. 负债结构与经济环境 6. 负债结构与筹资政策	1. 负债期限结构分析评价 2. 负债方式结构分析评价 3. 负债成本结构分析评价

第三，权益结构的具体分析评价（表 4-3）。

表 4-3　　　　　　　　　权益结构的具体分析评价

股东权益结构分析应考虑的因素	股东权益结构分析评价
1. 负债结构与负债规模 2. 负债结构与负债成本 3. 负债结构与债务偿还期限 4. 负债结构与财务风险 5. 负债结构与经济环境 6. 负债结构与筹资政策	1. 股东权益结构与股东权益总量 2. 股东权益结构与企业利润分配政策 3. 股东权益结构与企业控制权 4. 股东权益结构与权益资本成本 5. 股东权益结构与经济环境

● 资产结构与资本结构适应程度的分析评价。

第一，保守性结构分析：保守性结构指企业全部资产的资金来源，都是长期资本，即所有者权益和非流动负债。这一类型的结构分析优点是风险较低，缺点在于资本成本较高；筹资结构弹性较弱，因此很少被企业采用。

第二，稳健型结构分析：非流动资产依靠长期资金解决，流动资产需要长期资金和短期资金共同解决。这一类型的结构分析优点在于风险较小，负债资本相对较低，并具有一定的弹性，因而适应大部分企业。

第三，平衡型结构分析：非流动资产用长期资金满足，流动资产用流动负债满足。这一类型结构分析的优点：当二者适应时，企业风险较小且资本成本较低。缺点：当二者不适应时，可能使企业陷入财务危机。适用于经营状况良好，流动资产与流动负债内部结构相互适应的企业。

第四，风险型结构分析：流动负债不仅用于满足流动资产的资金需要，且用于满足部分非流动资产的资金需要。风险性结构分析对企业而言，可以使资本成本最低。缺点是企业财务风险较大。适用于企业资产流动性很好且经营现金流量较充足。

(3) 资产负债表具体项目分析（表 4-4 和表 4-5）。

表 4-4　　　　　　　　　资产负债表主要资产项目分析

主要资产项目分析	1. 货币资金	(1) 分析货币资金发生变动的原因：销售规模变动、信用政策变动、为大笔现金支出做准备、资金调度、所筹资金尚未使用
		(2) 分析货币资金规模及变动情况，与货币资金比重及变动情况是否合理，结合以下因素：货币资金的目标持有量；资产规模与业务量、企业融资能力、企业运用货币资金的能力；行业特点

续表

主要资产项目分析	2. 应收款项	（1）分析应收账款的规模及变动情况 （2）分析会计政策变更和会计估计变更的影响 （3）分析企业是否利用应收账款进行利润调节 （4）关注企业是否有应收账款巨额冲销行为	
	3. 其他应收款	（1）分析其他应收款的规模及变动情况 （2）其他应收款包括的内容 （3）关联方其他应收款余额及账龄 （4）是否存在违规拆借资金 （5）分析会计政策变更对其他应收款的影响	
	4. 坏账准备	（1）分析坏账准备的提取方法、提取比例是否合理 （2）比较企业前后会计期间坏账准备提取方法、提取比例是否改变 （3）区别坏账准备提取数变动的原因	
	5. 存货	（1）存货构成	• 存货规模与变动情况分析 • 存货结构与变动情况分析
		（2）存货计价	• 分析企业对存货计价方法的选择与变更是否合理 • 分析存货盘存制度对确认存货数量和价值的影响 • 分析期末存货价值得计价原则对存货项目的影响
	6. 固定资产	（1）固定资产规模与变动情况分析	• 固定资产原值变动情况分析 • 固定资产净值变动情况分析
		（2）固定资产结构与变动情况分析：分析生产用固定资产，与非生产用固定资产之间的比例的变化情况；考察未使用和不需用固定资产比率的变化情况，查明企业在处置闲置固定资产方面的工作，是否具有效率；结合企业的生产技术特点，分析生产用固定资产内部结构是否合理	
		（3）固定资产折旧分析：分析企业固定资产折旧方法的合理性；观察固定资产折旧政策是否前后一致；分析企业固定资产预计使用年限和预计净残值确定的合理性	
		（4）固定资产减值准备分析	• 固定资产减值准备变动对固定资产的影响 • 固定资产可收回金额的确定 • 固定资产发生减值对生产经营的影响

表4-5　　　　　　　　　资产负债表主要负债项目分析

主要负债项目变动情况分析	1. 短期借款	（1）流动资金需要 （2）节约利息支出 （3）调整负债结构和财务风险 （4）增加企业资金弹性
	2. 应付账款及应付票据	（1）销售规模的变动 （2）充分利用无成本资金 （3）供货方商业信用政策的变动 （4）企业资金的充裕程度

续表

主要负债项目变动情况分析	3. 应交税费和应付股利	(1) 有无拖欠税款现象 (2) 对企业支付能力的影响
	4. 其他应付款	(1) 其他应付款规模与变动是否正常 (2) 是否存在企业长期占用关联方企业的现象
	5. 长期借款	(1) 银行信贷政策及资金市场的供求情况 (2) 企业长期资金需要 (3) 保持权益结构稳定性； (4) 调整负债结构和财务风险
	6. 或有负债及其分析	通过会计报表附注，披露或有负债形成的原因、性质、可能性及对报告期后公司财务状况、经营成果和现金流量的可能影响

（二）利润表分析

1. 利润表主表的结构（表4-6）。

表4-6　　　　　　　　　　　　利润表

行业：
编制单位：　　　　　　　　　　　年　月　　　　　　　　　　　单位/万元

项目	行次	本月数	本年累计数
工业企业：	1		
一、产品销售收入	2		
减：产品销售成本	3		
产品销售费用	4		
产品销售税金及附加	5		
二、产品销售利润	6		
加：其他业务利润	7		
商业企业：	8		
一、商品销售收入	9		
减：销售折扣与折让	10		
商品销售收入净额	11		
减：商品销售成本	12		
经营费用	13		
商品销售税金及附加	14		
二、商品销售利润	15		
加：代购代销收入	16		

续表

项　　目	行次	本月数	本年累计数
三、主营业务利润	17		
加：其他业务利润	18		
旅游、饮食服务企业：	19		
一、营业收入（亏损以"-"表示）	20		
减：营业成本	21		
营业费用	22		
营业税金及附加	23		
二、经营利润（亏损以"-"表示）	24		
交通运输企业：	25		
一、主营业务收入	26		
减：营业成本	27		
营业税金及附加	28		
二、主营业务利润	29		
加：其他业务利润	30		
施工企业：	31		
一、工程结算收入	32		
减：工程结算成本	33		
工程结算税金及附加	34		
二、工程结算利润	35		
加：其他业务利润	36		
其他行业企业：	37		
共同项目：	38		
减：管理费用	39		
财务费用	40		
汇兑损失（商业企业）	41		
三（四）、营业利润	42		
加：投资收益	43		
营业外收入	44		
减：营业外支出	45		
四（五）、利润总额	46		

2. 利润表主表分析。

通过利润表主表的分析，主要对各项利润的增减变动、结构增减变动及影响利润的收入与成本进行分析。

（1）利润额增减变动分析。通过对利润表的水平分析，从利润的形成角度，反映利润额的变动情况，揭示企业在利润形成过程中的管理业绩及存在的问题。

（2）利润结构变动情况分析。主要是在对利润表进行垂直分析的基础上，揭示各项利润及成本费用与收入的关系，以反映企业的各环节的利润构成、利润及成本费用水平。

（3）企业收入分析。企业收入分析的内容包括：收入的确认与计量分析；影响收入的价格因素与销售量因素分析；企业收入的构成分析等。

（4）成本费用分析。成本费用分析包括产品销售成本分析和期间费用分析两部分。产品销售成本分析包括销售总成本分析和单位销售成本分析；期间费用分析包括销售费用分析和管理费用分析。

3. 利润表附表分析。

利润表附表分析主要是对利润分配表及分部报表进行分析。

（1）利润分配表分析。通过利润分配表分析，反映企业利润分配的数量与结构变动，揭示企业在利润分配政策、会计政策，以及国家有关法规变动方面对利润分配的影响。

（2）分部报表分析。通过对分部报表的分析，反映企业在不同行业、不同地区的经营状况和经营成果，为企业优化产业结构、进行战略调整指明方向。

4. 利润表附注分析。

利润表附注分析主要是根据利润表附注及财务情况说明书等相关详细信息，分析说明企业利润表及附表中的重要项目的变动情况，深入揭示利润形成及分配变动的主观原因与客观原因。

（三）现金流量表分析

1. 现金流量表的结构（表4-7和表4-8）。

表4-7　　　　　　　　　　　　　现金流量表

会企03表

编制单位：　　　　　　　　　　　　　　年度　　　　　　　　　　　　　　单位/万元

项　目	行次	金　额
一、经营活动产生的现金流量：		
销售商品、提供劳务收到的现金	1	
收到的税费返还	2	
收到的其他与经营活动有关的现金	3	
现金流入小计	4	
购买商品、接受劳务支付的现金	5	
支付给职工及为职工支付的现金	6	
支付的各项税费	7	
支付的其他与经营活动有关的现金	8	

续表

项　　目	行次	金　　额
现金流出小计	9	
经营活动产生的现金流量净额	10	
二、投资活动产生的现金流量：		
收回投资所收到的现金	11	
取得投资收益所收到的现金	12	
处置固定资产、无形资产和其他长期资产所收回的现金净额	13	
收到的其他与投资活动有关的现金	14	
现金流入小计	15	
购建固定资产、无形资产和其他长期资产所支付的现金	16	
投资所支付的现金	17	
支付的其他与投资活动有关的现金	18	
现金流出小计	19	
投资活动产生的现金流量净额	20	
三、筹资活动产生的现金流量：		
吸收投资所收到的现金	21	
借款所收到的现金	22	
收到的其他与筹资活动有关的现金	23	
现金流入小计	24	
偿还债务所支付的现金	25	
分配股利、利润或偿付利息所支付的现金	26	
支付的其他与筹资活动有关的现金	27	
现金流出小计	28	
筹资活动产生的现金流量净额	29	
四、汇率变动对现金的影响		
五、现金及现金等价物净增加额		

企业负责人：　　　主管会计：　　　制表：　　　报出日期：　　　年　月　日

表4—8　　　　　　　　　　现金流量表

会企03表（续）

编制单位：　　　　　　　　　　　　年度　　　　　　　　　　单位/万元

补充资料	行次	金　　额
1. 将净利润调节为经营活动现金流量：		
净利润	1	
加：计提的资产减值准备	2	
固定资产折旧	3	
无形资产摊销	4	

154

续表

补充资料	行次	金　　额
长期待摊费用摊销	5	
待摊费用减少（减：增加）	6	
预提费用增加（减：减少）	7	
处置固定资产、无形资产和其他长期资产的损失（减：收益）	8	
固定资产报废损失	9	
财务费用	10	
投资损失（减：收益）	11	
递延税款贷项（减：借项）	12	
存货的减少（减：增加）	13	
经营性应收项目的减少（减：增加）	14	
经营性应付项目的增加（减：减少）	15	
其他	16	
经营活动产生的现金流量净额	17	
2. 不涉及现金收支的投资和筹资活动：		
债务转为资本	18	
1年内到期的可转换公司债券	19	
融资租入固定资产	20	
3. 现金及现金等价物净增加情况：		
现金的期末余额	21	
减：现金的期初余额	22	
加：现金等价物的期末余额	23	
减：现金等价物的期初余额	24	
现金及现金等价物净增加额	25	

企业负责人：　　　　主管会计：　　　制表：　　　报出日期：　　　年　月　日

2. 现金流量表结构分析。

现金流量表结构分析是指通过对现金流量表中不同项目间的比较，分析企业现金流入的主要来源和现金流出的方向，并评价现金流入流出对净现金流量的影响。旨在进一步掌握企业的各项活动中现金流量的变动规律、变动趋势、公司经营周期所处的阶段及异常变化等情况。我们以ZX公司现金流量表为例进行分析。

（1）现金流入结构分析。流入结构分析分为总流入结构和三项（经营、投资和筹资）活动流入的内部结构分析。可列表进行分析（表4-9）。

表4-9　　　　　　　　　　ZX公司现金流入结构分析

项目	绝对数/百万元 2012年	绝对数/百万元 2011年	比重/% 2012年	比重/% 2011年
销售商品、提供劳务收到的现金	3 973.63	4 087.58	95.39	95.67
收到的税费返还	117.56	134.21	2.82	3.14
收到的其他与经营活动有关的现金	59.29	49.24	1.42	1.15
经营活动现金流入小计	4 150.48	4 271.04	99.63	99.97
取得投资收益所收到的现金	0.50	0	0.01	0
处置固定资产、无形资产和其他长期资产所收回的现金净额	0.85	0.25	0.02	0.01
收到的其他与投资活动有关的现金	6.93	1.11	0.17	0.03
投资活动现金流入小计	8.28	1.36	0.20	0.03
借款所收到的现金	7.00	0	0.17	0
筹资活动现金流入小计	7.00	0	0.17	0
现金流入总量	4 165.77	4 272.40	100.00	100.00

（2）现金流出结构分析。流出结构分析也分为总流出结构和三项（经营、投资和筹资）活动流出的内部结构分析（表4-10）。

表4-10　　　　　　　　　　ZX公司现金流出结构分析

项目	绝对数/百万元 2012年	绝对数/百万元 2011年	比重/% 2012年	比重/% 2011年
购买商品、接受劳务支付的现金	1 993.01	2 066.18	47.33	47.10
支付给职工以及为职工支付的现金	236.75	221.45	5.62	5.05
支付的各项税费	416.44	378.63	9.89	8.63
支付的其他与经营活动有关的现金	1 036.34	866.51	24.61	19.75
经营活动现金流出小计	3 682.53	3 532.78	87.46	80.53
购建固定资产、无形资产所支付的现金	80.13	100.45	1.90	2.29
投资所支付的现金	90.93	49.80	2.16	1.14
投资活动现金流出小计	171.06	150.25	4.06	3.42
偿还债务所支付的现金	0	645.00	0	14.70
分配股利、利润或偿付利息所支付现金	330.59	29.06	7.85	0.66
支付的其他与筹资活动有关的现金	26.43	29.84	0.63	0.68
筹资活动现金流出小计	357.02	703.90	8.48	16.05
现金流出总量	4 210.62	4 386.92	100.00	100.00

（3）现金流入流出比例分析。经营活动的现金流入流出比越大越好；投资活动现金的流入流出比，发展时期此比值应小，而衰退或缺少投资机会时此比值应大较好；筹资活动的现金流入流出比在发展时期此比值较大较好。财务分析人员可以利用现金流入和流出结构的

历史比较和同业比较，得到更有意义的信息（表4-11）。

对于一个健康的正在成长的公司来说，经营活动现金流量应是正数，投资活动的现金流量是负数，筹资活动的现金流量应是正负相间的。

表4-11　　　　　　　　ZX公司现金流入结构分析

项　　目	绝对数（百万元）		流入：流出	
	2012年	2011年	2012年	2011年
经营活动现金流入小计	4 150.48	4 271.04	1.13	1.21
经营活动现金流出小计	3 682.53	3 532.78		
投资活动现金流入小计	8.28	1.36	0.05	0.01
投资活动现金流出小计	171.06	150.25		
筹资活动现金流入小计	7.00	0	0.02	0.00
筹资活动现金流出小计	357.02	703.90		
现金流入总量	4 165.77	4 272.40	0.99	0.97
现金流出总量	4 210.62	4 386.92		

二、财务比率分析

财务比率主要分为四大类：

（1）盈利能力比率，用来衡量管理层将销售收入转换成实际利润的效率，体现管理层控制费用并获得投资收益的能力。

销售毛利率 = [(销售收入 - 销售成本)/销售收入] × 100%

销售净利率 = (净利润/销售收入) × 100%

资产净利率(总资产报酬率) = 净利润/[(期初资产总额 + 期末资产总额)/2] × 100%

净资产收益率(权益报酬率) = 净利润/[(期初所有者权益合计 + 期末所有者权益合计)/2] × 100%

总资产收益率 = 净利润/平均总资产 = (净利润/销售收入) × (销售收入/平均总资产)

（2）效率比率，又称营运能力比率，体现管理层管理和控制资产的能力。

存货周转率 = 产品销售成本/[(期初存货 + 期末存货)/2]

存货周转天数 = 360/存货周转率

应收账款周转率 = 销售收入/[(期初应收账款 + 期末应收账款)/2]

应收账款周转天数 = 360/应收账款周转率

应付账款周转率 = 购货成本/[(期初应付账款 + 期末应付账款)/2]

应付账款周转天数 = 360/应付账款周转率

流动资产周转率 = 销售收入/[(期初流动资产 + 期末流动资产)/2]

总资产周转率 = 销售收入/[(期初资产总额 + 期末资产总额)/2]

资产回报率(ROA) = [税后损益 + 利息费用 × (1 - 税率)]/平均资产总额

权益收益率(ROE) = 税后损益/平均股东权益净额

虽然从表面上看，各项周转率越高，盈利能力和偿债能力就越好，但实践中并非如此。

（3）杠杆比率，用来衡量企业所有者利用自有资金获得融资的能力，也用于判断企业的偿债资格和能力。

资产负债率 =（负债总额/资产总额）×100%

有形净值债务率 =［负债总额/（股东权益 – 无形资产净值）］×100%

利息偿付比率（利息保障倍数）=（税前净利润 + 利息费用）/利息费用

= （经营活动现金流量 + 利息费用 + 所得税）/利息费用

= ［（净利润 + 折旧 + 无形资产摊销）+ 利息费用 + 所得税］/利息费用

利息保障倍数的缺陷是仅仅考虑利息因素，更理想的保障倍数应当是将企业的经营活动现金流量与本息支付合计数相比较。

（4）流动比率，用来判断企业归还短期债务的能力，即分析企业当前的现金偿付能力和应付突发事件和困境的能力。

流动比率 = 流动资产合计/流动负债合计

速动比率 = 速动资产/流动负债合计

其中，速动资产 = 流动资产 – 存货

或　　速动资产 = 流动资产 – 存货 – 预付账款 – 待摊费用

通常，流动比率较高或呈增长趋势表明企业偿债能力较好或得到改善。但流动比率不能反映资产的构成和质量，尤其不能反映存货方面可能存在的问题。速动比率在分子中扣除了存货，能够更好地反映短期流动性。但速动比率也有其局限性，没有将应收账款收回的可能性或时间预期考虑进来。

【模块训练】

1. 训练主题：收集一家企业客户近3年的财务资料，按照本节内容要求计算该客户的各项财务指标。
2. 训练步骤：
（1）知识准备，掌握客户财务分析的基本方法；
（2）5位同学一组，选择一个客户进行调查，利用一周时间获取客户的财务资料并计算该客户各项财务指标；
（3）每组写一份调查报告，由组长总结阐述，小组间相互交流；
（4）训练效果自我评价、小组互评。
3. 教师点评。

模块三　客户风险防范与控制

【任务描述】

1. 本模块的操作任务。

（1）启动客户风险预警系统；
（2）客户风险的处理与化解。

2. 完成工作任务的标志性成果。
(1) 熟悉客户风险的预警系统；
(2) 掌握客户风险处理和化解的基本方法。

任务一　启动客户风险预警系统

【案例导入】

各银行纷纷预警个人住房贷款信用风险

在商业银行中，个人住房贷款被公认为是最优质的资产，且不良率处在可以接受的程度上，这也是近年来个人房贷业务得以超速发展的一个重要的原因。但实际上，随着国家对房地产市场宏观调控的步步深入，以及个人住房贷款增幅1年来的持续放缓，近一时期的房贷市场出现了一些新的变化和情况，从银行内控管理和风险控制的角度看显然不容盲目乐观。

一是商业银行个人住房贷款业务创新十分活跃，但风险监控的措施和力度均不到位。从固定利率双周供宽限期到入住还款，目前银行不断推出的新产品越来越多样、越来越灵活和便利，但在新产品的市场反应、成本和收益比较、风险监测等方面，银行相应的后评价制度没有跟上，缺乏对新产品的风险评估，反映出银行在推出新产品上的粗放和非理性。

二是商业银行在个人房贷业务上的竞争日趋激烈，无序竞争加剧。为了提高房贷的市场份额，一些商业银行在经营考核上层层加压，导致不审慎放贷行为甚至违规操作；同时，借产品创新变相放宽个人住房贷款条件，降低借款人的资质要求，不仅有碍正常的市场秩序与稳定，更为今后埋下风险隐患。

三是个人房贷风险开始暴露。按照国际经验，个人房贷市场3~5年进入风险暴露期。我国个人房贷经历了前几年的高速增长后，目前各种假按揭贷款、集体贷款违约、多套多头贷款的不断出现，以及整体个人房贷不良率的掉头上升，说明过去几年个人房贷隐蔽的风险开始暴露，银行防范和处置个人住房贷款风险的任务在逐步加重。

毫无疑问，目前银行的个人住房贷款不良率总体并不高，但现实情况却足以唤起银行要对其中的风险予以应有的重视。特别是当前国家对房地产市场的宏观调控仍处于关键时刻，由于房地产市场对宏观政策的影响还没有完全消化，市场也还没有出现明显的拐点，未来市场房价、利率、住房信贷政策等方面的不确定因素仍然存在，这也正是银行防范信贷风险的关键时刻。

客户风险预警是指银行运用定量和定性分析相结合的方法，尽早识别风险的类型、程度、原因及其发展变化趋势，并按规定的权限和程序对客户采取针对性的处理措施。风险预警包括对行业、地区和客户的风险预警。

一、客户风险预警的内容

(1) 行业方面，包括行业环境风险、行业经营风险、行业财务风险等。
- 行业环境风险因素。主要包括宏观经济周期、财政货币政策、产业政策、法律法规及外部冲击等方面。
- 行业经营风险因素。主要包括市场供求、产业成熟度、行业垄断程度、行业依赖度、产品替代性、行业竞争主体的经营情况、行业整体财务状况等。

● 行业财务风险因素包括净资产收益率、行业盈亏系数、资本积累率、销售利润率、产品销售率,以及全员劳动生产率等关键指标。

(2) 区域方面,包括区域政策法规的重大变化、区域经营环境的恶化,以及区域内部经营管理水平下降、区域信贷资产质量恶化等。

(3) 客户内部风险的预警,包括客户财务因素及非财务因素。

二、客户风险预警的信号监测

(一) 区域风险预警信号监测

区域风险通常表现为区域政策法规的重大变化、区域经营环境的恶化,以及区域内部经营管理水平下降、区域信贷资产质量恶化等。

1. 政策法规发生重大变化。

某些政策法规发生重大变化,可能会直接影响地方经济的发展方向、发展速度、竞争格局等,同时对区域内的企业也可能产生不同程度的影响,从而引发区域风险。区域政策法规重大变化的相关警示信号有:

(1) 国家政策法规变化给当地带来的不利影响;
(2) 地方政府提出与地方自然资源、交通条件等极不相称的产业发展规划;
(3) 地方政府为吸引企业投资,不惜一切代价,提供优惠条件;
(4) 国家宏观政策发生变化而造成地方原定的优惠政策难以执行;
(5) 地方区域政府减少对区域内商业银行的优惠政策或允诺的优惠政策难以兑现;
(6) 区域内某产业集中度高,而该产业受到国家宏观调控;
(7) 区域法律法规明显调整。

2. 区域经营环境出现恶化。

在对区域风险监测的过程中要关注区域的经济发展状况及发展趋势等。区域经营环境恶化的相关预警信号有:

(1) 区域经济整体下滑;
(2) 区域产业集中度高,区域主导产业出现衰退;
(3) 区域内客户的资信状况普遍降低;
(4) 区域内产品普遍被购买者反映质量差,购买者对该区域生产的产品失去信心等。

3. 区域商业银行分支机构内部出现风险因素。

相关警示信号有:

(1) 风险分类数据显示区域资产质量明显下降;
(2) 短期内区域信贷规模超常增长;
(3) 行内员工大量反映本行的经营管理恶化情况;
(4) 行内检查报告反映的管理混乱情况;
(5) 外部审计监管机构要求重大整改情况;
(6) 发生违规、违法案件。

（二）行业风险预警信号监测

行业风险预警属于中观层面的预警。

1. 行业环境风险因素。

（1）主要包括经济周期、财政货币政策、国家产业政策、法律法规及外部冲击等方面；

（2）风险预警指标：国家财政、货币、产业政策变化；行业相关法律法规变化；多边或双边贸易关系变化；政府优惠政策调整。

2. 行业经营风险因素。

主要包括市场供应、产业成熟度、行业垄断程度、产业依赖度、产品替代性、行业竞争主体的经营状况、行业整体财务状况。

行业经营环境出现恶化的预警信号主要有：

（1）行业整体衰退；

（2）出现重大的技术变革，影响到行业的产品和生产技术的改变；

（3）经济环境变化，如经济萧条或出现金融危机，对行业发展产生影响；

（4）产能明显过剩；

（5）市场需求出现明显下降；

（6）行业出现整体亏损或行业标杆企业出现亏损。

3. 行业财务风险因素。

对行业财务风险因素的分析要从行业财务数据的角度，把握行业的盈利能力、资本增值能力和资金营运能力，进而更深入地剖析行业发展中的潜在风险。行业财务风险分析指标体系主要包括行业净资产收益率、行业盈亏系数、资本积累率、行业销售利润率、行业产品产销率、劳动生产率6项关键指标：

（1）行业净资产收益率 = 净利润/平均净资产 × 100%

该指标是衡量行业盈利能力最重要的指标，越高越好。

（2）行业盈亏系数 = 行业内亏损企业个数/行业内全部企业个数

或者：行业盈亏系数 = 行业内亏损企业亏损总额/（行业内亏损总额 + 行业内盈利总额）

该指标是衡量行业风险程度的关键指标，数值越低风险越小。

（3）资本积累率 = 行业内企业年末所有者权益增长额总和/行业内企业年初所有者权益总和 × 100%

该指标是评价目标行业发展潜力的重要指标，越高越好。

（4）行业销售利润率 = 行业内企业销售利润总和/行业内企业销售收入总和 × 100%

该指标越高越好。该指标越高，说明行业产品附加值高，市场竞争力强，发展潜力大。

（5）行业产品产销率 = 行业产品销售量/行业产品产量 × 100%

该指标越高越好。该指标越高，说明行业产品供不应求，现有市场规模还可进一步扩大。

（6）劳动生产率 = (截至当月累计工业增加值总额 × 12)/(行业职工平均人数 × 累计月数) × 100%

该指标在一定程度上反映出行业间的相对技术水平。该指标越高表明其生产技术越先进，单位员工产出越多。

4. 行业重大突发事件。

当行业发生重大突发事件后，一般都会对行业中的企业及相关行业中的企业正常生产经营造成影响，从而对商业银行正常的本息回收工作带来不利影响。

（三）客户自身风险预警信号监测

客户自身状况包括经营、管理、财务等发生恶化，自身往往会出现许多预警信息。客户自身风险监测和预警就是要及时探测出这些信息，并提前采取预控措施，为控制和降低风险创造有利条件，保障商业银行资金安全，减少风险损失。

1. 客户财务风险的信号监测。

从收集的财务信息中，客户经理应当密切关注客户出现的早期财务警示信号：

（1）没有按时收到财务报表。

（2）客户现金流状况的恶化。

（3）应收账款数额或比率的急剧增加或收取过程的显著放慢。

（4）存货周转率的放慢。

（5）显示陈旧存货、大量存货或不恰当存货组合的证据。

（6）总资产中流动资产所占比例的下降或资产组合的急剧变化。

（7）流动比率或速动比率的大幅降低。

（8）固定资产的剧烈变动。

（9）准备金的大量增加。

（10）无形资产占比太高。

（11）流动负债或长期负债的异常增加。

（12）较高的负债与所有者权益比率。

（13）资产负债表结构的重大变化。

（14）不合格的审计。

（15）会计师的变更。

（16）不断降低或迅速增加的销售额。

（17）销售收入总额与销售收入净额之间的巨大差异。

（18）不断增加的成本以及逐渐减少的利润率或不断上升的营业损失。

（19）日常开支相对于销售额的不成比例增长。

（20）总资产报酬率或总资产周转率不断降低。

（21）不断减少的银行存款余额。

（22）过量的或未曾预见的票据延期。

（23）对固定资产或流动资产需求不良的财务规划。

（24）对短期负债的严重依赖。

（25）季节性贷款申请的时间性所发生的显著变化。

（26）贷款申请规模或频率的急剧变化。

（27）客户能否到期、足额偿还贷款，是银行风险监测的重点，在对客户财务风险的监测中，要对客户的长短期偿债能力高度关注。

2. 客户非财务风险的信号监测。

在收集的非财务信息中,应密切关注客户出现的早期非财务警示信号:
(1) 高管人员的行为方式和个人习惯发生了变化。
(2) 高管人员的婚姻出现问题。
(3) 高管人员没有履行个人义务。
(4) 关键的人事变动。
(5) 不能实现日程上的既定安排。
(6) 在计划方面表现出来的无能。
(7) 缺乏系统性和连续性的职能安排。
(8) 冒险参与企业并购、新项目投资、新区域开发或生产线启动等投机活动。
(9) 在回应低迷的市场或不景气的经济状况时反应迟缓。
(10) 缺乏可见的管理连续性。
(11) 超出公司的管理和控制极限的过度增长。
(12) 公司出现劳动力问题。
(13) 公司业务性质的改变。
(14) 无效率的厂房和设备布局。
(15) 主要产品系列、特许权、分销权或者供货来源丧失。
(16) 丧失一个或数个财务状况良好的大客户。
(17) 不良的厂房和设备维护。
(18) 没有及时更新或淘汰过时的或效率低下的厂房和设备。
(19) 其他金融机构提供的风险信息。
(20) 保险公司由于客户没有支付保险金而向其发出了保单注销函。
(21) 司法机构针对客户发出判决。
(22) 遇到台风、火灾等重大突发事件。

通过与客户保持长期密切的沟通,利用最新的数据统计工具等,监测客户的非财务风险因素状况,以便银行采取措施,防范风险。

【想一想】

你还能列举出其他的预警信号吗?

任务二 客户风险的处理与化解

【案例导入】

甲银行行使撤销权化解贷款损失风险

2003年7月,甲银行与乙公司签订借款合同,借款本金逾3亿元。合同到期后,乙公司未履行还款义务,甲银行向法院提起诉讼。甲银行在取得胜诉判决后向法院申请强制执行。但是乙公司的财产在拍卖后根本无法清偿甲银行的全部债权。

后甲银行调查发现,乙公司曾于2004年10月将其名下的位于某处的一块土地作价人民币2 000万元入股到丙公司名下。而该土地的原始登记价逾3 000万元。经委托评估公司对该土地进行评估,评估价值在4 000万元以上。且调查发现，乙公司与丙公司存在关联关系。

2007年3月，甲银行向法院提起诉讼，认为乙公司以明显的低价转移财产，意图逃避债务，请求法院判令解除乙公司的入股行为，并判令丙公司向乙公司返还该土地。

最终，乙公司与甲银行达成和解，甲银行的权益得到了保障。（文中的银行、公司名称不便使用真实名称）

制定正确客户风险管理策略，对商业银行面临的各种风险实施有效管理，是确保其稳健运行、提高竞争力的主要手段。商业银行处理、化解客户风险的方法主要有风险分散、风险对冲、风险转移、风险规避、风险补偿等五种方式。

一、风险分散

风险分散是指通过多样化的投资来分散和降低风险的方法。资产放在不同的投资项目上，如股票、债券、货币市场、基金可把风险分散。投资分散于几个领域而不是集中在特定证券上，这样可以防止一种证券价格不断下跌时带来的金融风险。

马柯维茨资产组合管理理论：只要两种资产收益率的相关系数不为1，分散投资于两种资产就具有降低风险的作用。而对于有相互独立的多种资产组合而成的投资组合，只要组成资产的个数足够多，其非系统性风险就可以通过这种分散化的投资完全消除。

对于商业银行而言，信贷业务不应集中于同一业务、同一性质的借款人。

二、风险对冲

风险对冲是指通过投资或购买与标的资产收益波动负相关的某种资产或衍生产品，来冲销标的资产潜在的风险损失的一种风险管理策略。风险对冲是管理利率风险、汇率风险、股票风险和商品风险非常有效的手段。

商业银行可以通过自我对冲和市场对冲来实现：

（1）自我对冲。自我对冲是指商业银行利用资产负债表或某些具有收益负相关性质的业务组合本身所具有的对冲特性进行风险对冲。

（2）市场对冲。市场对冲是指对于无法通过资产负债表和相关业务调整进行自我对冲的风险（又称残余风险），通过衍生产品市场进行对冲。

三、风险转移

风险转移是指通过购买某种金融产品或采取其他合法的经济措施将风险转移给其他经济主体的风险管理办法。需要注意的是，风险分散职能降低非系统性风险，而对共同因素引起的系统性风险却无能为力，此时采用风险转移策略是最为直接和有效的。

商业银行通过保险转移和非保险转移达到风险转移的目的：

（1）保险转移。保险转移是指为商业银行投保，以缴纳保险费为代价，将风险转移给承保人。

（2）非保险转移。担保、备用信用证等能够将信用风险转移给第三方。例如，商业银行在发放贷款时，通常会要求借款人提供第三方信用担保作为还款保证，若借款人到期不能如期还贷款本息，则由担保人代为清偿。

四、风险规避

风险规避是指商业银行拒绝或退出某一业务或市场，以避免承担该业务或市场具有的风险。也就是不做业务，不承担风险。

对商业银行来说，没有风险就没有收益。规避风险的同时自然也失去了在这一业务领域获得收益的机会和可能。风险规避策略的局限性在于它是一种消极的风险管理策略。

五、风险补偿

风险补偿是指事前（损失发生以前）对风险承担的价格补偿。这一政策的原理是，对于那些无法通过风险分散、对冲或转移进行管理，而且又无法规避、不得不承担的风险，投资者可以采取在交易价格上附加风险溢价，即通过提高风险回报的方式，获得承担风险的价格补偿。

商业银行可以与现在金融资产的定价中充分考虑风险因素，通过定价来索取风险回报。

【案例分享】

江苏银行上海杨浦支行银团项目贷款风险预防案例

某大型房地产企业在上海嘉定区开发房地产项目，需要融资超过亿元，江苏银行上海杨浦支行于2011年3月与中国银行上海某支行共同组建银团为该项目进行融资服务。

1. 在项目的贷前调查过程中，杨浦支行遵照《固定资产贷款管理暂行办法》的要求，联合银团牵头行中国银行，对企业的自有资金到位情况、"四证"、项目进度、预计市场前景、项目敏感度进行了分析，充分揭示项目的优势及风险点，将借款人和项目最真实的情况反映在授信调查报告中。

2. 在贷款发放环节中，杨浦支行严格按照银团管理办法执行，在收到牵头行的放款通知书、提款通知（资金用途）、文件确认书、临时监管报告、借据等材料交营运部门审查后进行放款操作，贷款资金直接由杨浦分行受托支付投放到银团指定的监管账号中，有效地避免了贷款资金的挪用。

3. 在贷后管理环节中，杨浦支行严格按照《固定资产贷款管理暂行办法》及《江苏银行固定资产贷款管理实施细则》相关要求进行管理，对资金、项目进行监控，贷款资金按照工程及进度发放、使用，严防信贷资金挪作他用。

项目小结

（1）风险与收益是永远相伴而生的。银行客户经理要想从客户那里获得收益，就必须承担一定的风险。但风险并不是无法预测避免的，它可以被化解、被转移、被减小。客户经理应加强对所拓展客户风险的监控与管理，实现以最小的代价获得最大的客户收益。

（2）商业银行客户风险评估可以从客户财务因素和非财务因素两个方面考量。

（3）商业银行客户风险的处理与化解方法有风险分散、风险对冲、风险转移、风险规避、风险补偿等。

项目实训

实训一 客户风险认知实训
1. 实训内容：认知客户风险种类、特征。
2. 实训目的：了解银行客户有哪些风险，熟悉各种风险特征。
3. 实训素材：教师准备的客户资料。
4. 实训场所：校内多媒体教室、校外实训基地。
5. 实训步骤：

（1）每位学生利用一周时间到校外实训基地或网络查找收集客户资料，对客户可能存在的各种风险因素进行列举，找出这些风险的特征，并提交调查报告；

（2）教师进行总结和点评。

实训二 客户风险评估实训
1. 实训内容：对客户风险进行非财务因素分析。
2. 实训目的：掌握风险分析方法。
3. 实训素材：实训一中学生自己收集到的客户资料。
4. 实训场所：教室。
5. 实训步骤：

（1）在实训一的基础上，学生对自己收集到的客户资料从非财务因素角度进行分析评价，写出分析报告；

（2）教师进行总结和点评。

实训三 客户风险预警信号实训
1. 实训内容：找出客户的风险预警信号。
2. 实训目的：培养学生捕捉客户早期风险信号的能力。
3. 实训素材：实训一、实训二中的客户资料。
4. 实训场所：教室。
5. 实训步骤：

（1）学生对客户资料进行详细分析梳理，列举各种风险预警信号，写出分析过程，提交分析报告；

（2）教师进行总结和点评。

项目自测

一、单选题
1. 商业银行客户内部风险主要分为客户经营风险和客户（　　）两种。
   A. 宏观风险　　　B. 行业风险　　　C. 管理风险　　　D. 市场风险
2. 风险的（　　）特征是指每次风险事故发生所造成的损失事先是无法预知的。
   A. 风险的客观性　　　　　　　　B. 风险的不确定性
   C. 风险的可测定性　　　　　　　D. 风险的不对称性

二、多选题
1. 在分析个人住宅抵押贷款的风险时，客户经理应关注（　　）风险的分析。
   A. 经销商风险
   B. 假按揭风险
   C. 由于房产价值下跌而导致超额抵押值不足的风险

D. 借款人的经济财务状况变动风险
2. 商业银行在对个人客户风险进行分析和识别时，应该从（　　）角度进行分析。
　　A. 个人基本信息　　　　　　　　　　B. 性格爱好
　　C. 个人客户信贷产品分类及风险　　　D. 财务状况
3. 集团法人客户的风险特征有（　　）。
　　A. 内部关联交易频繁　　　　　　　　B. 连环担保十分普遍
　　C. 财务报表真实性差　　　　　　　　D. 系统性风险较高

三、判断题

1. 目前对于银行客户非财务因素还没有建立起一个公认的完整体系，国际上通常遵循5C原则，即借款人的品格（Character）、能力（Capacity）、资本（Capital）、担保（Collateral）、现金（Cash）。（　　）
2. 盈利能力比率是用来衡量管理层将销售收入转换成实际利润的效率，体现管理层控制费用并获得投资收益的能力。（　　）
3. 行业销售利润率=行业内企业销售收入总和/行业内企业销售成本总和×100%。该指标越高越好。（　　）
4. 客户的总经理发生更换对银行没有潜在的风险。（　　）
5. 风险规避策略是一种积极的风险管理策略。（　　）

四、简答题

1. 商业银行客户的外部风险包括哪些？
2. 对于客户经营管理水平的考核可以从哪些方面着手？
3. 商业银行客户风险预警信号有哪些？

推荐阅读

1. 宋炳方著，经济管理出版社出版的《银行客户经理培训教程》。
2. 万仁礼、陆恩达、张力克著，中国金融出版社出版的《现代商业银行客户管理》。
3. 中国银行业从业资格认证办公室编，中国金融出版社出版的《风险管理》。

项目五
商业银行客户关系管理与维护

【职业能力目标】

1. 知识学习目标。

(1) 能对商业银行客户关系管理有基本认知;

(2) 能熟练掌握维护客户关系的技巧;

(3) 能按照职业要求与客户进行沟通,积极开展业务。

2. 技能训练目标。

(1) 具有良好的维护客户关系基本职业素质;

(2) 熟练掌握并运用客户关系管理与维护技巧;

(3) 能熟练操作利用 CRM 系统。

【典型工作任务】

1. 本项目的工作任务:为商业银行客户经理对客户管理与维护工作做相应准备。

2. 完成工作任务应提交的标志性成果:用所学的客户关系维护知识进行客户维护,熟练操作并应用 CRM 系统管理客户。

【业务场景】

美国银行的大客户营销

维护客户不仅仅是工作场所要注意的事情,加强与客户的长期沟通更为重要。美国银行采取了多种可能吸引客户的方法维系与客户之间的关系。这些方法包括试驾活动、品酒会、高尔夫、未来商业领袖训练、子女夏令营、夕阳红旅游和体检等。这些活动可以说贯穿了客户家庭各个时期,对于培养潜在客户、维护现有客户、开发新客户都有着非常重要的意义。

模块一 客户关系维护

【任务描述】

1. 本模块的操作任务。

(1) 认识商业银行客户经理客户关系维护相关知识;

(2) 了解商业银行客户经理对各类客户的维护方法。

2. 完成工作任务的标志性成果。

(1) 掌握商业银行客户经理关系维护的技巧;

(2) 针对不同层次的客户制定相应策略。

任务一　客户关系维护认知

【案例导入】

你是否关注了你的客户？

我的客户越来越多，相关信息也越来越多，从这么多混乱的信息中如何能快速准确地找到我所需要的信息？

我的老客户一年前换了工作，我现在才知道……

一个新的客户经理对某个老客户知之甚少，怎样把握他的需求和购买取向？

一个客户经理被其他银行挖走了，银行新继任人员是否能顺利接管他所掌握的客户信息？

一、客户关系管理的基本认知

商业银行在实际工作中，重开发、轻维护、贷前紧、贷后松等现象时有发生，客户关系管理是商业银行经营管理中较为薄弱的环节，也是市场营销工作中突出的问题之一。提高客户维护与管理水平是竞争的需要，也是商业银行市场营销工作中的重要课题。客户一旦与商业银行达成业务合作协议，双方合作关系便建立起来，而这种关系必须不断地培养和维护。维护合作关系是客户关系管理的重要组成部分，是销售规划、销售实施和销售持续的一部分。

（一）客户关系维护的含义

客户关系维护就是商业银行客户经理为了保持与目标客户的良好合作关系，通过采取各种措施对目标客户进行全程跟踪维护，以获得双方合作基础上的双赢。

（二）客户关系维护的意义

1. 有利于提升客户对银行的满意度和忠诚度。

由于银行产品具有同质化和易于模仿的特点，所以现在的银行竞争主要是服务竞争，尤其是售后服务竞争。时刻保持危机意识，主动收集客户对银行服务的意见和建议，特别是对客户的抱怨和投诉要高度重视，及时改进服务质量，将客户的不满平息在萌芽状态。商业银行必须真正把经营管理的重心放在客户身上，站在客户的角度审视商业银行产品与服务的优劣，树立品牌意识，以一流的服务，建立忠诚客户群；客户满意，才能与商业银行继续保持合作，商业银行才能生存发展。

2. 有利于客户与银行进行深度合作，提升客户对银行的利润贡献度。

在现代社会，很多优质客户都会与多家银行发生业务关系，但只有客户的主办银行才有机会与客户进行深度合作，并从客户身上得到较大的利益。加强维护客户工作可以使商业银行不断地改进服务，提高管理水平，进而不断地培养忠诚客户群。商业银行要求生存、图发展，就必须高瞻远瞩，不仅要看到今天，还要看到明天，实施"今天—明天—后天"的营销战略。同时，商业银行只有拥有了忠实的客户群，才有了盈利基础，才可以为商业银行带来经济效益。

3. 客户关系维护是维护客户应对金融竞争的需要。

在金融竞争日趋激烈的今天，一个客户今天是某家商业银行客户，明天可能就是其他商业银行的客户。一家商业银行如果能广泛地赢得客户的信赖，其信誉形象便是它在市场竞争中的一柄利剑。金融市场的发育成熟和同业的激烈竞争，给传统的商业银行经营观念带来了挑战，迫使银行一改过去的只提供标准型产品供客户选择的服务方式，逐步向以客户为中心，提供全方位、一揽子的综合性服务方式转变。在激烈的市场竞争中，能够使商业银行长久立于不败之地的可靠保证和优势，便是良好的售后服务。

4. 客户关系维护是树立良好品牌形象、增强商业银行核心竞争力的需要。

一个优质客户的背后往往潜藏着数个甚至更多的优质客户。这些优质客户在选择银行时，通常会互相影响，"资源共享"。有社会学家专门进行过试验：每一个不满意的客户会转告 8~10 人，产生群体效应；一个负面的印象需要 12 个正面印象来纠正；一个老客户和一个新客户相比，老客户可为银行带来 20%~85% 的利润；吸引一个新客户所花费的精力和成本是维护一个老客户的 6 倍；客户对银行服务不满，一般商业银行只能听到 4% 的抱怨，有不满情绪的客户中约 81% 的人一般不会再光顾该银行。因此，做好客户维护工作对树立良好品牌形象、增强商业银行核心竞争力具有重要的作用。

二、客户关系管理的内容和方法

（一）客户关系维护的内容

客户关系维护的内容涉及方方面面，概括而言，主要是硬件维护、软件维护、功能维护、心理维护。

1. 硬件维护。

硬件维护是由商业银行的设施来实现的，是一种"物"对人的维护。现代商业银行除拥有良好的设施外，还应拥有完善的维护功能，这样才更具吸引力。现代商业银行的营业机构应营造一种温馨、可信任的"家庭式"气氛，有别于传统的商业银行模式。在客户洽谈室，设置有家庭式的沙发、盆景、自动饮水机等，银行深谙，客户在判断银行实力如何的各项标准中，硬件设施是其中之一。客户经理与客户之间，可以在温馨舒适的环境中商谈业务。除此之外，还要有强大的信息网络作为后盾，如客户关系管理系统。

2. 软件维护。

软件维护是指由商业银行员工来实现的一种"人"对人的维护。在硬件维护水平相同的条件下，软件维护是商业银行综合维护水平的决定因素。硬件维护可以模仿，但软件维护却无法完全复制。商业银行服务维护的多样化和技术化从不同的侧面保证商业银行服务维护高效化的实现，但高效化还要求商业银行管理者和操作者具备较高的专业素质和多种技能。商业银行需要在从业人员中建立一支有较高文化、有专业知识、有应变能力、有市场谋略的专家队伍。软件维护很有"弹性"，很容易"滑坡"，必须加强管理，常抓不懈。

3. 功能维护。

功能维护是指商业银行拥有强大的产品供给和服务功能来实现客户关系维护的目标。商业银行的客户总是带着一些很具体或者很实际的问题来寻求解决，而功能维护就是帮助客户解决实际问题的一种维护，要为客户提供种种方便，回答他们提出的问题，提供全过程维护。

4. 心理维护。

心理维护是指商业银行要想方设法让客户得到心理上的满足。例如，银行会想方设法地提升本银行在社会上的声誉，很多银行打出了"为高端净值客户当私人管家"等口号，一方面宣传自己的服务；另一方面也是让客户能彰显自身的社会地位。客户的消费行为会受到其心态的影响，有时消费者的心态还会左右其消费行为。所以，商业银行的员工应该掌握一些消费心理学方面的知识，做到既会"做事"，也会"做人"，满足客户对精神方面层次越来越高的需求。

（二）客户关系维护的方法

1. 分层维护。

银行客户关系维护首先要求将客户进行分层，按客户对银行的利润贡献度高低提供不同级别的维护。对利润贡献度较高的重要客户，银行要配备专职的客户经理进行维护；而对利润贡献度低的次要客户，银行可以通过自助设备和柜台进行一般性维护。利润贡献度越高的客户，银行越要配备职务高、资历深、能力强的客户经理进行维护；对于利润贡献度特别高的"黄金客户"，银行应该由各有特长的客户经理组成客户服务小组进行精心维护。

2. 情感维护。

情感维护是指客户经理在客户关系维护过程中注重商业银行、客户经理与客户之间的感情交流，在彼此亲近、认可、相互帮助的基础上，建立与客户之间和谐稳固的关系。作为一名客户经理，在进行产品营销时，并不仅仅只是将产品营销出去为目的，这样是难以实现长期发展目标的。客户经理应该知道在推销产品的同时，如何运用良好的人际关系，诚挚的个人情感与客户建立稳定、持久的关系，客户开发如此，客户关系维护更是如此。一名成功的客户经理，应清楚地知道自己有三个目标：第一，将产品营销出去；第二，建立与客户之间牢固的关系；第三，通过竞争吸引更多的新客户。商业银行客户经理在寻找、约见、接近客户、进行推销、洽谈和成交的过程中，应设身处地站在客户的立场为客户着想，以此来获得客户的认可与亲近。所以，商业银行客户经理在工作中不仅要做产品营销者，更要充当友好大使，注重人情，与客户建立长期、稳定的朋友关系。与客户接触不能一开口就讲存款，高明的客户经理总是注重细节维护，如传统佳节或客户生日，客户经理应适时地以短信、贺卡、小礼品、邀请客户出席茶话会等方式表达心意，让客户感受到银行对他的重视和牵挂。这样充满人情味儿的维护有助于培养客户对银行的忠诚度。

3. 扩大销售维护。

当一个优质客户在银行开立了存款账户之后，客户经理应当采取有效措施，让客户在本银行办理尽可能多的业务品种，如存款业务、贷款业务、代发工资、代收电费、人民币结算业务、外汇结算业务、信用卡业务，等等。对于一些有特殊要求的优质客户，银行应该为客户"量身定做"业务品种，扩大销售，深化优质客户与银行的合作关系，让银行从客户身上得到更大的收益，更重要的是，扩大销售能让客户对银行的信任感和依赖性增加，有利于培养客户对银行的忠诚度，从而为银行留住稳定的利润来源。

4. 上门维护。

上门维护是商业银行客户经理日常客户关系维护实践中最常见、运用最为广泛的方法。客户经理大部分工作时间都与客户在一起，大部分精力都花在客户需求分析、产品营销和客户服务上面。其工作内容包括：上门取单、送单，提供咨询服务，协助客户进行资金安排，推销银行产品和服务，挖掘和发展存、贷款客户，搜集和反馈各种信息等。

5. 知识维护。

在营销关系中，最高层次应该是将产品与客户在知识结构上建立稳固的关系，使客户成为商业银行长期忠实的消费者。普及金融知识、增强金融意识是商业银行培育客户群、刺激金融需求的重要保证。世界银行行长沃尔芬森曾提出：把世界银行办成知识银行。以价格折扣、金钱奖励回报客户是最低层次的竞争手段，也是最容易仿效的手段，而且这种竞争后果往往是两败俱伤，甚至导致产品与维护质量下降。所以商业银行应提倡知识维护，这既是客户在新的经济形势下对银行提出的客观需求，同时更是商业银行自身适应经济发展，提升服务档次，拓展市场的必由之路。

6. 超值维护。

超值维护是指商业银行从参与市场竞争、赢得客户的角度出发，要求客户经理以自觉的行动、情感的力量、精神的感召、智力的支持、信息的传递、科技的手段为客户提供的超出客户对金融维护需求的心理预期，超出了维护本身价值的一种具有浓厚人情味儿的，给客户带来满足感，给银行带来高效率、高收益的维护方式。超值维护的作用形式及内涵包括：

（1）追求超越常规维护的范围，使客户能够体验商业银行的与众不同，体验到深厚的文化品位和底蕴。例如，某家银行办理业务的效率明显高于其他银行，并且银行员工态度让客户能够真正体验到回家的感觉、做朋友的感觉或引起客户震撼，而这些是在其他银行所体验不到的。能够让客户达到这种体验，是这家银行追求或超越常规维护范围的结果。

（2）维护内容超出了常规金融维护的范围。在某种意义上讲，商业银行与客户是一种利益联合体，维系这种联合体，仅靠商业银行的业务功能是不够的。商业银行应注重加强对客户的感情投资，在常规的金融维护之外，关注并随时解决客户在日常生活中遇到的困难，把情感的力量渗透到客户中去，以收到投桃报李的效果。

（3）通过维护使客户享受到收益，认识到银行在自身积聚财富、美化生活方面的作用。敏锐的客户经理在开展传统业务的基础上，还注意研究客户的需求，客户的需求能够为双方带来利益。于是，各种代理收付、结算汇兑、证券买卖、代客理财、信息咨询、保管箱等中间业务发展起来。这些业务又是一般实力不济或无远见的商业银行办不到的。维护的价值已超出了维护本身的目的，不但使客户从中受益，还能使客户体验到享受人生、享受生活的快乐。

（4）高科技、现代化、多功能的金融维护使客户在快节奏的社会生活中找到现代人、现代生活的感受。

7. 顾问式营销维护。

顾问式营销维护是指营销人员在以专业营销技巧进行业务营销的同时，能运用分析、综合、实行、创造、说服等能力，满足客户的需要，并能预见客户的未来而提出积极的建议，以求达成双方长期合作的业务关系并实现双方的互利互惠。顾问式营销维护的核心是发挥营销人员对客户的顾问、咨询、维护功能，谋求双方的长期信任与合作。

商业银行员工开展顾问式营销维护时必须做到：第一，客户优先，促成双方都满意的双赢格局；第二，对客户实行业务指导；第三，为客户提供有价值的信息。

8. 机制维护。

通过建立商业银行与客户的双向沟通机制来维护双方的关系即为机制维护。具体策略是：客户经理在做好自身对客户维护服务的同时，应注意做好本银行高层与客户高层的协调、交流工作，由此建立一个双方关系的维护机制。

（三）评估客户关系维护效果

客户关系维护的最终目的是加强与客户的合作，提高客户对银行的利润贡献度。因此掌握客户关系维护的效果，对银行调整下一步维护措施有着至关重要的作用，这需要客户服务人员定期对客户关系进行评估，填写《客户关系评估表》（表5–1）。

表5–1 客户关系评估表

客户名称： 编号：

分析指标	指标权重	指标得分	客户等级	得分依据	备注
合计					
评估结果	最终得分				
	建议	□改进关系　□维持关系　□终止关系			

【知识链接】

客户关系维护需要什么样的人才

招聘职位：客户关系管理　　　　　　招聘企业：深圳发展银行股份有限公司
公司规模：0　公司类型：0　公司行业：
□性别要求：不限　　　　□招聘人数：若干　　　　年龄要求：23～40岁
□雇佣形式：全职　　　　□截止日期：2013–07–29　学历要求：高中以及同等学历
□薪资待遇：4 001～6 000　□工作经验：不限　　　　工作地点：山东济南市
职位描述
岗位职责：
1. 指导业务员和销售行政录入和管理客户信息数据；
2. 充分了解客户需求细分客户类型，进行分级服务管理，分析并挖掘潜在客户及重点客户；
3. 根据销售、服务等业务需求处理数据，提供有效报告；
4. 监督销售员客户覆盖行动情况，及时反馈其各级主管并推动工作。
任职资格：
1. 年龄22～45岁，男女不限；
2. 良好的沟通及语言表达能力，有独立分析、思考解决问题的能力；
3. 能承受较强的工作压力，有良好的学习能力；
4. 有效进行沟通和协作的能力，组织能力/应变能力较强；

5. 熟练应用 Office 办公软件。

【想一想】

作为商业银行的客户，你亲身体会过商业银行的客户关系管理吗？

【案例分享】

花旗银行的维护客户关系工具

花旗银行早在 20 世纪 90 年代中期就在全球范围内实施和应用了 CRM 系统。通过大力推行 CRM 战略，使花旗银行虽然在许多国家和地区没有经营网点的优势或者获准进入一些新兴市场的时间较晚，但仍然具有较强的竞争力，市场份额不断提高。拓展中国台湾信用卡市场就是其中经典的一例。

花旗银行进入中国台湾后，信用卡市场已经处于饱和阶段，即信用卡业务的来源，已经从原来以推广新卡、收年费为主，渐渐转变成维系卡户与刺激用卡为主的阶段。"维系卡户忠诚度"已成为信用卡业务发展的重中之重。根据有关调查估计，在中国台湾每吸引一位新卡持卡人的成本为 2 400 新台币，但留住原有持卡人只需要花费 500 元台币，约占发展新客户成本的 1/5。花旗银行设在中国台湾的电话理财中心，号称全亚洲最大的电话服务团队，员工超过 450 人。他们的工作就是为花旗银行信用卡的持有者服务，除了提供相关的业务以外，维系客户忠诚度是一项重要的任务。这些员工中约有 24 位客户服务代表，主要负责客户关系的维护。他们的工作主要是加强信用卡持卡人的忠诚度及收复减卡的会员。通过这 24 位客户服务代表的共同努力，每个月大致可以收复 6 000 多位减卡者。按照客户关系管理中客户终生价值的理念来分析，每位信用卡的持有人，从成为花旗银行信用卡持有人的第一天开始算起，到未来的 3 年间，他对银行的贡献度高达 115 万元新台币，除了专门的人员服务以外，花旗银行更借助于先进的数据仓库技术，依照客户的使用习惯、刷卡比例、基本资料以及借贷状况等相关资料，将客户分成九大类，每位客户服务代表都通过电脑熟练地掌握客户的需求信息，采取对症下药的措施，极大地提高了成功率。

在中国台湾，信用卡市场的竞争日趋"白热化"，各家银行花招百出，最终目的都是为了增加客户的持卡量。花旗银行的流通卡量一直都维持在 100 万张左右。花旗银行认为，流通卡量能够维持 100 万张的水平，主要归功于花旗银行完成整合客户关系管理之后，持卡客户的抱怨大多数能够得到合理的解决，使得以往表达减卡意愿的客户大约 65% 打消这个念头。此外，从口碑效应来看，每 10 位忠诚客户可以为银行带来 25 位新客户，花旗银行就抓住这一点，加强对现有客户的深入开发。

正是凭借 CRM 的成功实施和其他适应时势的举措，令花旗银行在近年来国际银行业中独占鳌头。据英国《银行家》杂志世界 1 000 家大银行排名，花旗银行按一级资本已连续 4 年稳居首位（1998～2001 年），其余各项重要指标如 ROE、ROA、EPS 等，也都位居前列。进一步看，重视客户关系的管理和其他积极的改革调整，使美国银行业重新恢复了竞争能力，彻底扭转了经营困境，盈利能力大大增强，改变了世界排名一度被欧洲和日本银行取代的局面，20 世纪 90 年代中期以来又重现了昔日的辉煌。总结起来，花旗银行实施 CRM 的经验，以下几方面值得借鉴：一是明确的目标定位；二是创建了客户服务中心；三是设立了专门的客户服务代表；四是建立了客户资源数据库；五是对客户与市场进行了细分。目前，我国信用卡业务的发展还不够规范，在运作体制上还呈现一片无序竞争的散打局面。作为一项重要的中间业务，外资银行进入后会以其作为首要突破口来争夺市场份额。花旗银行运用客户关系管理战略成功拓展中国台湾信用卡市场的案例，对入世后我国商业银行如何稳定和竞争优质客户、全面提高核心竞争力具有十分重要的参考价值。

任务二　客户关系维护

【案例导入】

分层维护，抢占高利润市场

为夯实客户基础，加快业务发展，工行威海分行营业部坚持把拓展客户、维护客户作为重要工作来抓，通过建立维护机制、加强维护多种举措，使该行的客户得到了健康、有序的发展，截至2012年9月末，资产20万元以上的客户发展计划完成率达259.05%。

（1）建立客户维护责任制，分层次维护。该行建立了客户维护分工责任制，从总经理到员工，根据客户资产划分，实施分层维护。同时，采取不同的维护方式、营销策略和服务手段，创新工作方式方法，注重细节，努力抢占中高端客户市场。

（2）强化网点岗位的日常维护作用：大堂经理对客户进行细分，识别优质客户，积极向个人客户经理推介；柜员在业务办理同时，进行高端客户发现和客户推介；个人客户经理通过PBMS系统进行维护，对存款余额在20万元以上的个人客户精心维护，以电话拜访、登门拜访、组织活动等方式加强客户管理维护，提高客户的忠诚度。

（3）突出核心优质客户的维护。该行集中资源优势，在核心优质客户的维护上作文章，积极为客户提供理财咨询、业务提示、产品售后跟踪维护等工作，加强与客户的感情维护，挖掘客户业务潜力，进一步提高客户综合贡献度和忠诚度，带动存款、理财等重点工作的发展。

一、高端客户的关系维护

在"以客户为中心"的理念已深入人心的时代，"二八法则"也为广大管理人员所认同和接受。各家商业银行都十分清楚地知道拓展高端客户对业务经营的重要意义所在，纷纷调整公关策略，加大营销力度，致使高端客户的市场竞争格外激烈。在这样的形势下，商业银行如何挖掘潜力，革新机制，通过各种措施吸引、占有及维系高端客户，获得更好的业绩增长；如何利用自身条件，积累客户储备，制订发展规划，实现可持续发展。这些都是摆在商业银行面前现实而艰巨的任务。

高端客户营销战略是将大客户作为银行重要的资产，因而银行应当更加重视客户满意和忠诚度。银行拥有了许多忠诚的客户后，再不断地升级相关的服务，这样在客户得到100%满意的同时银行也获得了很大的利润，真正实现了客户和银行的双赢。

（一）建立大客户评价标准和定期评判机制

要实施大客户管理，首先要清楚哪些是大客户，大客户的评判标准是什么。这就需要建立大客户的评价标准和定期评判机制。大客户评价标准，是用以解决什么样的客户属大客户的问题。银行应结合多年的管理经验，综合考虑客户的合同量、单价、销售收入、回款率、利润水平、质量损失，以及客户行业影响力、商业信誉等因素，制定具有可操作性的量化评级标准，而后确定大客户，形成大客户清单。

由于市场是不断变化的，客户也是不断发生变化的，不同时期对客户的评价结果可能会发生变化：有的大客户可能退步，重要性等级降低，从而被排除在清单之外；有的非大客户在富有成效的营销工作，以及自身的良性发展双重作用下，有可能进入大客户清单。为了保证清单对销售工作的指导意义，银行应建立大客户定期评判机制，如可以采用每年对所有客户进行一次重要性评级，这样做就保证了清单与市场的同步变化效果，使清单的指导性、有效性更强。

（二）组建大客户业务档案

加强对大客户的管理，最基础的工作，也是必不可少的工作，便是建立大客户业务档案。要通过认真持续、长期的跟踪、调查和总结，对大客户的产量规模、产品结构、生产线状况、发展规划、主要业务人员和决策人员情况、同行业在客户的市场份额等信息有一个系统的掌握，并建立一整套规范的档案资料。这样的客户档案，是银行重要的商业秘密和无形资产，对银行在商战中的科学决策，以及赢得市场主动权有着非常重要的意义。

国外银行业务流程中很重要的一步就是收集大客户基本资料、定期汇总拜访记录了解的金融需求、分析其资产现状等，在此基础上详细了解大客户需求，并与其共同确认财务目标，建立个性化投融资组合并实施计划，最后还要进行绩效评估。这一过程充分体现了对大客户的透彻了解及客户至上的双赢理念。

（三）细化大客户的日常维护

商业银行平时常说"跑业务"，所谓"跑"，就是要接触客户，缩短与客户的距离，与客户进行有效的互动。这就要求银行建立一种科学完善的大客户走访和跟踪服务机制，通过走访和跟踪服务机制的运转，推进客户关系的发展，拓宽合作范围，加深合作层次，最终实现两企业间的良好战略合作，成为共赢、互信的战略伙伴。

大客户走访和跟踪服务机制的建立，要从三个层面共同推进：一是领导层面的走访机制。建立银行领导的客户走访机制，本身就体现了对大客户的重点对待。双方领导的会面与沟通，可以就双方合作中的重大问题达成共识，从而在更长远和更广泛的层面推动供需双方的合作，对银行的发展具有战略性意义。二是技术层次的走访和服务机制。银行向客户提供的产品，对客户的生产或消费有着重要的影响。银行向客户提供合格的产品，并不是业务活动的终结。产品的使用效果，既影响到本次业务合作的圆满程度，又影响到下次能否实现业务延续。所以，建立技术走访和服务机制，一方面可以及时发现和解决产品使用过程中发生的问题；另一方面可以收集客户的使用信息和潜在要求，促进银行自身的产品质量改善，有利于下次向客户提供更优良的产品。三是要建立业务层面的走访和服务机制。业务工作是企业合作中最大的交流平台和基础性工作，商业银行客户经理是促进供需双方合作的催化剂。加强对大客户的业务走访和服务，可以加强双方的了解，拉近感情，及时处理琐碎问题，畅通办事渠道，推进业务发展。

（四）建立高质量的产品服务体系

大力推行以电子化手段为支持的大众化、标准化服务和以高素质的银行客户经理为支持的个性化、差异化服务，用高质量的金融服务拓展和锁定高端客户。一是在产品营销上求

"实"。依托现有产品，加大向社会推介力度，利用媒体宣传，召开各种形式的产品推介会，印发宣传材料等手段，增强客户对商业银行产品和服务的认同度。进一步提升金融超市业务功能，通过住房买卖专家导购、法律专家全程服务、对"黄金"客户授信及代客理财等措施，延伸和扩展金融超市的服务外延与内涵。在金融超市和有条件的金融网点组建"理财工作室"。例如，交通银行沃德财富、东亚银行紫荆花、工商银行理财金账户（牡丹卡金卡）、农业银行金穗、建设银行建设财富（龙卡）、光大银行阳光理财，以及华夏银行华夏理财等。二是在功能开发上求"新"。创新一个产品，就可能打开一片天空。认真研究经济形势变化，深入探求金融政策取向，全面瞄准银行同业动态，充分利用商业银行系统优势和全行集成数据中心，推动产品和功能的创新，更好地满足客户需求。围绕集团型、系统性客户需求，开发企业内部系统清算银行、网上企业银行等综合性服务产品；围绕个人客户需要，开发综合账户、委托贷款、消费贷款组合等产品；探索开办应收账款融资业务；积极试点开办即时贴现业务，对高端客户，在与客户签订协议，明确对票据贴现拥有追索权的情况下，办理即时贴现的业务。三是在文明服务上求"优"。通过全面推行计件工资制，进一步增强柜面员工的服务意识，不断提高文明服务水平。四是在形象宣传上求"美"。金融产品的同质性决定了谁的形象好，谁的产品吸引力大。因此，在完善服务功能、抓好产品营销的同时，必须加强企业形象宣传，运用"软广告"、公益活动、统一标识、美化网点、完善功能等多种形式，凸显商业银行"市民的银行、进取的银行、现代的银行"新形象，增强亲和力和美誉度。

（五）制定针对大客户的销售策略

大客户与一般客户对银行利润贡献度的不同，决定了二者在销售策略上应有所区别。这种区别应能保证大客户资源的稳定和发展。对于合同量大、回款良好的大客户，可以适度地给予一定的价格优惠；对于价格较高、合同稳定的客户，可以在货款回收上适度的放宽；对于合作良好，无质量异议损失的客户，可以适当地增加销售费用，增加走访次数。客户经理的营销费用提成比例也要根据客户的情况有所分别，大客户的提成比例要有别于一般客户，要在企业掌握主动权和调动业务员积极性两个方面寻求平衡，达到最佳效果。

（六）细化大客户服务人员的选拔和培养

由于要为大客户提供专业的服务，银行高级客户经理对服务年资、专业程度、个人背景等方面都有很高的要求。以瑞士银行为例，在3 000名应聘者中仅有33人被录取，被录取者普遍毕业于名牌大学，平均有3~7年的工作经验。录取后，还要对他们进行18个月的培训，每人培训成本达200万瑞士法郎。此后每年还要继续培训，使他们逐渐成为瑞士银行的投资顾问或投资产品专家。目前，国内客户经理人员素质还有待提高，这种现状在短期内难以根本扭转，但是可以从聘用和培训方面加以改善。

二、中端客户的关系维护

在发达国家，中产阶层在银行业务中占据举足轻重的地位，是社会阶层中最大的群体。随着我国工薪制度的改革和个人收入的不断增长，中产群体成为银行业最大的潜在优质客户，他们正在不断扩大资本，逐渐加入富裕群体中。因此银行应建立先入为主的客户关系。同时，"中端客户"群体的需求比富裕客户简单，大多可采取批量处理，业务成本较低。因此，在成本和收益的比较分析中，也应归属于收益率较高的客户群体。

优良的集团客户和"中端客户"具有较大范围的交集，一个优良的集团客户必然拥有一定数量的"中端客户"。如代发工资的优良单位、学校、部队及大型国企、私企等。人群集中、身份接近，其个性化需求经汇总后又极其相似，便于客户的集中管理和业务批量处理，能够以较低的操作成本获得较高收益。针对这类客户，银行可以提供如下服务。

（一）系统化的咨询服务

前期的咨询服务具有至关重要的影响力。服务需求的展现是潜在高端客户的咨询。金融服务套餐就是银行结合客户的个性化特征为其量身定做，使潜在客户在咨询过程中收获更多的服务支持，开发的成功几率也会逐步提高。基于对个人中端客户的资金状况、工作与生活背景、未来发展三位一体的分析是系统化的咨询服务的基础，它对国际国内的最新金融走势、产品特色作了介绍，帮助客户全面预览高端服务产品，为客户投资奠定了基准线。

（二）多元化的理财支持

科学理财是银行个人中端客户服务需求的本质，它将现有的资金分配到适合的金融产品投资中。在中端客户中最常见的是五花八门的理财服务，但中端理财的趋同性也不容忽视，多元化的理财支持才是客户所需的。

（三）优质化的增值服务

增值服务不是简简单单的增值。银行个人中端客户对于增值服务的要求较高，为了开发更广阔的客户群体，只有深入的增值服务。未来发展的趋势是贴近高端客户消费需求的新颖增值服务。对中端客户的开发必须依靠银行与优质增值服务供应商的联合，吸收更多的社会资源，使客户在投资获得经济收益的同时，更大程度上满足精神世界。例如，银行竞相争夺信用卡市场，为客户提供了很多信用卡增值服务，包括保险服务，各行信用卡一般都提供交通意外保障、旅行意外保障。也有些信用卡附加特色保险服务，如广发真情卡持卡人可在女性健康保险与重大疾病保险中选择一项保险。酒后代驾服务：交行白金卡、上海银行畅行信用卡、兴业金卡信用卡、华夏银行、平安信用卡等都提供该项服务。白金卡"高端"服务：除基础的银行白金贵宾通道、电话银行专线服务外，许多银行的白金卡还为客户提供免费体检、高额保险、机场贵宾服务、紧急车辆救援、高尔夫免费试练、专线秘书等诸多服务。信用卡增值服务是银行提供增值服务的一个缩影。

虽然"中端客户"群体的人均存款不及所谓的"富人"，却是客户层次中盈利份额最大的，同时这些客户具有良好的个人消费需求。"中端客户"多是收入较高的工薪阶层，以发展的眼光看，他们将成为我国的中产阶级，并且利润贡献度也有良好的成长性，是银行必须要把握和抢占的客户资源。

【案例分享】

工商银行重点发力维护中端客户

对于中端客户 A，网点负责人和客户经理组织通过短信、电话、网点沙龙、拜访等方式维护；对于中端客户 B，客户经理通过短信、电话、网点沙龙、赠送礼品、产品体验等方式进行有效维护。

三、大众和低端客户的关系维护

（一）盈利率较低的大众客户

对盈利率较低的大众客户，银行普遍采取降低服务成本以提高盈利水平。对盈利率较低的大众客户保持适中的资源配置，通过提高客户对银行产品的综合使用、自助服务（包括 ATM、电话银行、网上银行等）和批量处理等能力，降低服务成本，提高盈利水平。

（二）贡献度小的低端客户

对贡献度小的低端客户，银行减少资源投入，降低维护成本；对贡献度微弱或为负数的低端客户采取多种维护手段，减少资源投入，降低维护成本。大力促进自动化服务代替人工服务，如大力推广自助终端、电话银行、委托批量代扣收费等自助型服务渠道，减少人工服务成本；限制发展负盈利业务，如不做工资额少、基本无资金沉淀的代发工资；通过收取相关服务费减少一些无效业务，如通过收取银行卡开卡费、年费剔除大量无效卡，降低维护成本；向现金缴纳水、电、话费的用户收取适量手续费，并引导这些用户开设代缴账户，以求大力减少对银行服务资源的挤占等。

在内部资源配置调整的过程中，需要内部全体员工的大力支持和有效执行，这样才能落实上层对资源配置倾斜的政策，达到一线员工对客户的持续"教育"和对有效资源的合理应用，进而达到高端客户的服务最优化和大众客户的成本最优化。

任务三　客户满意度维护与忠诚度培育

【案例导入】

银行客户满意度"年检"深发展居首位

银行的客户服务质量一向是消费者关注的焦点。收费条目繁多、服务态度冷漠、排队时间长等质疑都反映了人们对银行服务的满意度之低。近日，国际知名资讯公司发布《2012 年中国零售银行客户满意度调查报告》，深发展居首位。

国际知名市场资讯公司 J. D. Power 近日发布《2012 年中国零售银行客户满意度调查报告》，通过七个方面（各渠道交易、业务办理经历、产品、账户信息、设施、收费和问题解决）来衡量零售银行的客户体验。调查显示，2012 年中国零售银行总体满意度得分为 687 分（1 000 分制），与 2011 年相比上升 2 分。平深合并后的深圳发展银行在总体客户满意度方面取得 751 分，排名最高。分项来看，对于问题解决的满意度上升59分，收费方面的满意度则提高38分，客户对于各渠道交易/业务办理经历的满意度也上升31分。

顾客服务的地位日益重要，而且有愈演愈烈之势。银行最主要的资源是客户，银行不但要开发客户，更重要的是留住客户。这意味着银行要想与顾客建立一种长期的关系，就必须取悦顾客。尤其优质客户更是大家争夺的焦点。如何让客户满意，使其变成忠诚客户，是摆在银行客户经理面前的重要课题。只有在技术、质量、价格、技术服务、客户培训、服务咨询、超值服务、电子商务等各个方面面面俱到才能提高满意度，提升银行自身竞争力。

一、客户满意及客户满意度的衡量与实施

在美国营销学会手册中，对客户满意度定义是：满意＝期望－结果。换句话说，"客户满意"就是客户对产品感知与认知相比较之后产生的一种失望或愉悦的感觉状态。满意程度是由产品最终表现与客户期望的吻合程度决定的。

（一）客户满意度的衡量

客户满意是金融银行制胜的法宝之一。满意的客户往往会变成忠诚的客户。影响客户对组织产品或服务满意程度的因素有很多，同时也就产生了一系列影响客户满意度的指标。一般可以通过以下三种方式对客户满意度进行衡量。

（1）直接衡量法。就是通过直接询问的方式进行衡量，一般是通过一个5级满意度量表，采用"请按下面的量度说出你对某项产品或服务的满意程度：非常不满意、不满意、一般、满意和非常满意（100分表示非常满意，0分表示非常不满意）"的提问方式，了解客户对影响满意程度指标的看法；同时还要求受访者评价他们期望得到一个什么样的产品或服务。实际上这是从客户目前得到的产品或服务中引申出客户对现有产品或服务的不满意之处。

（2）间接衡量法。就是要求受访者罗列出在接受产品或服务时出现的任何问题、希望的任何改进措施，并且要求受访者按产品的重要性不同进行排列，对银行在每个要素上的表现作出评价，目的是帮助银行了解它是否在一些重要的要素方面表现不佳，或在一些相对不重要的要素方面过于投入。

（3）综合法。通过直接方法得出客户对某项指标的满意程度后，结合间接衡量得到的各因素重要程度，采用国际上通用的重要性推导模型，利用象限分析的方法了解客户对影响满意度指数的各项指标，目前的满意情况，进而指导组织采取一定的措施来改进。金融企业进行客户满意度调查，一般采取这种方法（表5-2）。

表5-2　　　　　　　　　　　象限分析模型

维持区	优势区
机会区	改进区

优势区（右上角）：这一区间表明客户满意度非常高，银行做得也非常好，客户的忠诚度也非常高。

维持区（左上角）：这一区间客户的满意度尚可，银行表现比较好。不过银行要进一步提高服务质量，以提高客户的忠诚度。

改进区（右下角）：表明客户对银行的服务不满意，客户易流失。

机会区（左下角）：银行需要对本区域的因素进一步挖掘，以发现提高客户满意度的机会点。

【想一想】

作为商业银行的客户，请填写下面的表格，然后大家讨论，同学们心中最满意银行是哪一家（表5-3）？

表5-3　　　　　　　　　　商业银行客户满意度调查

1. 营业地点最方便的银行是	
2. 营业时间最合理的银行是	
3. 设施最齐全的银行是	
4. 内部环境最舒适的银行是	
5. 接待最友好的银行是	
6. 办理业务最快速的银行是	
7. 办理业务最准确的银行是	
8. 收费最合理的银行是	
9. 业务手续最简便的银行是	
10. 自动柜员机最方便的银行是	
11. 哪家银行的信用卡最受欢迎	
12. 最受欢迎的网上银行是	
13. 最受欢迎的电话银行是	
14. 总体而言，您最满意的银行是	

（二）提升客户满意度

银行客户满意度提升简单总结为八个字：尊重客户、关怀客户。

（1）尊重客户：客户没有好坏之分，只有暂时的大小之分。

（2）关怀客户：爱人者人恒爱之，所以银行营销人员要善于用感情的关怀和实际的行动让客户感动，对客户多一点人情关怀，例如，利用周末、节假日等时机经常问候客户，增加彼此的感情联络，拉近心的距离；实实在在地协助客户解决一些哪怕是芝麻大的小事；有意识地改进一下自己的工作方式和沟通技巧，让客户更满意；在银行与客户之间寻找平衡点，既不损害银行利益，又能帮助客户解决问题；充分利用一些花样百出的促销和小型广告，提高银行的认知度；利用QQ、邮件、传真、手机短信等方式增加与客户的感情维系；随时了解客户库存，有针对性地提出方案。

二、客户满意度与客户忠诚度的关系

客户忠诚是指由于受价格、产品、服务特性或者其他因素的影响,客户长久地购买某一企业或者某一品牌的产品或者服务的行为。客户忠诚度就是对这一行为的量化。

客户忠诚是企业长期获利和业绩增长的有效途径。对于产品同质化倾向比较严重的行业来说,客户忠诚度的价值巨大。调查研究表明:提高客户5%的忠诚度,在保险业,获利可激增60%;在银行业,利润将上涨40%,在服务业,提高客户4%的忠诚度,获利可激增21%。因此,想要在残酷的市场竞争中存活,金融企业就必须减少客户开拓成本,增强盈利的稳定性,不断提高产品质量及服务效率和服务水平,千方百计地留住客户,通过让客户满意逐步培养客户对金融企业的忠诚。

(一) 满意不等于忠诚

客户满意度已经成为基本的市场营销理念,金融企业应经常定期进行满意度调查。但有调查发现,65% ~ 85%已经流失的客户也在说他们满意或非常满意。所以说,满意却不一定能保证忠诚。这就出现了一系列的问题:"满意" = "忠诚"吗?"满意"一定带来"忠诚"吗?"不满意"一定导致"不忠诚"吗?答案显然都是否定的:金融企业应该在关注满意度的同时,更关注如何保持客户的忠诚度。忠诚客户往往具有下列特征:

(1) 忠诚的客户会经常反复地消费某银行的产品或服务,该银行甚至可以定量分析出他们的购买频率。

(2) 忠诚的客户在消费银行产品时,选择呈多样性,因为是某银行的忠诚客户,他们更信任该银行的产品或服务,通常会很支持该银行的活动,较其他客户更关注银行所提供的新产品或新服务。

(3) 忠诚的客户乐于向他人推荐某银行的产品,被推荐者相对于其他客户会更亲近于该银行,更忠诚于该银行的产品或服务。

(4) 忠诚的客户会排斥某银行的竞争对手,只要忠诚的纽带未被打破,他们甚至不屑更胜一筹的对手。

(二) 客户满意度与客户忠诚度的关系

客户满意度与客户忠诚度的关系大致可以表述为:产品或者服务的质量决定了客户满意度,但是客户满意度却并不一定必然产生客户忠诚度。客户忠诚度的获得必须有一个最低水平的客户满意度,在这个满意度水平线以下,忠诚度将明显下降;在该满意度水平线以上的一定范围内,忠诚度不受影响;当满意度达到一定高度以后,忠诚度将大增长。

满意度对提高顾客忠诚度的作用在四个层次上有不同的表现:

(1) 当顾客满意度是"不满意"时,顾客忠诚度为负值。顾客不仅不会选择令他们感到过不愉快和不满意的产品服务,还会影响周围其他人放弃该产品或服务。造成顾客满意度如此之低的原因是顾客曾经经历过不愉快的产品服务消费过程,矛盾产生之后,银行没有采取任何的关系修复措施。例如,当顾客到银行办理业务,某银行的效率过于低下;银行工作人员非常明显的以貌取人;银行的硬件设施陈旧带来不便,如需要身份证复印件时,客户不得不去其他地方复印等。长此以往，银行的客户就会流失。

（2）顾客满意度为"一般"时，顾客表现为无忠诚度。顾客对该产品服务没有任何特别的深刻体会。顾客会在任何同类产品服务中进行尝试，直到找到真正让其信任的选择。顾客表示基本满意时，银行常常误以为这样的顾客就算是他们辛辛苦苦培养的忠诚顾客。

（3）表示基本满意的顾客虽然可以成为忠诚顾客，但同时也具有很高的转换率，随时都可能放弃目前让顾客感到基本满意的产品服务，转换到其他替代品。

（4）感到完全满意的顾客才会表现出高忠诚度和低转换率。愿意努力追求顾客完全满意的银行并不容易实现目标，但是，能够赢得客户完全满意度的银行享有牢固的客户信任基础。对银行来说，只是做到让顾客基本满意还不够，不能保证银行获得稳固的客户忠诚。对于处于白热化竞争的银行业来说，让顾客感到完全满意是建立稳固客户群基础的重要保证。

商业银行客户经理必须注意的是，提高客户满意度和忠诚度，并不意味着一定要提高所有客户的满意度和忠诚度，这是不可能的也是没有必要的。瑞典银行组织的一项研究表明：对于银行来说，80%的客户并不具有可营利性，但是他们对于银行的产品和服务却通常表示满意；而20%的客户贡献了超过了银行利润资金的80%，但是这一部分客户对于银行却常常不满。由此可见，在客户关系管理的框架下，银行应该在客户细分的基础上，采取有针对性的策略，最大限度地让更具价值的客户满意，获取他们的忠诚，而不需要取悦所有的客户。

三、忠诚度培养

在实践中，大多数银行将顾客满意与顾客忠诚混为一谈，认为达到顾客满意就会赢得顾客的忠诚和高利润，因而常把顾客满意作为管理进一步的标准。而实际上，顾客满意是顾客对银行和员工提供产品和服务的直接性综合评价，是顾客对顾客关怀的认可。如果说顾客满意是一种价值判断的话，顾客忠诚则是顾客满意的行为化。顾客忠诚是顾客对某一企业或某一品牌的产品或服务的认同和信赖，它是顾客满意不断强化的结果。

据美国贝恩公司的一项调查显示，在声称对公司产品满意甚至十分满意的顾客中，有65%~85%的人会转购其他产品；在餐饮业中，表示满意或非常满意的顾客中，仍会有60%~80%的人成为品牌的转换者；在汽车行业中，顾客满意率平均为85%~95%，而顾客的再购率却只有30%~40%。正如美国著名营销学者雷奇汉指出的那样，满意的顾客也可能"跳槽"，而购买其他企业的产品或服务。这种现象被称为"顾客满意陷阱"。

"顾客满意陷阱"的现象表明，在银行的营销活动中，仅仅让顾客感到满意是不够的，顾客满意与顾客忠诚之间并非是一种直线正相关关系。虽然保持令顾客满意是重要的，但忠诚的顾客比满意的顾客对银行更有价值。顾客满意在许多场合并不能直接转化为顾客忠诚，还需要一些中介因素，对顾客的情感作进一步的催化。因此，建立和提高顾客的忠诚度是企业在激烈的市场竞争中得以生存和发展的重要方法和手段。

（一）忠诚客户的含义

所谓忠诚客户，是指对特定的商业银行或其某种产品或服务产生较深厚的情感，经常性地来银行办理业务，惠顾银行提供的各种产品或服务，而对竞争者银行及其产品或服务的营销活动具有免疫能力，并能主动地向其周围推荐该银行及其产品和服务的客户。忠诚客户以其情感性的行为为基础。增进客户忠诚，可以为商业银行带来更高的收益、较稳定的财务、更低的营销费用、更高的市场占有率，并赢得正面口碑，降低风险等。

世界知名的美国贝恩管理顾问公司的研究表明，如果企业将客户保持率提高5%，客户的平均价值即可提高25%~100%。另有调查表明，向现有客户销售的几率是50%，而向一个新的客户销售产品的几率仅为15%。客户流失微量减少而利润却大增，这其中的原因是复杂的：其一，拉到一位新客户的成本至少是维持一位老客户的5倍多；其二，正如开支的降低直接提高了盈利一样，增加对客户的服务常常不需花什么成本；其三，当客户经理对客户情况已十分熟悉，其时间效率会有很大提高。

（二）忠诚客户的培育

商业银行要想做得与竞争者不同，最大的要点在于"感动客户"。仅仅像交通安全标语一样地说"让客户满意"，只不过是一种自我满意罢了，不可能真正抓住客户的心，只有让客户感动，才可能击败对手，在同行中获胜并得以生存和发展。提高客户忠诚度不能依靠一项短期举措，忠诚度只能靠时间慢慢培养。这就需要客户经理持之以恒地贯彻银行文化。具体可采用以下做法：

1. 早期培养。

忠诚客户的培育要注意在新顾客的早期阶段（如儿童）就开始培养客户的忠诚度。

2. 抓住机会。

在客户与商业银行发生交易循环中的每一个阶段，都要抓住开发客户忠诚度的机会。忠诚度与交易循环包括五个阶段。

第一阶段，客户了解商业银行及其产品与服务，或他人推荐，是培养忠诚客户的第一步。

第二阶段，初次到商业银行办理业务的客户，带有很大的尝试性，其第一次的成功，是商业银行培养忠诚客户的一个有利机会。

第三阶段，初次交易后的评估，如果客户满意，就可能成为商业银行产品和服务的重复交易者。

第四阶段，决定重复交易是忠诚客户最具决定性的态度，比满意更重要。

第五阶段，客户不断地与同一家商业银行开展业务，从而成为该银行的忠诚客户。

3. 促成客户偏好。

客户对商业银行或其产品与服务形成偏好有多种因素：一是客户对本银行或其某种产品和服务与竞争者银行相比较后，感到十分满意，就会形成强烈的偏好；二是客户对本银行或其某种产品和服务没有特殊的偏好，但是经与其他银行相比，发现有所不同且更好，可能转变为高度偏好；三是客户在重复交易过程中，越来越感到满意，就会增强偏好。客户偏好高，成为忠诚客户的可能性会大大增加。

4. 建立信赖关系。

争取客户的认同，通过多种方式、方法、媒体，让他们经常感觉到客户经理、客户经理所在的银行，以及该银行的产品和服务就在客户身边。商业银行进行各项活动、开展各项业务时，都要优先考虑顾客的利益，周密安排。面对顾客，要以事实与数据说话，切实提供事实真相。一切交易活动都要讲信用，实践约定，兑现承诺，只允诺有把握兑现的承诺。同时，客户经理还要认真地、以宽阔的胸怀聆听客户的意见和建议，以不断改进工作。

5. 加大对客户体验的投入。

要赢得客户忠诚度，需要倾听客户心声。制定更加贴合客户需要的产品和服务。例如，经常邀请客户参加简短的调研，即刻对服务作出反馈。调研通常只有两个问题：要求客户根据先前的体验，对向亲友推荐该银行的可能性打分；同时鼓励客户简单解释一下为什么给出这样的评分。这一反馈不仅用于追踪结果，还便于主管在 24 小时内对不满意的客户进行跟进，以便恢复——甚至加强——与客户的关系，为一线报告提供反馈和指导，并且识别需要解决的系统化问题。例如，一家北美银行发现，其最有成效的贷款催收代理能够做到换位思考，他们在电话另一头富有同情心的聆听，让拖欠还款的客户心怀感激，从而在好言相劝下进行还款。

6. 投资赢得"惊叹"。

有能力设计并提供"惊叹"体验的银行能够获得更多收益，简化了银行服务，令"惊叹"体验超越了客户的预期。率先在市场上创造"惊叹"的银行能够取得先发优势，获得客户积极的口碑和推荐——这些客户会渴望告诉亲朋好友，他们使用了新工具。例如，摩根大通名为 Quick Deposit 的移动应用程序采用经改良的智能手机图像捕捉技术，实现了远程支票存款。客户可传输支票照片，之后款项会直接存入他们的支票账户或储蓄账户。花旗银行也在近期推出了一款应用程序，利用更大的数字平板显示器，便捷地将苹果 iPad 平板电脑变成方寸之间的个人网点。花旗的这款免费应用程序让客户能管理他们的银行和信用卡账户、查询余额、进行转账和支付——一切都在指尖滑动之间轻松搞定。在自助渠道为客户提供办理常规业务的简便新方法能让客户体验"惊叹"互动，从而赢得持久的客户忠诚度，同时高成本人工渠道的业务量也得以减少。

7. 培养忠诚的员工。

为了给客户提供出色的服务，即能产生忠诚客户的服务，需要调动员工的积极性。通过建立有效的激励机制和良好的金融文化，增强员工的凝聚力，培养员工的忠实，这样才能为客户提供能够产生忠诚客户的服务。要认识到忠诚的员工与客户是商业银行的资产，知识与信息是商业银行的原料。重视一线员工，向其提供必要的培训、得到上级的全力支持和授权、激励，从而培养一支忠诚的员工队伍。

未来银行面临的挑战将更加严峻，但期间也将充斥大量机遇和频繁变化。银行将在前所未有的战场上开展激烈竞争，争取客户的情感、理智和钱包。银行在这场竞争中凭借在赢得客户忠诚度方面相对而言的领先地位，保持稳定的利润来源。

【练一练】

一直使用建设银行龙卡的王先生，每个月的龙卡消费额从原来的 3 000～4 000 元下降到目前的 300～400 元，你作为银行员工该如何处理？

即问即答

1. 客户忠诚度和满意度有着千丝万缕的联系，举例说明"满意 = 忠诚"吗？"满意"一定带来"忠诚"吗？"不满意"一定导致"不忠诚"吗？

2. 假如你搬了家或者住处附近又新开了一家服务更加优质的银行时，你会宁愿多花钱继续留在原来的银行吗？

3. 假如你搬到了很远的地方，你还会光顾原来的银行吗？
4. 你会向朋友推荐你所在的银行，并主动提出改善服务的建议吗？
5. 客户忠诚度管理的目的是通过随时监控客户，发现客户忠诚度下降的情况，及时挽留客户。请你为商业银行设想一种切实可行且十分有效进行忠诚度管理的管理手段。

四、与愤怒的客户达成一致

不管是什么情况，银行客户经理都应该积极附和客户尤其是愤怒客户所强调的"事实"。客户并不总是正确的，但顾客是十分重要的。这里有七个建议，能够让不理性或者愤怒的客户情绪逐步平稳下来并和客户经理达成一致。

1. 认同客户感受。

首先客户经理需要找一个双方都认同的观点，比如说："我有一个建议，您是否愿意听一下？"这么做是为了让他感到这个提议是中立的，认同客户经理的提议。

2. 询问客户想法。

通常我们自以为知道别人的想法，因为我们认为我们有探究别人大脑深处的能力。为什么不问一下对方的想法呢？只有当对方描述他的想法的时候，我们才能真正确定问题所在，才可能达成双方都接受的解决方案。

3. 回形针策略。

这是一个小的获得认同的技巧。当接待情绪激动的客户时，可以请求客户随手递给客户经理一些诸如回形针、笔和纸等东西，当客户递给客户经理时，客户经理应该马上感谢对方，并在两人之间逐步创造出一种相互配合的氛围。

4. 引导客户思维。

在了解客户的情况下，客户经理可以抓住扭转局面的机会，利用他施加给你的压力。客户经理可以说："我很高兴您告诉我这些问题，我相信其他人遇到这种情况也会和您一样的。现在请允许我提一个问题，您看这样处理是否合您的心意……"

5. 探询客户需要。

通常你在问对方问题时，对方总是会有答案的，可是客户提出的需求并不一定最符合他的需要。你只有沿着这个答案再次逐项地追问下去，真正的原因才会显露出来，你才会有去满足客户需要的方案。最好的探询需要的问题是多问几个为什么。

6. 管理客户期望。

在向他说明你能做什么或不能做什么时，你就应该着手管理对方的期望了。不要只是告诉他你不能做什么，直接问客户他到底期望你做些什么？

7. 感谢。

感谢比道歉更加重要，感谢他告诉你他的问题，以便你更好地为他服务；感谢他指出你的问题，帮助你改进工作；让你觉得和他沟通很愉快。感谢他打电话来。

【补充阅读】

神秘的"神秘顾客"

银行招募"神秘顾客"自查客服系统——学生兼职日薪180元。

"欢迎来到体验式经济时代!"美国《哈佛商业评论》在2005年正式提出了这一概念,而现代银行业则将客户体验的管理发挥到了极致,这也就催生了银行的另类招聘——招募兼职学生做"神秘顾客"。

《证券日报》记者日前留意到一则招聘——180元一天"银行神秘顾客",工作时间为周一至周日早9:30~下午5:00,具体工作时间可以根据自己时间调整,一周最少要保证能工作两天以上的人员;工作内容是代表银行做神秘顾客,查看员工的服务态度,以及工作的认真度等。据中介机构人士介绍,如果一家银行连续做1年的"神秘顾客"调查,费用大概是几十万元。

事实上,我国的银行也在近年来激烈的市场竞争中,认识到提高服务水平,提供全方位、高质量服务的重要性和紧迫性,也提高了对外部检测的重视。据某调查公司资料显示,建行建立了神秘人检查制度,将检查结果纳入考核内容;华夏银行引入"神秘顾客"监督管理模式,对全行所有营业网点的服务工作每年进行四次普查,并对检查情况进行通报;招商银行聘请专业公司对招商银行营业厅进行神秘客户调查和客户满意度调查,并将检查结果纳入服务管理考评重点内容;中信银行建立第三方"神秘客户"检查制;交通银行实施"神秘顾客"检测制度;工行聘请专业公司对服务工作进行服务质量监测……

从国外经验看,"神秘顾客"访问是经过严格培训的调查员,在规定或指定的时间里装扮顾客,对事先设计的一系列问题或者现象逐一进行评估或评定的一种调查方式。由于被检查或需要被评定的对象,事先无法识别或确认"神秘顾客"的身份,故该方式能真实地反映实际中的问题。在国外,"神秘顾客"这种调查手段,广泛地服务于银行、基金、保险等金融窗口企业、连锁型企业/机构。就银行而言,"神秘顾客"检查的内容包括客户服务、业务流程、硬件设施、营业环境、网点建设、自助服务、新产品新业务推广与应用等方面。"神秘顾客"不仅检查网点人员的着装、精神面貌、服务用语、业务技能,而且还要检查网点业务操作流程、服务设施、环境卫生等情况,甚至连网点的内部装修、功能分区、形象标识、广告宣传用品配置,以及网点人员对新产品、新业务的掌握情况,也在"神秘顾客"检查范围内。

【模块训练】

1. 训练主题:如何面对"负面情绪"客户
2. 训练步骤:
   (1) 知识准备,了解正确处理带有"负面情绪"的客户对与培育客户忠诚度的重要性。
   (2) 将学生分为两组,讨论为什么表达出对客户的理解很重要?如何表达出对客户的理解?
   (3) 5位同学一组,讨论如何向客户道歉。
   (4) 在黑板上画出七级楼梯,学生分为两大组,每组均派1人站在黑板前楼梯最上层位置。老师就客户服务与管理中可能面临的情况提出问题,每组所有学生抢答老师提出的问题,回答正确的组的代表可以下一级楼梯。看哪组楼梯下得最快。然后重复一次,但不能出现已经说过的答案。
   (5) 训练效果自我评价、小组互评。
3. 教师点评。

模块二 客户关系管理（CRM）系统

【任务描述】

1. 本模块的操作任务。

（1）商业银行客户经理 CRM 系统认知；

（2）商业银行客户经理 CRM 系统应用。

2. 完成工作任务的标志性成果。

（1）熟练掌握 CRM 系统的基本流程；

（2）能够熟练操作 CRM 系统。

任务一 认识客户关系管理（CRM）系统

【案例导入】

CRM 信息系统在银行业的应用

一家商业银行对一位存款金额极低、使用不频繁的户主发出通知，要求提高账户余额或者支付账户管理费。但 CRM 信息系统显示，这个账户的主人是一位由儿子赡养的老人，平时日常费用都由老人使用他儿子的账户支付。他儿子不但个人账户在这家银行，而且开办的两家公司也把账户设在这家银行，是银行追捧的高价值客户。老人看到银行通知时的愤怒心情，将足以对孝顺他的儿子产生影响。于是，银行停止了向该客户发出通知。

一、客户关系管理系统

客户关系管理是指搜集、管理及使用信息，以便建立积极的客户关系，更好地满足客户需求，提高客户忠诚度，以及增加其对银行价值的系统工程。客户关系管理世界级专家罗纳德·S·史威福特认为，CRM 的广义定义应该是：通过满足甚至超出消费者的要求，达到了他们愿意再次购买的程度，并将偶然的消费者转变成忠诚的客户的所有行为。"所有行为"意味着公司作出的每一件对客户有影响的事情，而不仅仅是所有与客户直接接触的人员，甚至包括所有那些没有客户关系管理任务的员工。CRM 系统，已经广泛被服务企业所重视，尤其在零售、银行、保险等行业。

银行客户关系管理系统（CRM），是指以客户为中心的管理理念和改善银行与客户之间关系的管理机制，综合运用各种 IT 技术和数据仓库与数据挖掘技术、统计分析技术等整合银行与客户间在销售、营销及服务上互动的所有流程和多种渠道的客户数据，并对客户数据进行各种分析的客户信息管理系统。目的是使银行更好地把握客户和市场需求，提高客户满意度和忠诚度，稳定老客户，吸引新客户，提高银行盈利能力；提供使银行各业务部门共享客户信息的自动化工作平台，降低运营成本，规避经营风险；整合营销渠道的资源，优化和重组银行业务处理流程。

国外金融业客户关系管理发展迅速，美国嘉信证券公司靠在线证券交易迅速崛起，抢走了传统证券巨头美林公司大量的市场份额就是明证。而根据一份国外第三方咨询机构的评估报告显示，澳大利亚国民银行在实施CRM之后的12个月里，获得的新业务量超过90亿澳元；同时，客户流失率下降了1%。

商业银行CRM的内涵包括以下几个方面：

1. 商业银行CRM的核心是以客户为中心。

客户是银行利润的来源，以客户为中心，就是要求商业银行不断地研究客户需求，满足客户需求，从而提升客户的价值，提高商业银行利润。由于不同类别客户的需求不同，因此，CRM更注重提供个性化的服务，即"一对一"的量身定做。

2. 商业银行CRM将优化商业银行市场价值链条。

商业银行CRM将使商业银行更好地把握客户和市场需求，提高客户满意度和忠诚度，保留更多的老客户并不断吸引新客户。

3. 商业银行CRM将打造商业银行核心竞争力。

商业银行CRM能优化商业银行的组织体系和职能架构，形成高效运行的管理系统和信息系统，加强开发、创新和营销金融产品的能力，从而为打造银行的核心竞争能力提供有力的保障。

4. 商业银行CRM的实质是在满足客户需求的同时，实现客户利益与自身经营的双赢格局。

商业银行CRM始终强调通过服务客户来提升客户的价值，与此同时，商业银行自身价值的提升也同等重要。

二、商业银行客户关系管理系统的基本功能

客户关系管理系统（CRM）是一套以客户为中心的银行商务战略，目的是使银行了解客户并为之提供个性化服务。更好地把握客户和市场需求，提高客户满意度和忠诚度，利于稳定老客户和吸引新客户，提高银行的盈利可能性。建立智能化商务，全方位地扩大银行经营活动的范围，提供创新的金融产品，利于抢占市场先机。提供了一个使银行各业务部门共享信息的自动化工作平台，降低了运营成本，帮助银行规避经营风险。整合营销渠道的资源，优化和重组银行业务处理流程。总的来说，客户关系管理系统有如下功能：

（一）鉴别客户

随着竞争的加剧和客户量的增加，对黄金客户进行有效的个性化营销是银行经营中十分重要的环节。根据马莱特法则，80%的利润是由20%的客户创造的。但在银行众多的客户中，如何准确地判断哪些是20%的客户是一项十分艰巨的工作。而CRM系统则能根据输入客户的基本资料，通过数据分析，从中筛选出能为银行带来利润的"黄金客户"。CRM系统所做的就是市场细分和细分定位两项工作。市场细分是从众多的客户中找出可能购买金融产品的人，以及如何鉴别潜在用户。营销人员按照CRM提供的"黄金客户"名单，施以"一对一"的服务和沟通，大大降低了营销成本，提高了营销的速度和质量。

(二) 赢得客户

CRM 系统通过分析客户行为，及时了解客户的行为动态，发现那些暂时还没有考虑到购买该银行产品的客户和已经离开或准备离开该银行的客户，及时提醒客户经理进行沟通和联系，以赢得客户。如当数据库仓库"注意到"一个客户正要购买房子时，它就提示客户经理向该客户提供住房贷款。当数据库"了解到"一个客户已经较长时间没有与该银行发生交易行为，但有与其他同业机构交易或接触记录时，CRM 会及时提醒客户经理尽快与该客户联系沟通，对他们要施以特别关注并及时处理他们的问题。有资料证明，68%的客户离去是因为银行没有与他联系，使他觉得他在这里不受重视。根据记忆曲线原理，客户在最初离去到最终背叛是一个由快到慢的过程，所以在第一时间与客户进行沟通，成功挽回客户的几率比较大。由于 CRM 的提醒，客户经理抓住了这一最佳时机，为赢得客户起到了积极的促进作用。

(三) 留住客户

客户的忠诚度，尤其是黄金客户的忠诚度是银行获利的一个重要因素，因此如何提高黄金客户的忠诚度是银行客户经理工作中的一个非常关键的环节。CRM 的功能是在鉴别客户的基础上，提醒客户经理向这些具有黄金客户特质的客户群施以特别的亲和行动。如向持白金卡、金卡一族实行积分制、免年费等，同时通过上门服务、特别帮助热线等引导或暗示客户更加忠于本银行。这种"一对一"的客户服务方式能以较小的投入获得较高的客户忠诚度。一个较为完善的 CRM 还可以充分发挥挖掘工具的功用，利用更多的客户资料，发现和预测客户细微需求，从而发现潜在的目标客户，向用户提供他们确实需要的产品，通过这种主动满足需求的方式，感动他们与银行建立牢固的关系，提高忠诚度。

(四) 发展客户

发展客户有两个方面的含义，一个是深度营销，一个是扩展营销。深度营销是 CRM 通过不断分析客户行为动态，在现有客户的基础上，向客户经理提供客户深层次的需求，挖掘现有客户交易和创利潜力，以便把更多的金融产品和服务提供给该客户，即交叉销售。这个过程主要是由客户经理说服或引导现有客户购买该银行的其他产品或服务，这是一个有效的营销办法。因为，向一个现有客户推销其他产品比营销一个新客户在成本上会低得多，而且客户与这家银行交易的时间越长，银行从他们身上获得的利润将逐渐提高，成本就会接近于零。扩展营销是 CRM 分析现有客户资料后，发现与现有客户相关的一些非数据库客户信息，鼓励和帮助客户经理通过现有客户的关系劝说或引导非数据库客户购买该银行的金融产品或服务。这种营销方式仍比发展一个新客户要容易得多，营销成本低，效果比较明显。

三、CRM 流程

(一) 确定客户策略

客户策略是指对客户组合进行有效管理，以便从客户群那里获得最大价值。客户组合是根据一定数量对银行有重要意义的客户的特点而把该类客户组合在一起。这些特点包括客的经济价值、产品和服务需求、行为特点及人员相似性。客户组合管理的工作方向包括以下几个方面。

(1) 了解银行的客户及银行为他们提供了什么（银行的高价值建议）；

(2) 在提供产品和服务方面银行要为客户做些什么（银行的客户策略）；

(3) 银行将如何改变自身以更加有效地做好客户关系管理工作。

(二) 管理客户信息

每一个客户都有一些需要储存、交流、分析、运用，以及传达的信息。客户信息一般分为几个范畴：

(1) 人员方面的数据。有关客户及其同其他客户或潜在客户、员工及中介机构之间关系相对稳定的信息。

(2) 行为数据是动态的信息，如今此类数据的数量很大。它包括联络情况记录、通过互联网站点进行的交往记录。

(3) 衍生或演算出的数据。是指对人员方面的数据或行为数据进行分析得到的数据，包括信用风险评级和购买倾向方面的数据。

(4) 客户的产品信息。是指可以为银行提供企业财务方面的信息。客户信息促进了客户关系的管理。如果缺乏客户的准确信息，对客户关系任何一个方面的管理都是无法完成的。

(三) 制定客户决策

采用分析技术可以越来越容易地测算出客户的反应或行为倾向。决策技术能够从他人从前的行为中获得信息，从而了解该客户现在可能要采取什么样的行动。但是客户决策的"可操作性"，即把决策融合到与客户的互动之中，才是使客户关系管理投资获得回报的关键所在。

(四) 对与客户的"互动"进行管理

与客户的"互动"是客户关系管理成败的关键。有两种类型的与客户的"互动"需要得到有效管理，即人员互动和技术互动。

(五) 基于技术的营销

通过提供有关风险更准确的信息，客户关系管理使得银行能够提出更准确的贷款定价，同样也有助于银行开发可以收取更高费用的增值服务，从而提高银行的利润率。利用多种整合的通信和分销渠道，客户关系为有针对性的促销提供了更多机会。

客户关系管理还可以充分利用自助服务分销渠道，如互联网、数字电话及互动电视等。通过这些互动性渠道，让客户表达各自的偏好，从而生成有针对性的信息，以便根据客户需求定制产品和服务。在开发新产品并预测这些产品能否获得成功的过程当中，客户关系管理也可以提供更详细的信息（图 5-1）。

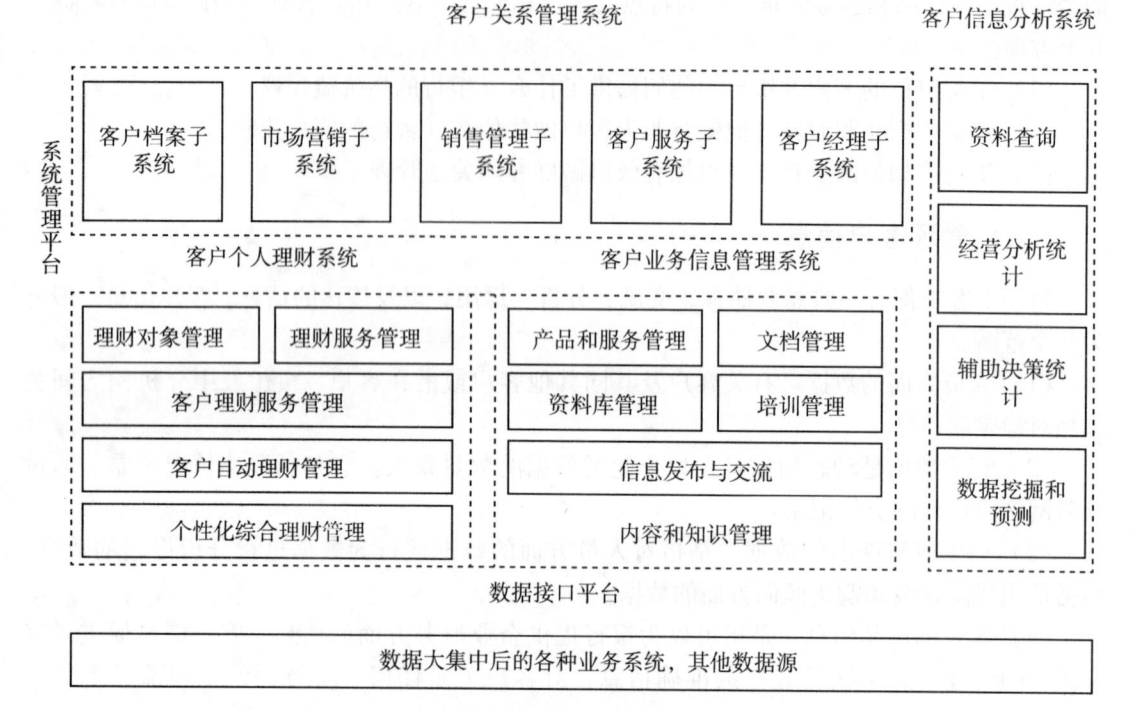

```
                          客户关系管理系统                    客户信息分析系统
      ┌─────────────────────────────────────────────────┐  ┌──────────────┐
  系  │  ┌──────┐  ┌──────┐  ┌──────┐  ┌──────┐  ┌──────┐│  │   资料查询   │
  统  │  │客户档│  │市场营│  │销售管│  │客户服│  │客户经││  └──────────────┘
  管  │  │案子  │  │销子  │  │理子  │  │务子  │  │理子  ││  ┌──────────────┐
  理  │  │系统  │  │系统  │  │系统  │  │系统  │  │系统  ││  │  经营分析统  │
  平  │  └──────┘  └──────┘  └──────┘  └──────┘  └──────┘│  │     计       │
  台  │     客户个人理财系统      客户业务信息管理系统    │  └──────────────┘
      │  ┌────────┐ ┌────────┐  ┌────────┐ ┌────────┐    │  ┌──────────────┐
      │  │理财对象│ │理财服务│  │产品和服│ │文档管理│    │  │  辅助决策统  │
      │  │  管理  │ │  管理  │  │务管理  │ │        │    │  │     计       │
      │  └────────┘ └────────┘  └────────┘ └────────┘    │  └──────────────┘
      │  ┌────────────────┐     ┌────────┐ ┌────────┐    │  ┌──────────────┐
      │  │客户理财服务管理│     │资料库  │ │培训管理│    │  │  数据挖掘和  │
      │  └────────────────┘     │  管理  │ └────────┘    │  │    预测      │
      │  ┌────────────────┐     └────────┘               │  └──────────────┘
      │  │客户自动理财管理│     ┌──────────────────┐     │
      │  └────────────────┘     │  信息发布与交流  │     │
      │  ┌────────────────┐     └──────────────────┘     │
      │  │个性化综合理财管理│   ┌──────────────────┐     │
      │  └────────────────┘     │  内容和知识管理  │     │
      └─────────────────────────────────────────────────┘
                              数据接口平台
      ┌─────────────────────────────────────────────────┐
      │     数据大集中后的各种业务系统,其他数据源       │
      └─────────────────────────────────────────────────┘
```

图 5-1　银行客户关系管理系统

任务二　运用客户关系管理（CRM）系统

【案例导入】

CRM 系统降低银行风险暴露

国内某银行分行在 2005 年 1 月正式启用 CRM 系统。2005 年 9 月，该分行在处理一笔价值为 20 万元票据贴现业务时，发现该客户已经被列为不良客户名单当中，调查后发现此客户确实有过不良资产剥离记录，该分行停止此贴现，规避了此次信用风险。

客户关系管理系统的应用

（一）收集客户信息

银行要进行客户细分，针对不同客户的需求提供个性化服务，确立自身的市场定位和经营战略，就必须对自身客户的价值有一个更加全面深入的了解。要解决这个问题最直接的办法就是在与客户的接触中尽可能多地搜集与获取客户各方面的信息，在保护客户商业机密和个人隐私的法律前提下，对群体客户信息进行深层次、多视角的分析，对社会金融机构的客观数据和结构性变化进行对比分析，建立一个完整、科学、客观的客户需求及市场变化的信息分析制度。这个信息收集的过程应该是渐进的、动态的。银行可以通过建立客户档案的形式来实现对客户信息的收集与整理。客户数据的组合必须来自每一个接触点——联系中心、邮件、面对面、传真、互联网，等等。通过所有可用的频道建立一个精确的客户反馈平台，意味着不同部门的数据规格必须要统一，并在一个公共平台上共享、组合。对于那些存储在企业不同数据库中的客户资料，必须在进行深入分析之前进行组合兼容。

（二）对客户进行分类分析，确定"金牌"客户

对于银行的客户关系管理来说，最困难的是识别目标客户。从某种意义上来说，"金牌"客户即是银行的目标客户。银行将力量集中到与这些"金牌"客户的交易上，会取得比对所有客户"一视同仁"多得多的利润。

一般来说，确定"金牌"客户的基本方法是测算客户贡献度，这在目前已没有什么技术问题，在设定部分参数的前提下非常简单地应用软件就能做到。对于公司客户和机构客户来说，按客户贡献度很容易对现有客户结构进行初步界定，并在此基础上划分为不同类别。考虑到我国企业目前的行业管理和系统管理特征很强，特别是同行业和同系统企业的需求偏好基本趋同，为便于服务、管理和挖掘更大的市场份额，按行业和系统进行分类、监测和管理非常必要。

（三）满足"金牌"客户差异化需求，培养客户忠诚度

客户的忠诚度与银行的利润之间具有很高的相关性。当银行发掘出"金牌"客户后，就要根据对"金牌"客户信息的分析，针对他们的需求，提供个性化的服务，提高客户满意度，培养这些客户的忠诚度，从而提高客户终生价值。

客户需求具有多样性、差异性和变化性等特征，因此由客户需求而导致的金融服务要求也是丰富多彩的。从 CRM 的观点看，为便于管理起见，银行要不断地准确判断在客户需求中哪些是基本需求，哪些是特殊需求，并适时采取相应的政策。基本需求具有相对稳定性，银行所要做的还是围绕方便、快捷和安全，搞好优质服务，提高客户的交易量；而对于特殊群体或单个客户的特殊需求，则必须制定特殊政策，提供具有个性化的"组合式套餐"服务。公司客户的基本需求，主要包括结算、融资、现金、担保、信用评估、咨询等。现在任何一家商业银行基本上都能为客户基本需求提供无差异服务，因此在客户选择银行时都不存在多少优势可言，如果有差别也只体现在银行品牌效应、个人关系资源和银行员工素质及服务方面。要留住"金牌"客户，真正有意义的工作是发现客户的特殊需求，并适时予以满足，以提升客户的依赖性和转户成本。

（四）改造和分化非"金牌"客户

非"金牌"的客户不能给银行带来较大利益，有些甚至会损害银行的利益。按照传统的客户关系管理理论，银行应该逐步退出或摒弃这部分客户群体。但是，依托高速发展的信息技术，银行完全可以通过有效手段对他们进行分析，在此基础上将其进行分化和改造。首先，对于具有较大潜力的成长型客户，银行可以通过提供适合成长型客户需要的投资理财服务，帮助客户成长，在客户的成长过程中与其建立紧密的合作关系，从而将这类客户改造成潜在的或现实的金牌客户；其次，对于某些具有共同特征的一般客户进行分析，深入了解其

具有共性的投资理财需求,对其投资行为进行引导和规范,开发出一些建立在现有技术基础上、具有较强针对性的、以自助服务为主的投资理财服务,客户群体较大,维护技术含量和维护成本较低,以方便快捷为客户满意标准;再次,对于除上述两类客户以外的客户,银行无论采取什么服务方式均很难获得利润。为此,银行就应采取抛弃策略,通过提高服务门槛等方式使客户自觉地转投其他银行。

(五)做好客户联系,取得客户信息反馈

银行要做好客户服务,从客户那里得到有价值的反馈信息非常重要。从这些反馈信息中,银行可以学到许多有利于业务发展的东西,如客户购买银行的主要产品只是为了得到免费赠送的礼品,客户可能觉得银行的网站导航不太方便等。了解到诸如此类的重要信息,银行可以作出相应的调整,如改进网站设计、产品或服务、广告及营销策略等,这样会更好地加强客户关系管理。商业银行对贵宾客户提供的各类服务必须是永恒高效的、安全的、快捷的、优质金融服务。

【案例分享】

中信银行 CRM 解决方案

一、实施 CRM 的目标

中信银行实施 CRM 的主要目标:挖掘客户的潜在价值,权衡客户的成本—利润;扩大客源,寻找有价值的客户,进行客户结构调整;提升客户的忠诚度;增加客户在银行的投资比例;减少发展客户的投入;对客户进行信用评估;为客户提供个性化服务;银行有效地进行风险预警、控制;提高银行经营决策的准确性。

二、实施 CRM 的原则

保证 CRM 系统具有开放性及可扩展性,它能够很好地适应现有的系统,并能适应将来的业务增长。确保系统涵盖的各个渠道管理的一致性。按照统一的方式为客户提供多渠道服务。CRM 必须利用好每一次的客户交流,无论是通过"交互式语音应答",通过与话务员的电话交流,通过营业柜台,还是通过电子邮件和 Internet 进行的联系,最终都能够帮助银行建立互利和持久的客户关系。

三、实施 CRM 的要素

1. 统一的客户信息。

中信银行核心业务系统的客户信息子系统(CIF)是 CRM 的基础。它能够为 CRM 提供统一的客户信息,主要包括基本信息、账户关系、同第三方应用产品的关系等信息。CIF 子系统应具有如下功能:(1)客户档案;(2)查询功能。

2. 渠道的多样化及流程自动化。

银行为客户提供多样化的具有良好服务界面的渠道,透过良好服务界面,使得银行客户经理在接触客户的瞬间能够有较充分的客户资料与客户交流,快速、准确地完成产品销售或服务工作。

3. 数据的一致及共享。

通过各种渠道得来的数据应具有一致性,并可共享。

4. 客户关系服务(CRS)。

CRS 主要包括以下内容:桌面管理;账户维护;工作流程控制;客户联系管理;客户安全管理及风险控制。

【补充阅读】

富国银行(Wells Fargo)是拥有 USD3 490 亿美元资产的美国第五大银行。富国银行通过它的 5 600 个

营业点、网上和其他分销渠道，为北美及全球提供银行、保险、投资、按揭和其他消费者金融的综合性金融服务。它的主要业务集中在 24 个中西部州，有 3 000 个营业点遍布在那里。富国银行是美国最大的按揭贷款提供商，她的海外贸易业务主要通过与 HSBC 银行的合资公司来实现。

20 世纪 80 年代初，富国银行与其他美国银行一样，面临着市场解除管制、竞争加剧的危机。富国银行对他们自己的业务优劣势进行了彻底客观的分析，意识到他们在全球银行业务上无法超过花旗银行，于是开始实事求是地探索他们可以做得最好的领域。最终他们停止了绝大部分的国际业务，而集中精力在美国西部地区，并把他们的银行管理理念从传统的银行内部为主的保护文化，转为以外部市场为驱动力的文化——"像经营企业一样经营银行"，从而成了美国西部最强大的银行。

富国银行企业战略的转变，最切实地落实到他们最重要的关键经济指标：单位雇员利润率。关键经济指标从单位贷款利润率向单位雇员利润率的转变，突现了富国银行对企业运转效率和成本控制的决心。这对于有着 100 多年养尊处优历史的银行家来讲，不是一件容易的事。

除了由当时的 CEO 卡尔-赖卡特亲自带头的节约计划外（如冻结了领导们两年薪水，关闭主管专用食堂，卖掉公司直升机等），富国银行更进行了一系列的技术革新。他们明白，要真正持续地增加单位雇员利润率，必须为员工们提供技术支撑平台。富国银行是美国银行最早提供 24 小时电话银行业务服务，最早使用 ATM 自动取款机，最早许可人们在自动取款机上买卖公共基金，率先使用互联网及电子银行业技术的银行。它首先使用严密的数学公式来更准确地估算贷款风险。

在客户关系管理策略上，由同一关键经济指标推动，富国银行意识到要增加每一个客户的"share of wallet"，进行交叉销售和深度营销，在不大规模增加雇员的基础上，必须把现有的产品整合，由统一的平台给客户销售；必须把现有的客服人员同时赋予销售的职权和责任；必须开始为不同的客户提供不同层级的个性化服务。

富国银行选择了 Oracle 的客户关系管理平台，短短 12 个星期就推广到了全部的客户服务中心，支持网上、电话和前台的服务。这个平台为每一个客户代表提供一个整合的客户信息库和知识库，取代现有的建在 Excel 和 Access 的产品部门间割裂的客户信息。一项业务的推广与开展，一个客户请求的解决，往往需要部门间的业务流转和协同，以往手工及电邮的操作也由一个业界最佳实践流程的自动化平台来取代。富国银行每一个工作人员与客户交互的历史都被记录在系统中，对于在超出服务反馈标准边缘的服务请求会有自动的预警与升级。对于管理者来说，这样一个平台同时提供了他们对每一个人员责任与绩效的监控工具。富国银行的客服工作效率，因此有了质的提升。"我们的愿景是满足我们客户的所有金融需求，帮助我们客户的财务成功；从而被认知为美国的卓越公司之一，并在我们所参与的每一个市场中成为最好的金融服务提供商。"富国银行的客户关系管理策略仍在不断地深化和实施进程中。

项目小结

（1）客户关系维护就是商业银行客户经理为了保持与目标客户建立的良好合作关系，通过采取各种措施对目标客户进行全程跟踪维护，以获得双方合作基础上的双赢。

（2）在"以客户为中心"的理念已深入人心的时代，"二八法则"也已被广大管理人员所认同和接受。各家商业银行都十分清楚地知道维护客户对业务经营的重要意义所在，纷纷调整攻关策略，加大营销力度。

（3）客户满意是金融企业制胜的法宝之一。满意的客户往往会变成忠诚的客户。

（4）满意却不一定能保证忠诚。

（5）客户关系管理是指搜集、管理及使用信息，以便建立积极的客户关系，更好地满足客户需求，提高客户忠诚度及增加其对银行价值的系统工程。

项目实训

实训一　紧急情况处理

某银行个人银行部张经理接到行长电话。张经理一进行长办公室，就感到了火药味儿，一个中年男子坐在沙发上，抽着很呛的烟，满脸的怒气。

"张总，这位是我们的客户，反映我们营业大厅的工作人员态度不好，你带他下去，解决好这个问题。"分管行长一脸疲惫。他刚从企业拜访回来，去了很多次，总是空手而归，这次不仅照旧，还受了企业财务科科长的一阵数落，心里正烦，哪有心思解决这些"鸡毛蒜皮"的小事。

客户开始不肯跟张总走，执意要分管行长亲自解决这个问题，张总好说歹说总算把他说下去了。这个客户一边走一边嘟囔："现在服务业都在讲优质服务，可你们倒好，竟然说'爱上哪告就上哪告去'。好，既然你这样说了，我就要告，告完你们行长还要告你们科长，告完银行还要告到报社，让媒体给你们曝光。还要告到政府，让你们挨批。我看有没有人管你们！"张总心里挺反感的，心想，有问题解决问题，干吗老是告啊告的，简直一个告状狂。来到个人银行部，张总想详细了解一下情况，可是这个人连一个简单的经过都没有说完整，却口口声声要上告，并声称他有什么什么关系在政府、什么什么关系在人民银行、什么什么关系在报社……张总逐渐失去耐心，他觉得这种人太狂，似乎所有的问题都能通过告状来解决。他极力控制着自己的情绪，耐心地跟他解释，我们会解决好这个问题的，我们会给您一个说法的，但是，您首先得要让我们明白发生了什么，告状不能解决所有的问题。但是，这个客户蛮横得很，仿佛后台很硬，一副盛气凌人的样子。最后，张总的情绪终于失控，在他喋喋不休的叫喊中说了一句：如果你认为告状能解决问题的话，那你爱上哪儿告就上哪儿告去吧。

事后不久，该行得到了一纸通报，在全市优质文明服务暗访中，该行以解决投诉问题不力受到通报批评。那个蛮横不讲理的"客户"，正是总行派出的"神秘顾客"。

问题：请运用文中提供的建议为张总设计消除客户怒气的策略。

实训二　情景对话扩充

情景一
你的人太没教养了，而且一点都不专业！
建议：避开矛盾话题，肯定自己的服务原则，不留没有可以指责的余地。

情景二
你们银行规定太不近人情了，你的人也如此呆板，效率如此之低！
建议：先肯定，后强调原因，然后表示接受和感谢。

情景三
这个理财产品根本不像你们所说得那么好，收益率简直低得离谱！
建议：给客户回旋的余地，提出可选择的方案是解决办法之一。

问题：如果你是客户经理，如何处理上述问题，怎样的回答你认为是得体的？

项目自测

一、单选题

1. 商业银行客户经理按（　　）标准可以将公司客户划分为国有企业、集体企业、私营企业、外资企业和股份制企业。

　　A. 盈利状况　　　　B. 企业法律形态　　　C. 企业产权归属　　　D. 企业规模

2. CRM 是指（　　）。

　　A. 客户关系管理信息系统　　　　　　B. 客户经理管理信息系统
　　C. 客户营销管理信息系统　　　　　　D. 客户价值管理信息系统

二、多选题

1. 按照客户主体划分，银行客户可分为（　　）。
   A. 高端客户　　　　B. 低端客户　　　　C. 个人客户　　　　D. 公司客户
2. 客户关系维护的内容涉及方方面面，概括而言，主要包括（　　）。
   A. 硬件维护　　　　B. 软件维护　　　　C. 功能维护　　　　D. 心理维护
3. 经济收入可分为（　　）。
   A. 个人收入　　　　B. 总收入　　　　C. 可支配收入　　　　D. 可任意支配收入

三、判断题

1. 客户的满意度等于忠诚度。（　　）
2. 高端客户能为银行带来巨大利润，根据二八法则，银行只需要关注高端客户就可以了。（　　）

四、简答题

1. 简述银行 CRM 流程。
2. 根据下面一段话，总结案例中客户关系管理（CRM）的工作流程。

CRM 的流程主要由客户通过多种渠道同企业接触，企业通过与客户的接触过程了解到客户的资料，然后将其输入到企业的客户信息数据库中，同数据库中存在的数据进行比较，以便识别客户和进行客户差异分析，了解客户的购买方式、满意度等信息，最后把相关信息反馈到各部门，通过销售、营销、技术支持和管理人员对不同客户作出不同反应。

请把下列（1）~（24）条内容填到表 5 - 4 中相对应的 I ~ IV。

表 5 - 4　　　　　　　　　　　客户管理工作流程

I 建立数据库，识别你的客户	
II 对客户进行差异分析，识别"金牌"客户	
III 与客户保持良性接触	
IV 满足每一个客户的需求	

(1) 将更多的客户名输入到数据库中。
(2) 采集客户的有关信息。
(3) 保证并更新客户信息。
(4) 删除过时信息。
(5) 哪些客户导致了企业成本的发生？
(6) 企业本年度最想和哪些企业建立商业关系？选出几个这样的企业。
(7) 上年度有哪些大宗客户对企业的产品或服务多次提出了抱怨？
(8) 上年最大的客户是否今年也订了不少的产品？
(9) 是否有些客户从你的企业只订购一两种产品，却从其他地方订购很多产品？
(10) 根据客户对于本企业的价值（如市场花费、销售收入、与公司有业务交往的年限等），把客户分类。
(11) 给自己的客户联系部门打电话，看得到问题答案的难易程度如何。
(12) 给竞争对手的客户联系部门打电话，比较服务水平的不同。
(13) 把客户打来的电话看作是一次销售机会。
(14) 测试客户服务中心的自动语音系统的质量。
(15) 对企业内记录客户信息的文本或纸张进行跟踪。
(16) 哪些客户给企业带来了更高的价值？与他们更主动地对话。

（17）通过信息技术的应用，使得客户与企业做生意更加方便。
（18）改善对客户抱怨的处理。
（19）改进客户服务过程中的纸面工作，节省客户时间，节约公司资金。
（20）替客户填写各种表格。
（21）询问客户，他们希望以怎样的方式、怎样的频率获得企业的信息。
（22）找出客户真正需要的是什么。
（23）征求名列前10位客户的意见，看可以向这些客户提供哪些产品或服务。
（24）争取企业高层对CRM工作的参与。

推荐阅读

1. 满玉华著，中国人民大学出版社出版的《商业银行客户经理》。
2. 徐海洁著，中国金融出版社出版的《商业银行服务营销》。

项目六
商业银行客户经理团队建设

【职业能力目标】

1. 知识学习目标。
(1) 能对客户经理团队建设有基本认知;
(2) 熟悉客户服务团队建设标准与流程;
(3) 理解客户经理团队管理内容。

2. 技能训练目标。
(1) 具有良好的团队技巧;
(2) 熟练掌握客户经理团队构建和管理技能。

【典型工作任务】

1. 本项目的工作任务：构建并管理客户经理团队。

2. 完成工作任务应提交的标志性成果：熟练进行客户经理团队构建和管理提升。

【业务场景】

模拟银行营业大厅

【导入案例】

刘勇是个优秀的客户经理,分行决定在高新区新设一个网点,刘勇负责组建客户经理团队。但是到岗后刘勇才发现,想要的客户经理不是不想来,就是其他网点不放人。分行人力资源部非常大方地给了5个新来的大学毕业生,其中还有两个海归硕士。但是刘勇看到这几个见生人脸红、出门还要向他打听方向的年轻人真是无奈:不知道何时他们才能独当一面?

如果你是这5个大学毕业生中的一个,请问你会给刘勇怎样的建议和帮助?

模块一 客户经理营销团队组建

【任务描述】

1. 本模块的操作任务。
(1) 明确商业银行客户经理团队组建标准;
(2) 形成商业银行客户经理团队组织构架。

2. 完成工作任务的标志性成果。
(1) 掌握商业银行客户经理团队组建标准;
(2) 掌握形成商业银行客户经理团队组织构架技能。

任务一　明确客户经理团队组建标准

【案例导入】

帕累托法则

意大利经济学家温弗雷多·帕累托观察发现，在任何一个群体中都是少数人的贡献起决定作用。用他的话说，"重要的少数几个人和无关紧要的多数"。这个法则也称为80/20法则，因为根据一般的经验法则，一种结果的80%（如利润）往往源于其中20%或更少的诱因——客户！

问题是：能够把握这20%或更少的客户的客户经理在哪里？

一、客户经理团队个体标准

（一）客户经理助理个体标准

（1）清晰交流者。能够以清晰、简洁、有条理和合乎文法的方式同其他人进行交流，使别人容易理解，感觉愉快（不论是口头上的还是书面的）。

（2）自信。充分相信自己具有达到挑战性目标的能力；能够克服各种困难，在各种不同的情况下取得成功；能够承受批评并借以提高自己。可靠、真诚。具有可靠、守时和可信赖的能力；每天情绪稳定；信守诺言，能按计划行事，不轻易受其他人所做工作的影响。在跟别人交往时，能够且期望诚实、坦率。让人觉得真诚、可信。

（3）信任公司的产品。相信有很多人需要公司的产品或者能从公司所提供的产品或服务中受益。意志力坚强。守纪律，可靠，有耐心，稳重，忠实并始终如一。

（4）好的听众。在别人讲话时，能够使自己保持专注，并理解和记住他们所说的要点（也能理解书面信息）。

（5）冷静。在别人大发雷霆时，能够保持冷静和克制，能够接受负面的反馈意见或批评而不是狡辩。

（6）目标导向。每年度、每个月、每个星期根据个人的情况树立具有挑战性标。一旦树立目标，就有很强的责任感去实现它。

（7）外向。非常喜欢同别人沟通和直接同他们交流；在有机会同别人交谈和在一起时保持精力充沛。通常更喜欢社交场合而不是独处。

（8）细节导向。关心细节、专注、准确、完整并保持记录。

（9）客户导向。外向、真诚、理解客户、可爱、清晰的交流者。

（10）善于分析。善于逻辑思维和数学、战略性思考。

（11）发展导向。兴趣广泛、喜好多样化和善于捕捉职业机会。

（二）客户经理个体标准

银行客户经理是在银行内从事市场分析、客户关系管理、营销服务方案策划与实施，并直接服务于客户的专业技术人员；作为内涵丰富的金融行业对外业务代表，通过集中商业银行内部各种可用资源，向目标客户大力营销金融产品，提供优质金融服务，搭建起银企双方沟通联系与关系发展的桥梁；是银行战略决策和产品创新的源泉，是实现银行整体发展战略与目标的主要执行者。该岗位的服务对象的行业具有多样性，客户对信贷、结算、理财等方面的多种需求导致了客户经理所要掌握的营销手段和职业技能的多样性、综合性。客户经理要做好经济、金融、财务、法律、税收、市场营销、公关、心理等多方面的知识储备才能做好客户管理和服务工作。因此，作为客户经理的个人，应当具备以下标准：

（1）重视仪表。
（2）有完备的教育和培训背景，极强的培训能力。
（3）相关工作经验丰富，工作业绩突出。
（4）主动的团队成员。
（5）态度积极，成熟老练，不走极端。
（6）主动寻找发展目标。
（7）健康，精力充沛。

二、客户经理团队标准

（一）企业文化标准

企业文化是现代企业管理的基础，是企业可持续发展的基本驱动力。古今中外优秀企业家莫不一致认为：在所有的企业要素中，人是第一位的。企业兴衰成败的关键在于是否能激励员工，建立起一支高绩效的企业团队。因此，坚持以人为本的和谐文化理念是建设高绩效企业团队、决定企业兴衰成败关键之所在。

（1）成就导向。职业导向、有竞争力、目标导向。
（2）客户导向。真诚、理解、交流。
（3）服务导向。提供最好的体验和解决方案。

（二）激励标准

（1）满足员工基本需要，引导成功团队的工作实践。从人力资源队伍的建设角度看，满足员工的基本需要，为员工提供具备市场竞争力的工资水平是必要的。在满足了员工的基本报酬需要后，对团队的正向引导和激励是必要的。成功的客户经理团队得到力度较大的团体奖励，同时推广团队成功的经验是非常重要的激励手段。

（2）树立团队目标和团队精神。为了客户经理的积极性，明确团队目标和充分肯定团队的工作价值是实现有效的团队激励的基本手段。只有明确工作目标才能形成团队的向心力和协作基础。充分肯定团队的工作价值是调动客户经理的自我激励潜能的重要手段。

（3）绩效评估体系的规范化、制度化。明确的工作目标是团队激励工作的前提，真正激发客户经理的内在动力，必须要进行相对比较客观公正的评估工作。从银行工作的氛围建设角度看，银行管理层为了实现业绩目标，对客户经理团队施加工作压力是必然的，而相应的考核工作是行使工作权威的基本手段。如果缺乏明确规范的考评依据和惩罚措施，对客户经理的考核就变成对具体一个人的工作评价，而不是对一件客观的事情或工作成果的评价，这必然引起考核双方人情上的冲突，这是非常不利于团队精神建设的。

（三）流程标准

客户经理的工作要遵循一定的流程，通过标准的流程，确保对客户的服务到位。包括以下流程（不同银行流程可能会有所差异）：

第一步：准备工作。提前15分钟到银行。客户经理的衣着一定要求职业装，出门前检查好自己的着装，严禁奇装异服。一定要和银行的同事打招呼，建立良好的人际关系。整理工作台面，折页名片够不够用，有没有摆整齐。把一天要派发的折页都盖好印章。把在公司总部得到的股票推荐和分析师推荐的理由牢记并温习，打开一些咨询网，把今天要申购的股票，新股上市，昨天周边股市的情况，国家颁布的重要的政策新闻收集下来。这个基本工作非常重要，因为这是你一天和客户谈论的话题，否则即使你遇到了客户，也不知道和他们聊些什么。

第二步：展开工作。充当大堂经理，指引客户办理银行业务。因为这是和客户最好的接触机会，所以在这之前，要求所有的客户经理在进入银行的第一个星期，必须熟悉银行的所有业务。在引导客户办理银行业务的同时，给客户递上公司介绍和产品服务介绍的折页，并简单地自我介绍，开始营销。

第三步：整理客户。整理当天已经办理业务的客户资料，包括身份证号码、家庭住址、手机号码、电话号码。整理当天准客户的资料、资产、家庭住址、手机号码、特征、性别。能多了解尽量记录详细。

第四步：做工作日报表，做了什么工作，营销了几个客户，是否留下未营销成的客户的电话，为下一步的跟进工作做好充分的准备。

第五步：为第二天工作做准备，约好第二天来开户的客户，做好第二天的工作笔记。

总的来说，客户经理的工作流程标准有以下几点：

（1）责权利匹配。
（2）精简、高效。
（3）统一的客户服务平台原则。
（4）各环节平等原则。流程中任何岗位不得干涉他人按操作规范处理业务。

把握并在工作中融会贯通使用这几个原则，有利于客户经理团队开展工作。

【想一想】

你具备上述银行客户经理（助理）素质和能力吗？哪些方面比较突出，哪些方面比较欠缺？

任务二　形成团队组织架构

【案例导入】

客户经理部门的负责人刘勇好不容易调来了4个经验丰富的客户经理，却发现人多不见得是件好事。人多矛盾多，客户关系没有建立，自己人的关系反倒先有了问题。

你认为刘勇当务之急是什么？

一、商业银行客户经理团队招聘

商业银行选拔、聘用客户经理就是指通过各种渠道和方法，把具有一定知识、技能或具其他特色的人才吸引到商业银行客户经理岗位上来的过程及活动。选拔、招聘客户经理是给银行客户经理队伍输入与增加新鲜血液的重要途径，在客户经理管理中占有首要的位置，对我国商业银行建立、推广客户经理制度尤为重要。

二、选拔、招聘的渠道和途径

商业银行选拔、招聘客户经理一般可以从内部招聘、向外招聘和从高校选择三种渠道和途径。

（一）内部招聘

内部招聘是指在本银行内部范围公开招聘客户经理的办法。大多情况下，商业银行首选的方法是从银行内部通过竞选的方式选拔、招聘客户经理队伍。通过这种方法招聘的客户经理有着其他途径不可替代的优势。第一，更加了解本银行的情况；第二，银行也对该客户经理的背景资料、能力、平时表现更为了解，在面试的时候，能够为客观全面的评价打下基础。内部招聘又分为内部竞聘上岗和内部选拔两种方式。

1. 内部选拔。

银行客户部门可以根据客户经理的任职要求，举荐符合条件的员工担任客户经理。员工也可以根据自身的条件和工作兴趣，向客户部门自我推荐。举荐或自荐的员工必须是具有一定的业务特长和突出的能力。部门推荐的员工也要通过客户经理选拔委员会的资格审查认定。属客户经理后备人才库的员工优先推荐。

2. 竞聘上岗。

银行本着"公平、公正、公开"的原则，根据客户经理的任职资格，制定统一的选拔标准，确定选拔程序，对内部员工进行公开选拔。竞聘有以下程序：

（1）公布岗位需求。银行客户部门公告竞聘工作的相关程序、制度、应聘岗位的情况及岗位要求。

（2）资格认定。由人事部门和客户部门负责对竞聘人员按照客户经理基本资格要求进行资格审查。

（3）资格考试。对符合基本资格的竞聘人员进行上岗资格考试，已取得上岗资格证书的员工可以免考。

（4）面试与答辩。由人事部门与客户部门组成竞聘委员会对通过上岗资格考试的竞聘人员进行面试，对竞聘人员在答辩、演讲中的表现、能力进行综合评价，给予综合得分。

（5）选用。经过竞聘委员会的分析比较，选拔出最优人选，公示通过后，该员工将获得银行的聘用，成为见习客户经理。

（6）聘用。见习期满并通过用人单位、客户部门、带班客户经理三方综合评价合格后，见习客户经理转为正式客户经理。银行与其签订相关的协议、合同，发给相应的岗位聘书。

（二）向外招聘

这是指从本银行外部，包括从其他商业银行招聘选拔客户经理。常见的方式有：

（1）广告招聘。利用电视、报纸、网络等媒体从社会劳动力市场或其他商业银行招聘本行所需客户经理。

（2）猎头公司。猎头公司掌握各个行业非常详尽的人才资料。通过该种方法寻找客户经理，往往能猎取优秀的人才，充实银行客户经理队伍。这种方法在一些大型商业银行跨地区扩张中为猎取高级客户经理人才所使用。

（3）本行员工引荐。是指银行将有关招聘客户经理的信息告诉本行现有员工，请他们向银行推荐合适的人选，由相关招聘小组或部门考试择优录取。

外部招聘的客户经理人才一般要求较高，尤其在从业经验方面具有严格的限定。

（三）高校招聘

从高等级学校（大学）的专科、本科生、研究生的优秀人才中选择、招聘客户经理，也是商业银行客户经理选聘的一个常用的渠道和途径。

三、招聘商业银行客户经理的流程

（一）总结和建立工作描述

除了根据银行已有的岗位说明书外，可以通过现有表现突出的客户经理对自己工作的描述，制定客户经理团队各个岗位的工作描述。其中，应包括但不限于以下内容：

（1）确保客户服务在任何时候都处于可能的最高标准。
（2）负责本部门中职员的质量业绩。
（3）参与公司的整体决策和客户反馈部门的决策并提出自己的观点。
（4）在商业活动和特殊事件期间按照要求制作各种报告。
（5）能够判断职员的培训要求并建议和安排适当的培训。
（6）理解周围的人。
（7）善于时间管理，并能够合理地组织工作区域和工作负荷。
（8）具有出色的产品知识。
（9）认识缺陷，制订培训方案和行为课程以改进已经发现的任何缺陷。

【知识链接】

雇佣职员不当的7个重要原因

1. 你没有投入时间把这个工作做好。
2. 你实际上并不知道自己期望什么。
3. 凭直觉雇用职员。
4. 你需要的人从来都不知道你对他们的渴望。
5. 对职员特征的追求不当。
6. 候选者没能发现自己并不胜任。

（二）听取内部专家意见

让人力资源部门做最初的筛选工作。这能使内部专家参与整个过程。让人力资源部门参与招聘过程的五条理由：

（1）可以避免注意力分散。

（2）可以节省时间。

（3）这样可以使人力资源部门大力参与项目。

（4）人力资源部可以指导公司范围内所需的任何测试。

（5）人力资源部可以展望未来职业规划的潜力。

在人力资源部门已经筛选出一个候选人名单之后，下一步有两种处理方法。一种是给申请者提供一份样信，向他们表示感谢，告知他们已经收到他们的详细资料，并对接下来的挑选程序作一些详细介绍；另一种是实施态度测试，这有助于分辨候选者是否能适应客户经理团队。

（三）挑选

商业银行客户经理制的建立与推广不是简单地将过去的银行信贷人员改为客户经理，银行的客户经理与传统的银行信贷管理人员无论在工作范围、工作职责、权限，还是素质要求及工作方式上都有显著区别。银行客户经理的选聘程序及考评内容也应做到严格、规范、科学合理。

（1）再次书面审查潜在的候选人。

（2）笔试。笔试通常是客户经理选聘必不可少的先发步骤，是考评应聘者学识水平和能力的重要手段。笔试考评的主要内容一般包括应聘者基本知识、专业知识、管理知识、综合分析能力及文字表达能力等。笔试过程的优点是考试内容广，可以对应聘者的综合素质进行全面、系统、客观的测试和分析，对应聘者的心理压力较小，较易发挥水平，成绩评定比较客观、真实。笔试的不足之处，表现在不能客观地考察应聘者的个人品德修养、工作态度、应变能力和社交表达能力等。因此，笔试虽然有效，但还必须采用其他测评方式和程序加以补充。

（3）心理测试。心理测试在西方国家的人才选聘过程中应用十分广泛，许多银行不仅用心理测验来选聘客户经理，也经常用心理测验的方法来了解客户经理工作的状况以实施管理。通常心理测试的内容主要包括性格测验、才能测验、创造力测验、成就测验及智力测验等。

在银行客户经理的心理测验中主要解决的问题是：应聘者个人具有哪些方面的优势？他适合于什么样的工作？他能承受多大的压力，承担多大的责任等。

商业银行对客户经理的心理测试，可以考虑邀请心理学家来进行或由心理专家设计问卷内容。如在性格测试中，通常可采取自陈式问卷调查表或提问方式进行，常规的问卷或提问包含行为、态度、感觉、信仰等有关问题的陈述，要求应聘者根据自己的情况一一作答，从而测试应聘者的情绪、气质、性格等特征。

（4）面试。面试在企业人才选聘过程中是必不可少的关键环节，同样也是银行客户经理选聘的重要组成部分。面试是通过主试和被试双方面对面地询问、交流、观察等双向交流和沟通方式，了解应试者的素质状况、能力特征及动机的一种招聘技术。面试的内容主要是了解应聘者的经历、个人品德修养、组织管理能力、口头表达能力、操作技巧及社会关系资源等，是笔试综合素质测试的有效补充。

面试的特点是可以根据应聘者当场所提问题的回答，考虑其运用所学知识分析问题的熟练程度、实践经验、思维的敏捷性、语言表达能力；可以考虑应聘者在压力环境下的情绪、气质、风度及情绪的控制能力和应变能力；可以考虑应聘者的外表、社会关系资源，以及适应客户经理的工作能力。因此，在银行客户经理的选聘过程中得以广泛运用，公正地选拔人才。为了选取更加符合本银行需求的客户经理，在面试的时候，部分商业银行采用了以下的面试方式：

（1）初始面试和团队面试。在此阶段重点考察候选人态度和团队适应能力。

（2）让团队领导参与面试。此阶段重点考察候选人的潜质和发展空间。

【知识链接】

考官想了解的到底是什么？

银行面试问题一："谈谈你的家庭情况"。

提问目的：对于了解应聘者的性格、观念、心态等有一定的作用。

思路：

简单地罗列家庭人口。

强调温馨和睦的家庭氛围。

强调父母对自己教育的重视。

强调各位家庭成员的良好状况。

强调家庭成员对自己工作的支持。

强调自己对家庭的责任感。

银行面试问题二："你有什么业余爱好？"

提问目的：业余爱好能在一定程度上反映应聘者的性格、观念、心态，同时也发掘该面试者在以后的岗位上是否能有更多优势。

思路：

最好不要说自己没有业余爱好。

不要说自己有哪些庸俗的、令人感觉不好的爱好。

不要说自己仅限于读书、听音乐、上网，否则可能令面试官怀疑应聘者性格孤僻。

最好能有一些户外的业余爱好来"点缀"你的形象。

银行面试问题三："你最崇拜谁？"

提问目的：业余爱好能在一定程度上反映应聘者的价值观，尤其是面对原则性问题的时候如何处理。

思路：

不宜说自己谁都不崇拜，也不宜说崇拜自己。

不宜说崇拜一个虚幻的或是不知名的人。

不宜说崇拜一个明显具有负面形象的人。

所崇拜的人最好与自己所应聘的工作能"搭"上关系。

最好说出自己所崇拜的人的哪些品质、思想感染着自己，鼓舞着自己。

四、商业银行客户经理团队培训

由团队领导负责进行团队文化培训,由其上级进行制度、流程培训。由前任或专业培训师进行岗位技能培训。商业银行客户经理需要和各行各业的人打交道,随着业务的发展,竞争的白热化,客户经理同样需要掌握更多的知识以便与客户进行交流和沟通。因此,对客户经理的培训不仅仅是新聘用的客户经理,还包括老员工。培训的内容随着业务需求的变化也不断更新,体现时代性。

(一) 客户经理培训的主要内容

(1) 经济金融法规。重点是与商业银行经营有密切联系的相关法规。同时负责某些专业领域的客户经理还需要了解该行业的相关法律法规。在利用法律维权的同时,也能为客户提供一些必要的法律方面的建议。

(2) 金融专业理论知识。如金融基础、金融企业会计、商业银行经营管理、投资理财,以及金融产品和服务专业知识等。

(3) 市场营销专业知识。商业银行客户经理从本质上来讲是特殊的营销人员,因此掌握相应的市场营销知识,学习一些成功、经典的商业营销案例是非常有必要的,如市场营销学、消费心理学、需求理论、商务谈判技巧等。

(4) 企业经营管理知识。如宏观经济学、微观经济学基础理论、企业财务报表分析、企业市场前景分析和行业市场分析等。

(5) 个人修养理论与实践。客户对商业银行产品和服务的认可很大程度上来自于对商业银行客户经理的肯定,因此,良好的个人修养,工作生活举手投足的表现显得尤为重要。

(6) 写作知识。

(7) 信息情报收集技术。

(8) 电脑操作与网络知识等。

(二) 客户经理培训的方法与形式

客户经理的素质培训方法和形式虽然多种多样,但归纳起来主要有以下几种:

1. 集中培训。

这是对客户经理进行培训的主要方式,其组织形式可以采取封闭式军事化培训,方法可以以传统课堂式教学为主。当然,也可以采取灵活多变的组织形式和方法。

(1) 封闭式军事化培训。选择较封闭的、可提供各种设施的场所对所有学员进行高强度管理的半军事化培训。可以通过请部队教官或警务人员,制定军营式的作息时间表、体能训练和专业授课计划,严格按照各项制度执行。这种培训方式的优点是:对客户经理的体能、团队合作精神、遵纪守法的自律意识,以及业务素质都能在较短的时间内得到较大的提高。

(2) 传统课堂式教学。突出教学内容的针对性、实效性,聘请不同层次的专业授课人员:邀请知名学者或大学教授,讲授有关专业知识;邀请相关行业及部门专家做专题讲座;邀请本银行系统的业务能手、高级管理人员(如银行产品经理、高级客理)讲解本系统各种金融产品和金融服务的功能、特点及操作流程。

2. 交流式培训。

交流式培训可以贯穿于客户经理的日常工作和生活，主要方法可以通过客户经理工作例会、实证案例分析、样板教学等方式开展客户经理间的工作交流，以达到培训的要求和目标。

3. 考察式学习培训。

通过现场考察、观摩学习、工作交流、汲取并借鉴先进单位、发达地区的先进经验和做法，以达到开拓客户经理视野，提高客户经理素质，激励客户经理学习向上的目标。

4. 跟班式培训。

对新近加入客户经理队伍，业务素质能力较差的客户经理，可由经验丰富、水平较高的客户经理对其进行跟班式培训。与优秀的客户经理一起，一边工作一边学习，逐渐提高自身的工作能力和素质。

五、商业银行客户经理团队运行

组建完成后的商业银行客户经理团队按照流程和管理制度进行运行，团队领导随时根据商业银行整体战略和制度进行团队管理改进，最终实现团队绩效目标和业务任务。

（一）商业银行客户经理的考核

银行的客户经理绩效管理主要体现在建立科学合理的考核分配机制，这是银行客户经理管理体系中重要的内容。在总体绩效管理原则的指导下，对客户经理的业绩考核采用客观公正的科学依据和标准，才能真正调动客户经理的工作积极性，激发其创造性。

1. 客户经理考核的原则。

（1）效益性原则。客户经理是银行营销工作的主力，是银行管理体系中的利润中心。因此，对客户经理的绩效考核，要充分体现"效益"这一核心原则。效益性原则包含两方面的意思：一方面是指银行实现的效益，即客户经理为银行创造的利润；另一方面是客户经理的效益，即客户经理完成工作任务后，为自己带来的收入。客户经理的收入分配是与其为银行实现的效益相联系的，按绩效取酬，实行绩效挂钩。

（2）责权利相结合原则。建立科学合理的客户经理考核分配机制，要充分体现客户经理的责权利。考核机制对客户经理反映的不仅仅是分配的方法，更重要的是客户经理的考核分配机制是对客户经理激励和约束的机制，使客户经理明确自己的职责和工作目标，知道自己如何去实现工作目标。为实现工作目标，可以利用的银行资源，以及实现目标后所得到的利益；或者不能完成工作任务，所应承担的责任和应受到的处罚。

（3）业绩考核与业务管理相结合的原则。客户经理工作目标任务完成情况如何、工作业绩表现如何，对银行实现市场营销目标，完成业务发展计划等方面具有直接的影响。银行制定的考核机制应有利于促进银行经营目标的实现。因此，银行在给予客户经理一些量化的经营性任务指标的同时，还要制定一些管理性的指标以确保机制的顺利运行，如不良资产管理指标、制度管理指标等。

业务考核是按客户经理完成经营性指标计算得出的应得利益；业务管理是根据客户经理

完成业务管理指标的得分，对其应得利益进行再次分配。其目的是使客户经理既重经营又参与管理。

（4）业绩考核与非利润指标相结合的原则。对客户经理的工作的考核尽管要坚持以业绩论英雄的原则，但要参照银行的一些非利润指标，如客户满意度、先进工作者和业务标兵、精神文明奖励、劳动模范、突出社会贡献奖等奖项活动来增强其职业道德和综合素质的考核。尽管这些指标不是作为绝对的考核指标，但要通过其他激励的形式鼓励客户经理参与银行的各方面活动与社会公益活动，树立银行的整体形象，以实现银行的长远发展战略目标。

2. 考核的内容。

客户经理绩效考核的内容涵盖了客户经理市场营销工作的全部内容，考核核心指标为各项业务创利，包括存款（含一般性对公存款、同业存款、储蓄存款）创利、表内资产业务（含本币对公贷款、个人贷款、贴现）创利、表外资产业务创利及其他中间业务创利。

综合创利计算公式为：综合创利＝公司业务存款创利＋个人业务存款创利＋同业存款创利＋一般贷款创利＋票据贴现贷款创利＋表外资产业务创利＋其他业务创利＋产品销售创利。表6－1是各项业务创利计算公式明细（表6－1）。

表6－1　　　　　　　　客户经理创利考核计划明细

主要指标		计算公式	备注
存款创利	公司业务存款创利	（资金池价格－负债成本）×存款日均余额/4×存款创利调整系数	
	同业存款创利	（资金池价格－同业利率）×存款日均余额/4×70%	
	个人业务存款创利	（资金池价格－负债成本）×存款日均余额/4×存款创利调整系数	
表内资产业务创利	公司业务贷款创利	（贷款收益率－资金池价格）×贷款日均余额/4×贷款创利调整系数	
	个人贷款创利	同公司贷款计算公式	
	票据贴现业务	贴现金额×贴现期限×［贴现利率×（1－营业税税率）－资金池价格］×贷款创利调整系数	
表外资产业务创利	中间业务收入	∑客户经理各项表外资产业务手续费收入	含银承、保函、信贷证明、信贷承诺等，不包含投资银行业务
其他业务创利	其他中间业务收入	∑客户经理其他中间业务手续费收入	含委托贷款手续费、资信证明、代收代付手续费、短期融资券、理财销售、其他非银行融资等

【案例分享】

表 6-2　　　　　　　某银行客户经理绩效考核表（例）

考核对象：×××　　　　　考核周期：××××年第一季度

KPI	目标值	权重	评分标准	绩效	得分
存款任务完成率	100%	25%	完成目标值为满分，低于80%为0分，80%~100%间进行线性评分	95%	
贷款任务完成率	98%	25%			
新增不良贷款率	0%	20%			
重点产品销售达成率	85%	10%			
客户投诉次数	0次	10%	0次为80分，每增加1次扣10分	2次	
贷后管理任务完成率	100%	5%			
拜访计划达成率	100%	5%			
加/扣分项					

（二）客户经理的激励机制

商业银行最激烈的竞争是客户和人才的竞争，客户经理是商业银行最重要的人力资源。客户经理的工作业绩与商业银行的市场份额和利润密切相关，因此，如何充分发挥每一位客户经理的积极性和创造性，开拓市场、开发客户、营销产品，提升银行服务水平，是客户经理制度设计的重中之重，而建立科学、合理的客户经理激励机制是其核心问题。商业银行应该认识到银行客户经理的需求，有针对性地进行客户经理的激励。

1. 注重客户经理职业生涯管理。

所谓职业生涯管理，是指商业银行组织并对客户经理个人对职业生涯进行设计、规划、执行、评估和反馈的一个综合性的过程。通过双方的共同努力和协作，使每个客户经理的发展与商业银行的发展相吻合。知识经济时代，员工的素质不断提高，追求自我价值的实现，对职业生涯的管理就显得尤为重要。这就要求企业帮助员工进行职业生涯管理，了解员工任务完成情况、能力状况、需求、愿望，设身处地地帮助员工分析现状，设定未来发展的目标，制订实施计划，使员工在为公司发展做贡献的过程中实现个人的目标，让事业留住人才。

2. 目标激励。

目标激励就是确定适当的目标，诱发人的动机和行为，达到调动人的积极性的目的。目标作为一种诱引，具有引发、导向和激励的作用。一个人只有不断启发对高目标的追求，才能启发其奋发向上的内在动力。目标激励可以唤起斗志，而且目标的实现本身对人就有极大的吸引力。这样就要求商业银行将银行客户经理内心深处的这种或隐或现的目标挖掘出来，并协助他们制定详细的实施步骤,在随后的工作中引导和帮助他们努力实现目标。当每个客户经理的目标强烈而迫切地需要实现时,他们就对商业银行的发展产生热切的关注,对工作产生强大的责任感,平时不用别人监督就能自觉地把工作搞好,目标激励能产生强大的效果。

3. 薪资福利方面的激励。

(1) 股权激励。股份制商业银行和股份制改造是我国商业银行的热点,股权激励是商业银行激励机制设计中的重要组成部分。股权激励的方式有市场股、绩效股、素质股、岗位股、股票期权五种。它使员工利益的兑现中长期化,是个人长远利益与商业银行长远利益的紧密结合。但是,要实行员工股权激励,必须符合三个基本条件:第一,要有一个规范、有效的资本市场。第二,要有一个科学、健全的知识资本市场价格机制。这样才能保证员工在资本市场竞争中的客观的市场价位,做到公平、公开、公正,为员工的素质股奠定基础。第三,有一套科学、合理的工作绩效评估体系,为员工股票期权与行权提供客观依据。

(2) 年薪制激励。有两种不同的概念:一种是"经营者年薪制";另一种是西方国家普遍实行的"白领阶层年薪制"。客户经理年薪制是指后者,包括基本薪和激励薪两个部分。基本薪体现客户经理个体的市场价值,激励薪作为动态性报酬,根据契约规定的各项工作指标,经过年度业绩考核后才予兑现。激励薪是利润分红的范畴,完全与业绩挂钩,并且可调整。

(3) 弹性福利制度。对现代商业银行而言,福利是一笔庞大的开支(在国内商业银行或企业中能占到工资总额的30%以上),但对一般员工而言,激励性不大,而对银行客户经理而言则有其特殊的意义。最好的方法是采用弹性福利制度(或称菜单式福利制度),这一制度是指企业投入的成本相同,但是福利设计的内容不同,不同需求的员工可以自行选择不同的福利组合,就像快餐一样。该福利制度最大优点是在满足客户经理福利需求的同时更满足了他们精神上的尊重与需要。

【案例分享】

表 6-3　　　　　　　　　差异形成激励,无差异成为福利

目标人群	人群特点	个性福利需求
核心人群	对银行有重大贡献 承担重要企业经营责任或关键岗位职责 追求工作/生活和企业社会责任 竞争对手挖角对象	有实惠+被呵护 通过持续有效的激励措施实现财富积累 弹性/灵活的福利项目分享企业成功
历史贡献者	多年服务银行 对银行有历史贡献	有回馈+有保障 享受创造的幸福
全体员工	银行的一员 创建幸福银行的基石	有感觉+被关注 履行雇主责任 感受企业幸福

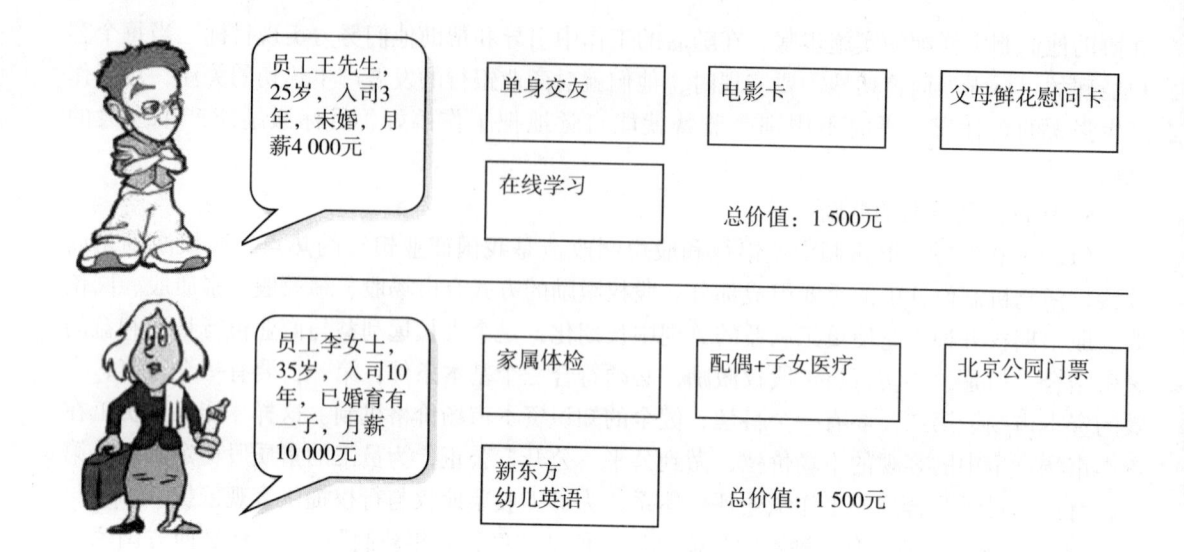

员工王先生，25岁，入司3年，未婚，月薪4 000元	单身交友	电影卡	父母鲜花慰问卡
	在线学习	总价值：1 500元	
员工李女士，35岁，入司10年，已婚育有一子，月薪10 000元	家属体检	配偶+子女医疗	北京公园门票
	新东方幼儿英语	总价值：1 500元	

（4）奖励旅游激励等。奖励旅游也属于员工福利激励范畴，是现代企业管理中新的激励手段。它与国内公费旅游的不同之处在于前者可以计入公司成本。在激励客户经理方面，奖励旅游有着其他激励手段无法替代的作用。商业银行可以要求旅游公司提前半年甚至一年开始进入旅游计划实施阶段，定期给被奖励的客户经理发函，告知行程安排的进展情况，并关心他们的工作业绩。尽管是一项奖励形式，但其激励效果却可以持续整个过程。

4. 精神文化激励。

（1）培育自主、创新和团队的企业文化。客户经理要成长、自主和发展，需要有一种健康和谐的工作环境和自我创新、具有团队精神的文化氛围。商业银行作为客户经理实现自我价值的实体，有责任为客户经理的发展创造机会，提供一个舞台，让他们在企业中能最大限度地体现自身价值，实现事业追求。同时，银行还应当培育和保持一种自主与协作并存的文化。

（2）造就学习型组织和学习型个人。随着我国真正的商业银行时代的到来，客户经理在商业银行中的数量和比例会越来越大，而且他们是维持商业银行生存与发展的最重要的资源。造就学习型组织和个人，不仅有利于强化商业银行的竞争力，而且决定了知识创造、传播和应用的效果，并对提升客户经理的个人素质起到了积极的促进作用。从更高层次来说，学习不仅是人类的天性，也是生命趣味盎然的源泉。

5. 组织激励。

（1）充分授权，委以重任，提高客户经理的参与感。让客户经理参与他们的分工业务或与利益直接相关的决策，可以充分表达商业银行对他们的信任和尊重。一旦客户经理对商业银行事务有了更强的参与感和更多的自主性，他们对工作的责任感就会大大增加。而仅仅通过授权，银行就可以用很低的成本得到更高的效率。

委以重任也是激励客户经理的重要途径。商业银行也可以利用翁格玛利效应，对客户经理委以重任，激发其内在潜力，使之焕发出巨大的创造性。

（2）实施自我管理。客户经理的良好素质决定了自我管理方式的可行性。自我管理包括个人自我管理与团队自我管理，是指客户经理可以在银行共同理想或共同价值观的指引下，在所授权力范围内自我决定工作的内容、工作方式，实施自我激励，不断用共同理想来修正自己的行为，从工作中获得最大的享受。

6. 工作激励。

（1）工作环境激励。提供一种自主的工作环境。太多的限制会阻碍客户经理创造力的发挥，为了鼓励客户经理进行金融创新性活动，商业银行应该建立一种宽松的工作环境，使他们能够在既定的组织目标指导下，自主地完成任务。这就要求银行：一方面，要根据任务要求对客户经理进行充分授权，充分信任，放手让他们去发挥自己的创造力，自己制定决策，采取他们自己认为最好的工作方法。另一方面，还要为其提供进行创新活动所必需的各种资源，包括资金、物质及人员的调用等。

（2）提供挑战性的工作。客户经理真正追求的是工作本身的质量，挑战性的工作比良好的环境更具有吸引力。工具往往决定客户经理的效率和效能，得心应手的工具会使人工作起来充满信心、浑身是劲。相反，差劲的工具会使人心烦、抱怨、丧失信心。提供所需要的资源条件。不同的工作需要不同的资源、条件，具备所需的资源、条件，创新、任务才能实现，否则只能是徒劳或眼看着失掉机会而使人丧气。

（3）采取宽容式管理，实行弹性工作制。德鲁克在剖析管理行为的实质时深刻指出，人们从内心深处是反对被"管理"的，这一观点尤其适用于客户经理管理。因为客户经理对于自己所从事工作的了解要比他们的老板深刻得多。对于客户经理而言，监督是一座特殊的地狱，他们在各种繁杂的规章制度束缚和"监工头"式的监督严管下，可能丧失所有的激情和创造力。因此，德鲁克建议应当"引领"而不是"管理"客户经理。引领而不是管理，意味着要为客户经理创造更为宽松、开放的工作环境，具体包括自主工作的权力、弹性工作制、自由发表意见的氛围，容忍客户经理犯错误，创造充满乐趣和关爱的工作环境等。

在商业银行能力范围内，为客户经理解决后顾之忧，也是创造宽松工作环境的重要方面。许多大型企业如IBM、GE等，都为员工设立了子女幼儿园，在办公时间，员工可以把孩子放在公司，还可以与子女共进午餐，这样就使员工能够安心工作。

【模块训练】

1. 训练主题：充分认识和了解自己。
2. 训练步骤：
（1）知识准备，了解胜任商业银行客户经理所需条件；
（2）教师收集商业银行招聘客户经理时用到的心理测试的相关资料；
（3）5位同学一组，结合所学知识及教师提供的资料分析自己作为商业银行客户经理的优势和劣势，如何改进；
（4）每组组长总结阐述，小组间相互交流；
（5）训练效果自我评价、小组互评。
3. 教师点评。

模块二　客户经理营销团队建设

【任务描述】

1. 本模块的操作任务。

（1）培养学生的商业银行客户经理营销团队能力；

(2) 增进学生团队协作意识；

2. 完成工作任务的标志性成果。
(1) 具备商业银行客户经理营销团队能力；
(2) 能够提升商业银行客户经理营销团队协作水平。

任务一　定位团队成员角色

【案例导入】

李颖是个刚刚毕业的大学生，应聘银行客户经理助理成功，老师和家长对此都感到很高兴。但是，上岗都3个月了，李颖发现自己除了端茶倒水就是打印文档，根本没有接触客户的机会。李颖有些急了，自己学的是金融与证券，在客户经理部工作，长期不见客户，职业前景黯淡。

你如何看待李颖的现状？请为她出出主意。

一、客户经理团队定位

银行业务日益综合化、创新化的变化趋势要求银行必须拥有一支高效的、有战斗力的客户经理团队。客户经理是商业银行在市场上的排头兵，在整个银行体系中处于最前沿位置，是直接接触客户的人员，是金融产品的销售平台，是商业银行与客户之间的桥梁和纽带，是商业银行服务水平的最典型代表。客户的信息和需求通过客户经理传递给商业银行中后台业务部门，商业银行的产品信息和服务通过客户经理传递给客户，客户经理必须能有效地连接客户和商业银行各个业务部门，使客户感觉到面对客户经理就如面对整个商业银行一样。

二、客户经理团队与客户经理分工定位

对小型客户、单一需求或非风险业务需求的客户，客户经理可独自提供相应的服务。对大型客户或有综合需求的客户，需采取总分支行联动、统一运作，以客户经理团队的方式进行服务。以高级客户经理为中心，合理搭配其他等级的客户经理和一定数量的辅助人员。在客户经理团队中，商业银行客户经理不仅要发挥自身特长，完成相应的任务，同时也要与队友密切配合，切忌单兵作战，以达到"1+1＞2"的效果。因此，这要求客户经理要明确在团队中的角色和定位，承担相应责任，完成任务。从管理学角度讲，客户经理团队具有三个特点：自主性、思考性和协作性。

三、客户经理项目小组成员定位

团队的成功运行离不开合理的成员能力结构，一个团队需要有三种不同技能类型的成员：第一，具有专长的成员；第二，具有解决问题和决策技能的成员；第三，拥有若干善于倾听、反馈、解决冲突及处理人际关系技能的成员。在客户经理的队伍中充分发挥每位成员的性格特点。

团队成员的人格特质各有不同，如果每位团队成员的工作性质与人格特点都相匹配，其绩效水平就很容易提高。就团队成员在工作团队内的位置和任务的分配而言，团队有不同的人员需求。因此，在挑选团队成员时，也就应该以员工的人格特点、个人偏好及其能力特长为基础。银行客户经理团队构建中十分注重取长补短，各有所用，实现团队成员之间技能、知识、经验、专长等方面的互补，从而进一步提高团队的工作能力和战斗能力。

（一）商业银行营销团队的形式

商业银行营销团队是20世纪90年代以来商业银行营销实践和管理实践探索的结果，营销团队的形式主要有以下四种形式：

1. 客户经理作业小组。

这是一种简单的营销团队形式，通常由2~3名客户经理组成，主要用于客户经理在客户开发和维护过程中的合作。团队中有人担当主访的角色，有人担当陪访的角色，相互合作；还有的由客户部经理带队，进行客户的访问，以提高沟通和公关的效果。

2. 客户部门客户经理团队。

这是商业银行客户经理管理的作业团队形式，通常由不同级别的银行（总行、分行或支行等）的客户部门按照业务分类或地区分类等形式，自然形成的团队，人数依客户动态调整。这种客户部门团队通常通过例会等工作制度，完成市场环境分析、客户动态情况分析、培训及经验分享、工作计划实施等工作内容。

3. 客户服务小组。

这是商业银行为了客户的拓展与维护而将来自不同部门如科技部门、产品部门、法律部门，以及客户部门等的人员组成一个特别的客户服务小组，为客户提供量身定做产品或一体化服务方案；或共同参与客户的维护，及时为客户解决具体问题。客户服务小组可以是横向的组合，来自同一个行的不同部门的人员组成的团队；也可以是纵向的组合，如来自不同级别的行，如总分行、分支行不同行的不同部门人员组成的团队。

4. 高级营销团队。

基于对大型客户或集团性客户的系统联动营销和协作营销，通常由总行一级的高层人员或高级客户经理，联合不同分支行的高层人员或客户经理，进行跨部门、跨行级的团队组合，即高级营销团队。这种团队集合了各级行的决策层和操作层的人员，可以对客户作出最快的决策反应，并可以在与客户的公关活动中达到较好的效果。

（二）我国商业银行高绩效团队的几种形式

1. 客户经理小组。

客户经理小组一般由3个以上的客户经理和其他人员组成，这些组成人员应具备不同的知识结构、业务专长和个性。客户经理之间的有效沟通和交流，可以集思广益，博采众长，发挥不同知识结构、经验阅历和个性特征的客户经理的特长与优势，起到优势互补和团队协作的作用。一个客户经理小组主要由小组牵头人、关系经理、方案设计人员、外部专家及辅助人员组成。有的角色可以兼任，如小组牵头人和关系经理有时由同一人担任。

客户经理小组人员的职责：

（1）小组牵头人一般由高级客户经理担任，主要行使总体指挥、组织和协调职能，负责对整个客户培育与维护的组织策划、银行内部和外部关系的协调、产品的组织运作、小组内部重大事项的管理和决策。

（2）关系经理负责与客户日常接触，对客户的情况最熟悉，与客户的往来最频繁，发挥着银行与客户之间的桥梁和纽带作用。

（3）方案设计人员对金融产品比较熟悉，具有较强的业务技能，负责设计具体的产品的组合方案，以满足客户多方面的需求。方案设计人员是小组里的技术专家。

（4）外部专家。当客户经理不能完成一些客户需要的专业服务时，客户经理可吸收部分外部专家来提供专项技术和支持。常见的外部专家如律师、注册会计师、审计师、行业经济专家、宏观经济专家、财务专家等。这些专家提供的是有偿服务，银行向其支出的服务费由银行在费用中列支。

（5）辅助人员。辅助人员负责小组内部的日常性事务，由事务性人员担任。

2. 客户服务小组。

客户服务小组综合营销的基本组织形式。客户服务小组是为满足客户的金融需求，由多个部门、多级行人员参加的松散型工作团队。它可以是临时的，也可以是长期的。

客户服务小组主要工作职责有：客户拓展；了解客户需求；客户调查（评估）；产品推介；制订金融服务方案；与客户谈判；实施金融服务；客户维护；风险监测；部门与行际间日常协调。

直接营销的客户服务小组主要由本级行的客户经理、产品经理及相关专业人员组成，对于重要或有复杂金融需求的客户，必须配备高级客户经理和高级产品经理。

客户服务小组实行组长负责制，组长负责客户服务小组的日常工作，对本级客户部门负责。小组中的产品经理和其他专业人员负责代表小组与本部门沟通及协调。

任务二　培养团队协作意识

【导入案例】

谁愿意被熊吃掉？

下面的故事解释了为什么团队合作要比表面看上去难做得多：

一天下午，有两个人经过一片灌木丛，一不小心摔倒在了一片空旷地带，在那儿有一只母熊和两只小熊。熊的性格在大部分时间都是很残忍的，如果有人看到了一只母熊带着两个幼仔，那么他就一定会有麻烦的。

其中一个人看了另一个人一眼说："我们跑吧！"另一个人回答道："你跑不过熊的！"这个人眨了眨眼说："我并没有打算跑得比熊快，但我知道我能够跑得比你快！"

这两个人是否有更好的对付母熊的方案？

一、团队协作基础知识

（一）团队的构成要素

所谓团队，就是指由多个人组成的，在各自分工的基础上，为着一个共同的目标而相互协作以追求整体利益的组织或集体。团队成员在才能上是互补的,为了完成共同的目标和任务而产生互动。团队要求发挥每个人的特长,使之产生协同效应。

1. 团队的构成要素。

(1) 目标(Purpose)。

(2) 人(People)。人是构成团队最核心的力量。3个(包含3个)以上的人就可以构成团队,不同的人通过分工来共同完成团队目标。

【想一想】

你在团队或者组织活动中经常扮演什么角色?什么样的角色比较适合作为领导者?

表 6-4　　　　　　　　　　　成员角色定位

团队角色	特　征	优　点	缺　点
实干家	务实可靠、顺从、保守	工作勤奋、踏实可信赖、有自我约束力	缺乏灵活性,对没有把握的主意不敢尝试
协调员	沉着自信、有控制局面的能力	包容性较强、看问题较客观	在智力及创造力方面可能并非超常
推进者	思维敏捷、开朗、主动探索	有干劲,随时准备向传统、低效率挑战	容易冲动、急躁,激起争端
智多星	有个性、智慧,不拘一格	才华横溢,富有想象力,智慧超常	高高在上、不重细节,不拘礼仪
外交家	性格外向、热情、好奇、联系广泛、消息灵通	有广泛联系人的能力,勇于迎接新的挑战	事过境迁,可能兴趣马上转移
监督员	清醒,理智,谨慎	判断力强,分辨力强,讲求实际	缺乏激发他人的能力,容易与他人意见不合
凝聚者	善于人际交往,温和	有适应周围环境及人的能力,能促进团队的合作	在危机时刻往往优柔寡断
完成者	做事有序、认真、有紧迫感	理想主义者,追求完美,持之以恒	常常拘泥于细节,容易焦虑

每个小组给出自己的小组成员角色定位。

(3) 团队的定位(Place)。团队的定位包含两层意思:一是团队的定位,团队在银行中处于什么位置,由谁选择和决定团队的成员,团队最终应对谁负责,团队采取什么方式激励下属。二是个体的定位,包括作为成员在团队中扮演什么角色,是订计划还是具体实施或评估。

(4) 权限(Power)。团队中领导人的权力大小跟团队的发展阶段相关。

(5) 计划(Plan)。计划包括两层面含义:一是把计划理解成目标的具体工作的程序;二是提前按计划进行可以保证团队的工作进度。

2. 团队精神。

团队精神简单来说就是大局意识、协作精神和服务精神的集中体现。团队精神的基础是尊重个人的兴趣和成就，核心是协同合作，最高境界是全体成员的向心力、凝聚力，反映的是个体利益和整体利益的统一，并进而保证组织的高效率运转。

（二）高绩效团队的特点

（1）团队成员能共同分享利润和成果。
（2）团队成员能够进行智力分享和参与。
（3）具有灵活的工作设计，包括但不限于灵活的时间安排、工作轮换及工作扩展。
（4）重视员工培训和培养。
（5）重视员工满意因素而非保障因素（如工资、奖金）。
（6）让普通成员参与管理工作。

二、团队协作意识的培养

构建高效协作客户经理团队的方法

1. 培养团队协作意识需要管理人员的正确思路和积极行动。

团队精神要求有统一的奋斗目标或价值观，而且需要信赖，需要适度的引导和协调，管理人员应不时地改进同下属的沟通和激励的能力、调解冲突和信任的能力、在团队中建立规范的能力、发现和解决团队深层次问题的能力等。一个团队的最高管理人员即银行领导的素质及其能力的发挥，对银行团队精神的培育开发有着巨大的作用。

2. 培养团队协作意识需要经常沟通和协调。

沟通主要是通过信息和思想上的交流达到认识上的一致，协调是取得行动的一致，两者都是形成团队的必要条件。关于团队协作意识的实验表明：如果不能很好地沟通，就无法理解对方的意图，就不可能进行有效的合作，也就不能形成团队精神。加强银行内部的沟通，既可以使管理层工作更加轻松，也可以使普通员工大幅度提高工作绩效，同时还可以增强银行的凝聚力和竞争力。员工应该主动与领导者沟通。作为员工应该有主动与领导沟通的精神，这样可以弥补主管因为工作繁忙和没有具体参与执行工作而忽视的沟通。领导者应该积极和部属沟通。

3. 培养团队协作意识需要提升员工自我修养，培养热爱银行的员工品质应培养员工忠诚企业的观念。

调动员工积极性和培养奉献精神，是摆在银行面前的现实问题。银行从以下两方面做起：一是大力开展有本行特色的丰富多彩的文体活动和技术活动，使员工的个性特长得以发挥展现，个人能力和价值得以发挥实现，团队的情谊得以沟通，信息得以交流，组织的向心力、凝聚力自然就加强，员工的积极性自然就提高；二是要充分利用传统文化的群体意识为银行建设服务，用仁、义、礼、智、信来教育员工，使员工的群体观念得以加强。

培养团队协作意识的手段还包括：始终从商业银行的目的、战略及目标整体上考虑客户经理团队的建设；尽量给客户经理团队构建一个宽松的责任范围；充分授权客户经理团队装备设备和雇用最好的职员；给予团队及其领导充分的信任；通过讨论在团队内部明确团队目标、任务与愿景；给予团队足够的耐心和时间。

【案例分享】

谁更适合作领导

　　一个人去买鹦鹉，看到一只鹦鹉前标：此鹦鹉会两门语言，售价200元。另一只鹦鹉前则标道：此鹦鹉会四门语言，售价400元。该买哪只呢？两只都毛色光鲜，非常灵活可爱。这人转啊转，拿不定主意。结果突然发现一只老掉了牙的鹦鹉，毛色暗淡散乱，标价800元。这人赶紧将老板叫来：这只鹦鹉是不是会说八门语言？店主说：不。

　　这人奇怪了：那为什么又老又丑，又没有能力，会值这个数呢？

　　店主回答：因为另外两只鹦鹉叫这只鹦鹉老板。

　　这故事告诉我们，真正的领导人，不一定自己能力有多强，只要懂信任、懂放权、懂珍惜，就能团结比自己更强的力量，从而提升自己的身价。相反，许多能力非常强的人却因为过于完美主义，事必躬亲，什么人都不如自己，最后只能做最好的公关人员，销售代表，成不了优秀的领导人。

项目小结

（1）商业银行客户经理团队是客户经理履行职责的基本环境和条件，高效、协调的客户经理团队是商业银行战略目标实现的有力保障。

（2）在进行客户经理团队构建之初，必须根据商业银行战略和客户经理部门任务明确团队构建标准和内容，尤其是要将团队制度、流程构建纳入团队构建计划。

（3）客户经理团队的协作水平取决于团队成员，更取决于团队管理水平。以人为本，从员工长远利益出发的文化、流程和制度设计是培养团队协作意识的根本性措施。

（4）商业银行选拔、招聘客户经理，一般有从内部招聘、向外招聘和从高校选择三种渠道和途径。

（5）客户经理的素质培训形式虽然多种多样，但归纳起来主要有：集中培训、封闭式军事化培训、传统课堂式教学、交流式培训、考察式学习培训、跟班式培训。

（6）客户经理考核的原则包括：效益性原则、责权利相结合原则、业绩考核与业务管理相结合的原则、业绩考核与非利润指标相结合的原则。

（7）客户经理的激励机制包括：注重客户经理职业生涯管理、目标激励、薪资福利方面的激励、精神文化激励、组织激励、工作激励。

（8）营销团队的形式主要有：客户经理作业小组、客户部门客户经理团队、客户服务小组、高级营销团队。

（9）团队的构成要素包括：目标、人、团队的定位、权限、计划。

项目实训

实训一　应聘能力培养

1. 实训内容：提升应聘合格客户经理团队成员能力的训练。
2. 实训目的：提升应聘能力。
3. 实训素材：教师准备的训练题目（结构化面试或者无领导小组讨论等）。
4. 实训场所：校内教室。
5. 实训步骤：

（1）老师提供应聘答案，结合表现，由学生逐一打分和点评；

(2) 分组确定招聘人选；
(3) 学生互评；
(4) 教师进行总结和点评。

实训二　团队协作技巧训练

1. 实训内容：高压力环境下团队协作技巧训练。
2. 实训目的：掌握并运用团队协作技巧。
3. 实训素材：教师准备各种团队协作技巧训练游戏。
4. 实训场所：室内场地。
5. 实训步骤：

(1) 临时成立训练小组；
(2) 教师布置各种团队合作训练游戏；
(3) 学生游戏；
(4) 学生互评；
(5) 教师进行总结和点评。

项目自测

一、单选题

1. (　　) 是指在本银行内部范围公开招聘客户经理的办法。
   A. 从高校选择　　B. 向外招聘　　C. 竞聘上岗　　D. 内部招聘
2. 营销团队的形式不包括 (　　)。
   A. 客户经理作业小组　　　　　　B. 客户部门客户经理团队
   C. 客户服务小组　　　　　　　　D. 综合营销团队

二、多选题

1. 客户经理团队组建标准包括 (　　)。
   A. 客户经理助理个体标准　　　　B. 客户经理个体标准
   C. 客户经理团队标准　　　　　　D. 客户经理团队个体标准
2. 客户经理考核的原则主要包括 (　　)。
   A. 效益性原则
   B. 责权利相结合原则
   C. 业绩考核与业务管理相结合的原则
   D. 业绩考核与非利润指标相结合的原则

三、判断题

1. 外部招聘的客户经理人才一般要求较高，尤其在从业经验方面具有严格的限定。(　　)
2. 商业银行客户经理制的建立是将过去的银行信贷人员改为客户经理。(　　)
3. 对客户经理的培训是只对新聘用的客户经理的培训。(　　)
4. 对客户经理的考核应以定量考核为主。(　　)

四、简答题

简述客户经理激励机制的主要内容。

推荐阅读

1. 达琳 D. 理查德著，机械工业出版社出版的《客服经理案头手册》。
2. 克里斯托弗·H. 洛夫洛克著，中国人民大学出版社出版的《服务营销》。

项目七
商业银行服务文化建设

【职业能力目标】

1. 知识学习目标。

(1) 能对商业银行服务文化的内涵、层次、功能有准确认知；

(2) 了解以客户为中心的现代商业银行服务文化理念；

(3) 能够掌握服务文化传播的策略和途径。

2. 技能训练目标。

(1) 熟记服务文化的内涵；

(2) 能够熟练应用服务文化传播的策略。

【典型工作任务】

1. 本项目的工作任务：强化客户经理的服务理念，提升客户经理的服务意识。

2. 完成工作任务应提交的标志性成果：掌握商业银行服务文化的基本知识，能深刻理解以客户为中心的服务理念。

【业务场景】

模拟银行营业大厅

【导入案例】

在南京，有这样一家年轻的银行，成立还不到3年，却以黑马的姿态赢得了业内极具分量的认可，由中国银行业协会评选出的"2012年度中国银行业文明规范服务千佳示范单位"，这就是北京银行南京分行。不管是62项厅堂服务检测标准，还是所有员工遵循的服务文化，北京银行南京分行营业部用自己的实际行动证明着自己获选千佳的实至名归，也让客户感受到了今日银行业服务的新标准，如沐春风。

从一杯水的温度感受服务的质量

走进北京银行南京分行网点，不管客户办理任何业务，当客户取完号刚刚坐下，一杯水就递到了客户的手里。"在这里，没有模式化的微笑，只有人性化的服务。"市民吴女士经常到北京银行南京分行位于奥体东站的网点办理业务，从一开始对一家崭新银行持怀疑态度到如今对身边的亲朋好友极力推荐，吴女士跟记者说了这样一句话："有时候就是这一杯水的温度，让你的感受完全不一样了。"吴女士说，其实现在不管在哪家银行哪个网点，碰到人多排队的情况都很平常，但是等待的过程还是容易让人烦躁，这个时候，网点的工作人员微笑着把一杯水递到你手里，顿时，就让等待变得不那么生硬。

北京银行南京分行营业部就是在细节上让客户随时随地感受到他们的这种服务文化。"每逢节假日或者特殊的日子，我们就会为来网点办理业务的客户准备一些小礼物。像去年春天，我们就推出过'阳台种菜，健康生活'的活动，赠送客户菜籽，倡导一种健康生活方式；七夕的时候，我们准备了玫瑰花籽，让客户自己感受种出玫瑰花的那种欣喜和快乐。在这个维系客户感情的过程中，让他们切实地感受到我们的服务文化，发现原来到银行办理业务不是一种枯燥单调的行为，而是一件快乐的事情。"

来办理业务也可以是一件快乐的事

要让客户感觉到"办理业务也可以很快乐"可能只是一瞬间的事,但是所有北京银行南京分行营业部的工作人员却在背后默默付出了很多努力和坚持,努力在日常的各种培训中完善自己的礼仪规范和业务技能,坚持几年如一日"微笑服务",传递服务文化。在这里,"为客户服务,以客户为中心"不是一个刻板的要求,而是一种人人乐于践行的服务意识。2012年,北京银行南京分行营业部相继开展了"展京行风采,做服务达人"、"倾听你的声音厅堂客户满意度调查"等多项提升整体服务质量的活动,在一个个"微笑达人"、"服务知识达人"、"服务创新达人"诞生的同时,也是营业部对自身服务水平要求精益求精的过程。眼下,他们又开展了"点滴成就梦想,服务创造辉煌"的活动,在一项又一项活动当中,先是让员工自己感受到微笑服务和优质服务的重要性,然后让客户真切地感受到在这里体验到的服务的质量。

资料来源:《南方晨报》2013年3月28日。

模块一 商业银行服务文化认知

【任务描述】

1. 本模块的操作任务。
(1) 认识商业银行服务文化的内涵;
(2) 了解商业银行服务文化的结构、类型和功能。

2. 完成工作任务的标志性成果。
(1) 掌握商业银行服务文化的内涵;
(2) 知道商业银行服务文化的重要性。

真诚回馈客户,招行捧出文化大餐

2011年12月23日晚,"招商银行,金葵花之夜"宁夏新年音乐会在宁夏体育馆精彩上演,德国莱比锡国家爱乐乐团演奏的传世经典乐曲,在萧瑟的冬日点燃了观众的激情。

这只是招商银行为客户捧出的一场文化大餐。在元旦和春节前后,当客户对文化需求比较强烈的时候,招行总能"因您而变",给客户带来更多的文化享受。

而实际上,这也与招行的"二次转型"理念一脉相承:服务好零售客户,优化收入结构,减少资本占用,提高资本收益。

能够聆听这场音乐盛宴的贵宾客户,无疑得益于招商银行对零售业务的重视和执着。在中国银行界,招商银行是最早提出"做中国最好的零售银行"的商业银行之一。

"客户就是亲人。在招商银行20年发展历程中,最重要的两个字是'服务'。我们始终将客户服务放在最重要的位置,客户的声音是我们最重要的参考意见。在此,衷心感谢客户提出宝贵的意见。'因您而变',不断完善服务品质,为广大客户带来更好的服务!"招商银行副行长唐志宏在一场客户答谢会上的演讲,透出一份持续改进服务的决心和信心。对此,招行人认识深刻,并且始终以做好客户服务为己任。在招商银行主要营业场所,都有葵花的醒目图案。"银行与客户的关系,犹如葵花与太阳的关系。我们一直把招商银行比作葵花,把客户比作太阳。没有太阳的照耀,葵花就不能生长;不因市场和客户而变,招商银行就不能发展,甚至不能生存。"

招商银行行长马蔚华精辟地形容该行"葵花向阳"的服务文化,"我们为向日葵文化而自豪,这是我们的不竭动力"。

先进的商业银行特别注重其所提供的服务，并把服务当作银行的内在本质特征，自始至终都应把服务放在首位，把为客户提供满意的服务作为其经营管理的出发点和落脚点。

一、商业银行服务文化概念

（一）商业银行服务文化的内涵

服务是指用以交易和满足顾客需要的、本身无形和不发生实物所有权转移的、主要是人与人之间的活动或互动过程。

创造一种优秀的、以客户为中心的服务观念和更加重视提供优质文明服务的企业文化，对我国商业银行来说尤为重要。因为服务质量是各种资源共同作用的结果，因而要成功进行服务质量的管理，必须在商业银行组织内倡导客户服务导向的服务观念和服务质量意识的价值观念，必须创造一种能够提高服务质量的稳定的企业文化。要使商业银行组织内部的所有成员都对提高服务质量产生浓厚兴趣，并在组织中认同和奖励优质文明的服务行为，就需要被称为商业银行服务文化的企业文化的支持。商业银行服务文化被其企业文化所涵盖，但又更加突出强调商业银行作为服务企业的属性。或者说，商业银行的企业文化本质上应具有服务性的特征。

商业银行服务文化可以被定义为：它是这样一种文化，在其影响之下，人们推崇优质文明服务，并且给内部的、外部的客户提供优质文明的服务，它是组织内部每个成员顺其自然的生活方式和遵守的行为准则。构成商业银行服务文化的服务观念（意识）应当是这个文化中最先考虑的问题。它不仅是应该被始终强调和加强的，而且它与商业银行组织内部各成员共享的价值观念和公认的行为规范、道德准则等构成了服务文化的基础。

商业银行服务文化是经济、文化一体化的产物，是一种高智慧的文化，集中鲜明地体现着商业银行价值观和经营理念，贯穿于商业银行产品设计、生产、经营和终端服务的全过程，它是商业银行企业文化的灵魂和核心。

（二）商业银行服务文化的结构

商业银行服务文化由四个层面构成，分别是表层的物质文化、浅层的行为文化、中层的制度文化和核心层的精神文化。

1. 表层的物质文化。

文化是无形的，但可以通过文化产品、行为等文化活动去感知。表层的物质文化由商业银行的机构设置、规章制度构成，包括商业银行名称、标识、产品特色，以及商业银行的文化传播网络。表层的物质文化的主要作用在于约束职工规范行为，维系秩序统一标准，它既是商业银行深层文化建设的内在动力。服务文化的表层实质上是一种外化展示，包括工作场所和服务场所、工作人员的着装等。

2. 浅层的行为文化。

浅层的行业文化的建设相对于表层物质文化而言，难度较大。原因主要是从事服务工作的人员对同一个执行标准会有不同的理解，并在行为上体现出不同的方式。行业文化的主体有直接主体和间接主体。通过对直接与间接接触人员分类，有利于在进行行为规范的考核、纠正时进行有针对的培训和辅导。

3. 中层的制度文化。

中层制度文化是指对商业银行和员工的行为产生规范性、约束性影响的部分，包括商业银行制度、商业银行人际关系和商业银行民主。通过制度固化对服务文化的要求、标准，把对员工的要求和客户对商业银行的期望形成有机平衡。

4. 核心层的精神文化。

核心层的精神文化是对商业银行服务理念在具体应用上的深化，也是将商业银行核心的经营理念通过营销渠道进行落实。核心层的精神文化需要从服务理念的潜移默化、服务行为的塑造引导、服务标准的强化导入、服务素养的形成提高等方面进行着力推广。

精神层是商业银行企业文化的核心和灵魂，制度层和行为层是精神层和物质层的体现，而物质层是形成商业银行企业文化的精神层、制度层和行为层的条件。

（三）商业银行服务文化的类型

商业银行服务文化包括以下三种类型。

（1）生产性的服务文化。生产性的服务文化是指以市场经济规律为基础，在商业银行生产、营销的过程中体现出来的服务文化。

（2）公益性的服务文化。公益性项目主要包括科技、教育、文化、卫生、体育、环保等事业的项目。公益性的服务文化是指以要求在获得回报的同时承担一定社会责任为特征的服务文化。

（3）行政执法的服务文化。行政执法的服务文化是指以立党为公、执政为民为核心价值理念，贯穿于行政执法部门所提供的各项服务之中的文化。

【案例分享】

民生银行的服务文化

民生银行的前行长董文标曾这样评价，企业文化很有力量，文化是企业发展的根本动力，是创造奇迹的内在因素。民生银行正是凭借着自己特有的企业文化，迅速提升了企业的核心竞争力，创造出低风险、高效益、快增长的发展模式，带给中国银行业很多启迪。民生银行的组织文化大致可分为三层，即精神文化、制度文化和物质文化。精神文化是服务文化的内核和灵魂，决定了制度文化和物质文化。制度文化起着精神文化和物质文化的连接作用，物质文化则是制度文化的外在表现。

1. 物质文化（表层）。

物质文化是制度文化的外在表现，它从一个角度对民生银行的企业精神、企业目标、企业经营哲学、企业风气、企业道德作了具体的展示，使人对这个企业一目了然、印象深刻。民生银行自成立以来，就按照"团结奋进、开拓创新、培育人才、严格管理、规范行为、敬业守法、讲究质量、提高效益、健康发展"的经营发展方针，在改革发展与管理等方面进行了有益探索，先后推出了"大集中"科技平台、"两率"考核机制、"三卡"工程、独立评审制度、八大基础管理系统、集中处理商业模式及事业部改革等制度创新，实现了低风险、快增长、高效益的战略目标，树立了充满生机与活力的崭新的商业银行形象。

2. 制度文化良好的公司治理结构。

公司治理结构是企业组织管理制度建设的核心，完善的公司治理结构将有利于促进企业的发展，尤其是有利于促进企业的长期、稳定、持续和健康发展。

民生银行在成立之初，就借鉴国际上的先进经验，建立了良好的公司治理结构，凭借完善的制度对董事会、监事会和经营层之间的责、权、利进行了明确界定，并按照现代企业制度的要求，规范化运作。民生银行从成立之初产权就是清晰的，公司上市以后，为进一步完善公司治理结构，民生银行董事会于2000年12月通过了《中国民生银行法人治理结构基本框架》，进一步保证了权力机构、决策机构、监督机构和执行机构各司其职、各负其责，为建立科学的激励约束机制和实行科学化管理奠定了基础。至此，民生银行基本形成了比较完备的组织管理体系、核算体系、考核体系和监督体系。

民生银行董事会下设四个专门委员会，分别是：战略发展及风险管理委员会、审计及关联交易委员会、提名委员会、薪酬与考核委员会，这四个专门委员会的成立，增强了公司决策的科学性、风险控制的有效性；增强了对重大关联交易的监督和控制；优化决策层和管理人员的组成，同时将不断完善考核与评价体系，保证公司健康发展。

专门委员会由董事、股东及相关工作人员构成，每个委员会都实行召集人制度，由专职工作人员定期按规定的工作流程和现代化信息交流渠道，科学决策，尽职尽责，不走过场。

正如经叔平董事长所说，民生银行在法律上和经济上是无上级主管单位的独立法人，是国内现有金融企业中所有权和经营权分离最彻底的，银行属于全体股东，股东根据所有权分得红利，但不能干涉银行的具体经营活动，民生银行的经营权属于行领导班子，重大的投资活动则必须通过董事会或股东大会的批准。正因为如此，民生银行的经营不受任何行政干预，它始终沿着一条清晰的脉络向前发展。

3. 精神文化（核心层）。

企业目标：100年之后，达到像花旗、汇丰那样的规模，办成一家百年老店。

企业精神：开拓、团结、敬业、优质。

企业核心价值观：创新。

董文标行长认为，唯有创新才能走向中兴，唯有不断创新才能办成百年老店。创新应该是一项系统工程，是包含从产品到管理到制度的多层次创新体系。这种创新不仅是业务的短暂优势，而是长远的核心竞争力的综合表现，实施大创新战略是我们提升核心竞争力、推动合作发展的必然选择。民生的核心价值观是创新，只有创新，才能使企业拥有生生不息的活力，不断地适应环境。

二、商业银行服务文化的特征

服务文化作为一种现代管理科学理论，其实质是一种以经营管理为载体的企业经营性、竞争性文化，是企业的经营竞争哲学。

商业银行服务文化是效益型文化，在当前商业银行市场激烈竞争的态势下，推行服务文化应该是通过优质的服务，实现商业银行、客户乃至竞争对手所获利益的最大化。把握商业银行的经营发展战略，把发展模式由贪大转向求好，把发展思路从市场扩张转向利润扩张，把营销手段从依赖于价格优惠转向凭借服务领先。

商业银行服务文化的特征体现在：服务是无形的；服务没有绝对的标准，是可以变化的；服务的产生和消费是同步的，必须有顾客参与其中；服务是一次性的，无法保存的。具体体现在以下几个方面。

（一）服务文化参与主体的多样性

服务文化的参与主体有内外之分。内部主体是商业银行的员工，包括直接从事服务工作的员工和为服务工作提供支撑的员工。外部主体包括商业银行的客户，以及与商业银行进行合作的一些社会组织。

（二）服务文化的互动性

服务文化的最主要主体是直接从事服务工作的人员和客户。服务文化由于目的性较强，因而在活动中加强对客户积极性的引导，有利于使客户由被动式地接受服务变成主动地参与服务，并在主动参与中加强对商业银行的认同，加强对商业银行的信任。

互动性的另一层意义是服务文化的第一主体——客户经理，不仅是本体文化的实践者、传播者，同时也是客户文化的关注者、研究者。通过服务文化的互动，客户经理除了可以寻找提升客户价值的途径外，还可以进行双方文化的对比，在两种文化互动中产生思想的碰撞，寻找共同的价值取向。

（三）服务文化的差异性

商业银行在具体开展服务文化时需要考虑面向客户的差别，如地域差别、竞争差别、时间差别。不同的客户服务会受客户主观性的影响形成差异性的评价，多样性的参与主体受个体主观性的影响，在理解服务文化时也会形成认知差异。

（四）服务文化的延展性

从营销的角度讲，服务文化是营销方法的拓展和延伸。服务文化的内在功能是为商业银行核心价值观的落实服务，但在落实商业银行核心价值观时，服务文化又在无形中起到了营销的作用。

（五）服务文化的适应性

服务文化作为商业银行企业文化的组成部分，需要随商业银行文化建设目标的调整而调整。作为提高市场竞争能力的有效途径，商业银行服务文化需要根据不同时期面临的市场竞争特点而调整，需要根据不同客户的情况提供个性化的互动策略以增强适应性。

【想一想】
商业银行的服务文化有哪些作用？

三、商业银行服务文化的功能

商业银行服务文化具有以下四种功能：

（一）导向功能

服务导向即影响服务组织成员在为客户提供服务时的一整套服务观念和行为规范的总和。其中，服务观念是核心，并决定行为规范的内容。具有客户服务导向的商业银行能够按客户的要求提高其服务质量，而且具备这种服务导向观念的员工对客户有兴趣，能为客户着想，行动中更加灵活积极地努力寻找满足客户期望的恰当方法，能更有效地避免出现服务危机，应付服务中遇到的各种矛盾。

（二）约束功能

商业银行服务文化对每个员工的思想和行为具有约束和规范作用。规章制度等"硬因素"固然必要，但因为它具有刚性的特点，无法顾及人的复杂性及多方面的需要，所以它的调节范围和功能是有限的。商业银行服务文化注重的是服务管理中的精神，价值观及传统等"软因素"。商业银行通过服务文化的塑造,在组织群体中培养与制度等"硬因素"相协调、相对应的环境氛围,包括群体意识、社会舆论、礼仪、习俗、模范或英雄等文化内容,从而形成强大的心理压力,进而促使组织成员对行为进行自我控制。这种无形的约束力量甚至比有形的约束力量更为强大。

(三) 凝聚功能

商业银行服务文化可以产生一种巨大的向心力和凝聚力,把组织成员团结起来。服务文化是全体成员共同创造的群体意识,表明了组织成员共同的理想、希望和要求,因而组织成员对这种群体意识产生了认同感。这就促使组织每一个成员积极参与一切为客户提供的优质文明服务活动,为组织的发展贡献自己的力量,逐渐形成对组织的归属感。服务文化的凝聚功能还表现在服务文化的排他性上,对外的排他性在某种意义上是对内的凝聚力。外部的排斥和压力的存在,使个体产生了对群体内部的依赖;同时,也使个体对外部压力增强敏感性和竞争性,促使个体凝聚在群体中,形成"命运共同体"。

(四) 激励功能

商业银行服务文化具有引发组织成员产生一种高昂的情绪和奋发进取精神的效力。传统的激励方法本质上是外在的强制力量,而服务文化所起的激励作用不是消极被动地满足人们的心理需求,而是通过文化的塑造,使每个成员从内心深处自觉地产生献身精神,积极向上的思想观念及行为准则,形成了强烈的使命感、持久的驱动力,成为员工自我激励的一把标尺。倡导服务文化的过程,也就是帮助员工寻求为客户服务的意义,建立行为的社会动机(如奉献社会),从而调动积极性的过程。所以,服务文化能够在组织成员心理,行为中持久地发挥作用,避免了传统激励方法引起的各种短期行为和非集体主义的不良后果。商业银行服务文化的四大功能中,导向功能是最基本的功能。这四大功能也不是单独地发挥作用,它们同时互相影响,形成服务文化的功能体系。

【补充阅读】

招商银行的服务文化

招商银行秉承因您而变的经营服务理念,重视企业社会责任建设,秉承源于社会,回报社会的宗旨,招商银行企业文化的特点是:

1. 重理想、讲追求的文化;
2. 重实干、讲业绩的文化;
3. 重客户、讲服务的文化;
4. 重市场、讲品牌的文化;
5. 重人本、讲奉献的文化;
6. 重创新、讲一流的文化;
7. 重执行、讲效率的文化;
8. 重团队、讲和谐的文化;
9. 重长远、讲理性的文化;
10. 重反思、讲学习的文化。

【模块训练】
1. 训练主题：充分认识和理解文化的力量。
2. 训练步骤：
（1）知识准备，了解商业银行服务文化的相关知识；
（2）每位同学查资料、上网或实地感受，去了解一家商业银行的服务状况；
（3）每位同学在课堂上阐述自己的心得体会，写出调查报告。
3. 教师点评。

模块二　商业银行服务文化建设

【任务描述】
1. 本模块的操作任务。
（1）树立银行服务文化理念；
（2）商业银行服务文化传播。
2. 完成工作任务的标志性成果。
（1）能够熟练应用服务文化传播的策略；
（2）熟知服务文化传播的途径。

任务一　树立银行服务文化理念

【案例导入】

25年招商银行一直"因您而变"

　　因您而变，共铸辉煌。到2012年4月8日，招行已经整整走过了25年的发展历程。25年来，招行凭借持续的金融创新、优质的客户服务、稳健的经营风格和良好的经营业绩，现已发展成为中国境内极具品牌影响力的商业银行之一。

　　25年春华秋实，招行从1亿元资本金、1个营业网点、30多名员工起步，现在已经发展成为在上海和香港两地上市的全国第六大、全球60大商业银行，资产总额近2.8万亿元，资本净额超过2 000亿元，机构网点近900家，员工近5万人。25年来，招行的经营特色日益凸显，竞争优势不断提升。

　　招行始终视管理为发展的半径，视理念为管理的灵魂。为推动全行干部员工颠覆传统的思想观念，招行总结提炼了"因您而变"、"因势而变"、"一三五"、"十变"、"管理变革"等一系列先进理念，成了首批实施新资本协议的唯一股份制银行。

　　得益于良好的服务口碑、创新的金融产品、出色的经营业绩、清晰的品牌定位、领先的传播策略，招行成为一个在国内外拥有广泛知名度和美誉度的中国民族银行业的响亮品牌。

　　在银监会对商业银行的综合评级中，招行多年来一直名列前茅。同时荣膺英国《金融时报》、《欧洲货币》、《亚洲银行家》、《财资》（*The Asset*）等权威媒体授予的"最佳商业银行"、"最佳零售银行"、"中国区最佳私人银行"、"中国最佳托管专业银行"多项殊荣。在英国《金融时报》发布的全球银行市净率排行榜中，招行在全球市值最大的50家银行中，市净率排名第一。在英国《银行家》（*The Banker*）杂志发布的2011年"全球1 000家大银行"排名中，位居第60位。

在各种品牌价值、品牌资产排行榜上，招行屡屡超过规模排名居前的同业，并曾登上全球企业品牌资产增幅首位；招行的"一句话、一朵花、一个人"广为人知，奥运、世博、大运营销广受好评。

回顾招行25年的发展历程，有三方面的宝贵历史经验值得记取和坚持：第一，以客户为中心不断提升经营管理水平；第二，以市场为导向前瞻性地制定和实施科学发展战略；第三，以员工为根本精心培育积极向上的优秀企业文化。

银监会前主席刘明康在任时曾评价，招行的"因您而变"开创了中国银行业从以产品为中心向以客户为中心转变的新时代。

一、商业银行客户经理的服务意识

商业银行客户经理是客户与商业银行联系的桥梁和纽带。商业银行客户经理要以客户为中心，站在客户的角度，通过主动观察、细致的询问、亲切的交谈、善意的提醒等，创造和谐氛围，掌握客户信息、把握客户需求，悉心感知客户期望，以便在竞争中提高客户的满意度和忠诚度。

（一）服务意识的内涵

服务意识，是做好服务工作的首要条件。只有对服务有了正确的理解和认识，方能建立正确的服务意识。完全地发自内心地为客户自觉服务的心理活动，就是服务意识。真正的服务意识要"渗透到血脉"里面，时刻让人能够体会和感觉得到，这才是服务意识的真正体现。

服务的根本是方便客户、满足客户需求。客户并非永远是对的，尽管有时客户的表现并非理性和客观，但客户经理应该更多地同情理解，更多地检讨反思自身的不足。不管发生了什么事，客户经理都追随在客户左右，这才是客户服务的力量。

（二）商业银行客户经理服务意识的具体体现

1. 服务的主动性。

工作积极主动的员工往往具有不断探索新办法来解决问题的精神。在追求不断进步的过程中，他们会尽心尽力地追求富有创新性、想象性的新项目，会对商业银行的长远发展做出贡献，还会给商业银行和员工带来崭新的思维和方法，解决商业银行存在的难题。

主动服务是指主动发现并满足客户需要的行为。与其对应，被动服务则是指在客户的请求或要求下，才去满足客户需要的行为。客户经理在工作中，主张采取主动服务的方式，原因在于：

（1）客户已习惯主动服务模式。很多客户已经形成了由商业银行主动提供服务的习惯，如果商业银行不能适应这种新的习惯，就会被客户视为落伍。迫于竞争的压力，某些商业银行会率先主动出击，采取一些超越同行的主动服务行为，并引导客户接受和认同这种主动服务的做法。一旦客户接受和认可了这种服务方式，就会形成被动等待的思维定式，如果商业银行不能及时跟进客户的新要求，自然会被客户视为冷漠和消极。

（2）主动服务能让客户感受到客户经理热情、友好的待客态度。主动服务本身标志着客户经理的服务意识要领先于被动服务者的服务意识，所表现出来的热情好客态度，能够被客户有效感知，从而产生美好的享受。

（3）客户的心理定位。客户已经把自己置于主导地位，客户经理只有主动去为客户提供服务，才能得到客户赏识。

越来越多的客户认为客户经理有责任也应该有能力主动发现他们的需求，并在第一时间为他们提供恰当的服务，让他们的心理得到最大限度的满足。有很多客户，在进入一家商业银行之后，如果没有接受到主动服务的话，便会拂袖而去。

（4）与客户进行有效互动的需求。主动服务可以有效激发客户反馈，从而有利于形成互动沟通关系，为了解和满足客户需要奠定关系基础。

消除彼此之间的陌生感是商业银行与客户建立信任和达成交易的前提条件。要想消除陌生感，需要沟通一方采取主动沟通行为，方能引导另一方作出沟通反馈。因此，商业银行只有主动采取服务行为，方能打开沟通僵局，让客户在自然轻松的情况下进入沟通状态。同时，客户经理还必须善于主动发现和深入探究客户的需求，而不是等着让客户诉说他们的需求，并要求为其提供服务。

2. 服务的创造性。

商业银行在服务领域、服务内容、服务深度方面竞争激烈，客户经理是商业银行与客户联系的桥梁和纽带，应该具备一定的创新思维能力，才能在工作中发觉客户需要什么样的新服务，以促进商业银行推出新的服务举措和改变不适应的服务。同时，客户经理还需要具有创新思维习惯，在日常工作、联系中创新开展工作，适应和满足客户的现实需求，激发并满足客户的潜在需求。

客户经理在服务营销中不能只用一种方式对待所有的顾客。商业银行应当做到透过更佳服务，找到顾客需求的价值点，向顾客提供成熟、可信赖和友好的服务，在客户实现自身利益最大化的前提下，实现商业银行利益的最大化，即商业银行的服务需具备差别化和个性化。

客户经理在服务营销中，应避免出现服务层次的错位。如果把商业银行的服务进行层次划分的话，最低层次是便利；其次是效率、尊重、规范；最高层次是一致。客户经理目前所做的工作主要集中在"规范"上。商业银行各级机构都制定了严格的服务规范，对员工的服务行为、语言等方面作了要求，但就服务的上升规律而言，只有做好了较低层次的，才能做好较高层次的服务。

3. 服务的全面性。

为了适应金融市场的变化，商业银行必将在战略、措施、产品、服务、营销、管理、内控等方面推陈出新，客户经理队伍要跟上这些变化，就需要不断更新各方面的知识，紧跟商业银行业务发展的步伐，掌握最先进的营销方法，反思市场营销中失败和教训。

客户经理要在日常工作中练就良好的业务和服务技能、公关营销能力。客户经理平时应主动学习金融专业知识、客户相关联的行业和专业的知识、客户可能感兴趣的文化知识，善于利用知识进行营销。商业银行还可以通过研讨会、座谈会、交流会、联谊会以及定期和不定期的专题培训等多种形式，提高客户经理服务的全面性。

二、商业银行客户经理的服务文化理念

(一) 商业银行服务文化理念的含义

《辞海》中把理念定义为：人类以自己的语言形式来诠释现象——事与物时，所归纳或总结的思想、观念、概念与法则，称之为理念。商业银行服务文化理念是指商业银行在为客户提供服务的过程中，所有指导服务的思想、观念、概念与规则的总称。

(二) 商业银行应注意培养的服务理念

商业银行服务文化应该具有鲜明的人性化特征，体现的是人与人之间的关系，因而应突出"以人为本"的服务文化理念，把服务文化建立在对人的尊重、关心、理解、爱护和帮助的基础上。

"以人为本"的服务理念具体涵盖以下几层服务理念：

（1）客户至上的服务理念。商业银行的服务方向应该以客户需求为导向，服务质量以客户满意为目标，服务措施以客户方便为宗旨。

（2）诚信至上的服务理念。商业银行应该视诚信为生命，讲真诚、重合同、守信用，用真诚博得客户和市场的信赖。

（3）真情贴心的服务理念。商业银行应该带着深厚的感情为客户服务，把"情"贯穿于服务的全过程。

（4）全员参与的服务理念。商业银行应该树立起为客户服务人人有责、人人负责、人人尽责的思想，并且落实到实际工作中。

【案例分享】

恒丰银行青岛分行以"人文服务"打造一流的服务团队

恒丰银行青岛分行自开业以来，为提升在岛城的品牌度、知名度，构筑未来竞争优势，提高银行的信誉度和客户的忠诚度，形成核心竞争力，提出了"人文服务"的服务理念。所谓人文服务，就是根植于以人为本、以人的需求为中心、以实现人的价值为目标的人文主义精神。通过优质的服务手段，体现"8字服务目标"，即"舒心、便捷、高效、满意，"从而有效提升银行的社会形象，为银行创造一流经济和社会效益。

细微入手，营造温馨的"人文服务环境"

良好的人文服务环境是人文服务理念的重要组成部分。银行按照体现人文环境的服务理念，不断改进完善营业大厅内的便民设施、绿化、标识、声音、光线、温度等方面，努力为客户创造优美、整洁、安全的业务办理场所，营造温馨、舒适的营业氛围。

在营业厅堂内严格统一员工的服装、发型和配饰；按工作区域划分卫生值日职责，每一位厅堂人员都有专属厅堂区域负责维护；轮值大堂经理随时巡视检查服务大厅环境，保持大厅内的卫生，服务设施运转正常，全力为客户营造整洁、优雅的服务环境。通过努力，各网点经常可以收到客户对我行环境的称赞和肯定，在客户心中留下了良好的服务印象。在2011年夏季，银行统一采取了团花的丝巾系法，使员工的整体气质和精神面貌有了很大提升，获得了客户的好评与称赞。

按照"以人为本"的服务理念，提升服务"软环境"

一是提升专业服务素质。服务质量的高低，依赖于一支高素质的专业队伍。因此银行结合员工结构，

通过开展多样化的应知应会业务培训，不断历练"内功"，丰富员工的专业素质，提高员工的专业胜任能力，旨在为客户提供便捷高效的专业服务，使客户高兴而来、满意而去，让每一位客户都能"走进来"并"留下来"，形成我行忠诚的客户群体。

二是提升规范化专业服务品质。通过积极开展员工系统专业的服务礼仪培训，树立员工的服务意识，增强员工的沟通能力，提升员工的亲和力；通过制定切实有效的服务检查制度，监督和约束员工的服务行为，提升员工的服务素养，力求为客户提供高品质的人文服务。同时，银行确立了和每一位来行客户做朋友的服务方式，要求柜员对待客户要使用具有亲和力的语言，亲切自然，避免生硬的服务痕迹。在办理业务过程中，多与客户进行交流沟通，发现客户的潜在需求，不做一次性服务，争取与客户建立长久的合作关系，让客户感受到一个贴心、舒心的服务环境，使客户愿意再次光临。

三是提升团队核心力。通过制定各类规章制度，营造公平、公正、公开的内部秩序氛围，不断提升内在"功力"；全体员工上下一心，团结思想，努力打造一支技能型、学习型的团队，为支行创造一流的社会经济效益发挥作用。

四是提升员工职业道德修养。树立员工爱岗敬业精神，端正态度，注重细节，心系客户，培养员工以服务客户为荣、以服务客户为乐的人文服务精神，全心全意为客户服务，弘扬良好的职业道德精神。

树立牺牲小我，服务客户的工作态度

在工作中，时时把客户的业务办理需求放在第一位。如中午时段是个人业务客户比较集中的时候，但是只要有客户办理业务、需要授权，相关人员都能做到先外后内，优先处理客户的业务；遇到客户办理理财业务的，理财经理也是全程陪同客户并指导客户填写相关资料，直到客户办理完全部业务。

以人为本的"人文服务"理念，其核心就是以客户需求为中心，为客户营造温馨、舒适的业务办理环境。分行通过多措并举，全面践行这一服务理念，在服务客户的道路上不断精益求精，努力在客户中树立良好的服务形象和口碑，打造服务精品银行。

三、商业银行服务文化理念的树立

商业银行要想树立"以人为本"的服务理念，必须做到以下几点。

（一）客户至上，努力提供客户满意的服务

商业银行要真正做到客户至上，让客户满意，首先要有一个良好的服务态度。银行员工不管是在办理负债业务的储蓄窗口，或是办理中间业务的结算柜台前，还是办理资产业务的信贷洽谈时，在仪表、举止、言谈、神情等方面都应当尽力让客户产生好的印象，感到满意，愿意建立长久的往来关系。客户对银行员工的服务态度是否满意，在一定程度上既是商业银行服务效能的反应，同时也是商业银行金融企业文化的气息和魅力的展示。

商业银行要真正做到客户至上，让客户满意，还必须树立以客户的需求为中心的观念。使客户成为需求的主体，商业银行应当从通常采用的靠拉关系等手段去"争夺"客户和客户资源，向激发和挖潜客户的需求潜力转变。商业银行要想客户之所想，急客户之所急，努力按客户的需求设计金融产品和完善服务功能。在以金融产品服务激发和满足客户需求的过程中，提供让客户满意的周到高效的服务。

（二）注重特色，塑造品牌

品牌是企业形象的外溢，品牌与企业文化二者之间有着密切的内在联系。一个知名的品牌，其背后必然有该企业特有的文化理念作支撑；一种成功的企业文化，其精神内涵也必然

会通过服务、员工言行，以及形象设计、环境氛围等外化为鲜明的品牌形象。纵观中外著名企业，无一不是各具特色，无一不是具有品牌产品。任何企业倘无有特色的品牌产品，就不可能成为知名企业。企业的成功要靠品牌。现代市场经济条件下的企业间的竞争，从一定意义上可以说是品牌和企业文化的竞争。金融企业也不例外。

在科技信息技术飞速发展的今天，商业银行所提供的产品和服务在技术支援、营销手段等方面的差异日渐缩小，消费者的选择更注重的是对富有特色的企业文化及其衍生的企业外在形象的认同，优秀的企业文化因而也逐渐成为一种新的有力竞争手段。铸造有品牌特色的企业文化已成了商业银行提高综合竞争力的必由之路。

商业银行作为金融企业，要注重特色，扬长避短，实施名牌战略，努力塑造尽可能多的并能为社会公众认可的名牌金融产品。商业银行通过充分发挥名牌金融产品的先导、示范和辐射效应，有助于提升社会知名度和在社会的影响。

(三) 开拓创新，提高服务质量

创新是企业发展的不竭动力。国际上许多成功的著名企业大至发展战略小到服务形式，大都十分重视创新。对商业银行而言，创新是激发需求和开拓市场的有效手段，也是促进金融市场充满活力和合理规避监管的有效途径。由于银行服务业是最容易模仿的行业之一，大凡新的金融产品或金融服务形式一旦在市场上公开面世，就基本上无秘密可言。这一特点，要求银行业在经营服务中必须更加重视开拓创新，力求做到人无我有，人有我新。一方面，要勇于开拓，能不断地进行创新，在不违反国家有关政策法令、法规的前提下，争取能率先推出新的富有特色的产品，抢先占领市场；另一方面，又要重视服务形式的创新。对于金融产品，通过结合自己独具特色的企业文化进行服务形式的创新，造成同中有异，异中有特，以优和特吸引、镇定客户，在竞争中制胜获利并发展壮大。

【补充阅读】

工行海门支行不断提升电子化服务水平

"无线南通，城市在你我手中!"欢迎安装南通报业"无线南通"手机客户端！苹果手机 App store 搜索"无线南通"下载，安卓系统手机可通过360手机助手下载，还可扫描二维码或登录南通网官网 (wx.zgnt.net) 下载。

随着网络的进一步普及，金融行业的电子化时代全面到来，为适应这种全新的经营模式，工行海门支行采取三项措施全面提升全行的电子化服务水平。

1. 加强宣传力度，让客户了解电子化服务。一方面，利用网点电子门楣滚动播出的方式让客户了解到电子化服务，包括一些电子产品，如网上银行、WAP手机银行、电话银行等，以及相关的一些优惠减免政策；另一方面，与电视台、报社等媒体合作，详细介绍电子银行的诸多功能，如查询、转账、缴费、理财、购物等，让客户了解到其强大的金融功能。

2. 推行多项优惠减免政策，让客户走进电子化服务。一方面，在全行继续推行"金融@家，环保有我"活动，让客户体会到电子银行方便、快捷、贴心的服务；另一方面，继续推行多项减免政策，如四星级以上客户办理U盾免费，商友卡网上签套餐享受六折优惠，通过电子银行汇款可享受折上折的优惠，等等，让客户可以逐一体验电子化服务带来的诸多优惠。

3. 做好安全防范等后续工作，让客户信赖电子化服务。该行多管齐下，从源头上防止网络诈骗的发生。第一，在客户办理电子银行时，采取"双人审核，双人发放"的方式，并且坚持"本人办理，本人签收"的原则；第二，办理完毕后，提示客户要本人保管，本人使用，切勿相信陌生短信、电话等，遇问题要及时与银行工作人员联系；第三，在网点内设立网银演示区，由大堂经理向客户正确演示网银的操作流程，并再次进行安全提示；第四，成立专门的电子银行服务小组，用于解决客户在操作过程中遇到的疑难杂症，必要时采取上门服务的方式，提升客户对银行的信赖度和依赖感。

任务二　商业银行服务文化传播

【案例导入】

招商银行：整合传播缔造金融品牌

从 1987 年仅有一家营业网点的地区性商业银行，发展到资产规模 1 万亿元的全国性银行；从一卡通的"一招鲜吃遍天"，再到双币信用卡超越 1 000 万张的发卡量，招商银行 20 多年的业绩奠定了其品牌价值的坚实基础。但是品牌传播同样重要，招行多年来在这一领域的实践和探索，对其金融品牌的历久弥新亦功不可没。

"没有优异的业绩和良好的客户口碑，就不足以支撑良好的品牌。企业自身的价值，即对客户、股东和员工而言超越同业的价值永远是打造品牌的基石。"招商银行总行办公室主任秦季章对《第一财经日报》说，在他看来，企业价值是金融品牌的第一要素。

"接下来的两个要素是传播和接触点管理，通过这些环节与客户和公众之间达成品牌诉求的一致。"秦季章说。他表示，品牌传播的一些基础理念虽然适用于不同的企业，但是招行 20 多年来在缔造品牌价值的过程中却走过了不平凡的道路。

一、商业银行服务文化的建设

在商业银行企业文化建设方面，要培养"质量、效益、规模的协调发展"的经营理念，"稳健、内敛、韧性"的经营文化，"团结、创新、务实"的企业文化，"始于平凡、见于细微"的服务文化。

塑造商业银行企业文化和新的商业银行形象，必须从加强思想政治工作入手，全面加强思想建设、组织建设和作风建设，不断增强凝聚力、感召力、战斗力及创造力。发展商业银行服务文化，必须动员全体员工参与，在长期的实践中磨砺出商业银行的企业精神。商业银行服务文化建设还要注意时代性和商业银行个性，一方面接受社会的检验，让社会了解商业银行，塑造良好的商业银行形象；另一方面要用健康向上的商业银行企业文化，抵制社会上一些消极文化的影响。

（一）商业银行服务文化建设的条件

商业银行要形成一种优秀的服务文化，不仅是一个长期的过程，而且要具备相应的，不可缺少的必要条件。这些条件集中表现在对商业银行战略，服务组织结构，服务所需的知识和态度及服务过程的管理等方面。

1. 制定服务战略。

（1）事业宗旨是服务战略的基础。对商业银行来讲，其事业宗旨就是全心全意地为客户提供优质文明服务。如果商业银行的每个员工没有弄清"优质文明服务"的内涵,就不可能懂得要为客户做什么,怎么做,而且也不可能明确通过为客户提供的服务将给客户带来何种收益,以及客户的收益将对商业银行产生什么样的影响,进而会对自己产生何种影响。缺乏事业宗旨的服务战略不可能为服务文化形成导向功能。

(2)人事政策是服务战略的一个非常重要的组成部分。优秀的服务文化需要良好的、科学的人事政策的支持。如何招聘、吸纳并留住具备何种素质的员工;员工在服务中的表现是如何影响其职位变动的,即员工职位变动的方针、原则是什么;服务表现如何影响组织对员工的评价,以及对薪金、津贴等收入分配等,这些都是制定人事政策需要认真、科学地研究对待的。这些问题解决得不好,员工则不会情愿主动地为客户提供优质文明的服务,服务文化也将难以创造,难以形成。

2. 优化组织结构。

优质文明服务的先决条件之一是组织结构的优化。要达到并长期保持高的服务质量优势,组织结构设计必须同商业银行服务的"生产"和"提供"(传递)相配合。服务形态不合理,组织结构本末倒置,商业银行是不可能提供优质文明服务的。优质文明服务需要优化的服务组织结构,并使各层次的员工都在为客户的服务中相互协调、配合,以及通力合作。通常情况下,有着客户服务导向的商业银行要求较少层次或等级的服务组织结构。服务中出现的许多问题,其解决办法越来越多地与直接和客户打交道的一线服务人员有关,他们在服务中的责任越来越大。但这并不意味着要对一线服务人员放弃监督和管理,只是管理层或监督者的责任发生了变化,他们必须成为训导员,帮助和鼓励一线服务人员更好地为客户提供服务。实际上,一线服务人员成了管理层或监督者的内部客户,管理层或监督者必须为其服务,当然也要为客户(最终客户或外部客户)服务。

3. 强化领导者及管理者的职责。

商业银行作为服务型企业,其领导者和管理者也具有非常明确的服务性职责,其主要是为内部客户提供支持性和鼓励性的服务。如果与客户直接接触的服务人员得不到这种支持和鼓励,在服务文化中,客户服务导向观念就不可能渗透到商业银行组织的每一个角落。在很大程度上讲,服务是人的事务,是人们之间内外部交流的结果,毫无人性的管理方式是不适合具有客户服务导向观念的商业银行的。领导者使用的基本工具就是沟通,他的工作主要是要在组织中形成一个积极沟通的氛围。一方面,一线服务人员需要来自管理层的信息以便能够执行有效的服务,落实服务战略和计划的要求;另一方面,服务人员应向管理层提供关于客户的需求和期望、问题和机会等有价值的信息,而且还需要信息反馈了解自己的服务业绩。这两个方面要变成现实必须由领导者倡导并提供顺畅的沟通渠道来实现。如果这种沟通渠道不畅,尤其是来自管理层的阻隔,使一线服务人员既不知道在服务中应该做什么,做得如何;也不知道领导者和管理者对其服务业绩表现的评价如何,甚至是客户认为他做得不错,却得不到领导者或管理者代表组织加以认同或奖励,或者是服务表现差却得不到应有的惩罚。更为严重的是,一线服务人员发现了一些对组织改进服务非常有价值的信息,却无法传输到领导者那里,或因上述原因根本不去理会这些信息,久而久之,这个商业银行已不再了解客户需要些什么服务及何种质量的服务,进而达到商业银行队伍中已不再需要这个成员的程度。

4. 强化服务培训工程。

对商业银行的所有员工进行必要的客户服务知识、技能和态度的培训,可以为实现优质文明服务工程提供强有力的支持。服务培训的内容应围绕两个方面来展开：一是传播及强化客户服务导向的服务观念和服务行为规范的培训；二是培训所有的员工，使其能够完成直接或间接为客户提供满意服务应具备的各种知识和技能。这不仅包括了对外部客户（最终客户）服务的知识的技能，而且也包括了对内部客户服务的知识和技能。除了这两方面的内容之外，应当强调服务培训的层次要求，因为商业银行组织内部不同层次员工所直接对应的客户是不同的。一线服务人员直接对应的是向外部客户（最终客户）提供服务，而管理层的人员（通常说二线）则直接对应的是为内部客户（通常说一线）提供服务，两者所需的服务知识和技能上存在较大差别，但服务观念是同一的，只是服务对象不同而已。

（二）商业银行服务文化的培育

商业银行组织内部所有成员共同的价值观念和公认的行为标准构成了商业银行服务文化的基础，共同价值观念的核心是服务观念。因此，商业银行服务观念突出体现了商业银行服务文化的导向功能。一家具有共同价值观念和公认的行为标准的商业银行应具有的特征：第一，共同价值观念是商业银行开展一切经营管理活动的指导方针或基本原则，并借助管理工具，将这一基本原则转化为公认的行为标准。第二，领导者持久地倡导，管理层投入大量的时间和精力来确立，强化并发展共有的价值观念，共有价值观念深深扎根于所有员工心中。第三，管理层在维护公认行为标准的严肃性方面，起带头作用。组织对模范的服务行为能给予及时、恰当的确认、奖励与推广。对某种行为具有一定偏差并有碍于公认的行为标准，组织能够及时发现，纠正甚至进行惩罚。培育优秀的商业银行服务文化并非一件易事，既要有战略和组织上的要求，又要有管理上、知识和态度上的要求。不仅需要最高决策层与管理层长久的支持和鼓励，而且只有当商业银行组织内部所有员工崇尚并在行为上达到了共有价值观念所需要的行为标准时，商业银行的服务文化才真正地被培育出来。

1. 培育商业银行服务文化的步骤。

商业银行服务文化的培育是一项艰巨的系统工程，这项工程的顺利实施，需要一个严密科学的基本思路。一般而言，商业银行服务文化的培育包括以下步骤：

（1）分析和规划。商业银行服务文化是商业银行在长期生产经营活动中形成的，没有足够的时间延续，难以形成稳定的文化积淀。因而，只有正确的认识一家商业银行的历史和现状，才能对未来的服务文化建设进行规划。一家商业银行对本行的历史进行总结和归纳是培育服务文化不可缺少的步骤。

一是要追溯本行的历史传统，考察历史的重大事件，礼仪习俗，惯用的思维方式，英雄人物等。

二是商业银行应对本行的现状进行系统地分析，主要包括内部环境和外部环境两方面。

内部环境是商业银行服务文化生根发芽的土壤，对商业银行服务文化具有直接巨大的影响作用。分析商业银行内部环境，第一，要分析商业银行员工的素质，包括领导层、管理层和普通员工的素质构成。员工的素质状况影响着商业银行服务文化的类型，也制约着其服务文化发展的现实水平和潜在能力。第二，要分析商业银行的管理体制。管理体制合理与否对商业银行服务文化的培育有着重要的影响。一个没有民主气氛的商业银行可能是由于集权过多或组织结构设置不合理所致，那么在服务文化建设中，应该注意适当分权和调整组织结构。第三，要分析商业银行的经营特色。不同商业银行之间在经营范围上大同小异，但在经营的具体服务品种、服务手段、目标客户和服务定位等许多方面存在着差异，各有特色和优势。商业银行服务文化的培育应考虑本行与众不同的地方。

外部环境是商业银行本身无法控制的因素，但对商业银行的经营状况和员工行为的影响很大。一家商业银行成功的关键在于能够根据其外部环境的变化，及时调整内部环境以适应竞争。分析外部环境要考察市场状况及市场变动的趋势，商业银行根据变化的外部环境进行服务创新。服务创新包括观念、品种、制度创新等许多方面。创新的动力来自两个方面，一是客户的需求，二是商业银行盈利动机的驱动。每一次变化的外部环境都会带来机会和挑战，只有能把握住机会的商业银行才能成功。在对商业银行历史和现状进行完整、系统的分析之后，商业银行就可以着手进行服务文化建设的规划了。这些规划包括总体思想，实施重点，实施方法和时间等，其中总体思想是核心。商业银行服务文化建设中的总体思想应当充分体现现代商业银行顾客服务导向观念的要求，强调和突出整体意识、整体形象。

（2）组织与实施。组织与实施是商业银行服务文化建设的关键阶段。它通常包括以下七个方面：

第一，调整现有的规章制度。规章制度是商业银行内部约定的行为规范，具有强制性的特点，规章制度制约的对象是组织内部成员。这些规章制度，甚至带有一定的"法规"色彩。但过分强化这种色彩，可能会影响员工在为客户提供服务时的灵活性与弹性，限制对员工服务积极性的调动和主观能动性的发挥。因此，在商业银行服务文化的培育过程中，需要检查哪些规章制度与顾客服务导向观念，以及与整个商业银行企业文化（服务文化隶属于企业文化的范畴）有矛盾之处，对规章制度进行调整和修改。当然，在调整规章制度时，应充分考虑员工的既得利益和心理承受能力，需要采取慎重稳妥的方式。

第二，优化组织结构和服务形态。服务文化的基础是服务观念，组织结构和服务形态的设计应体现服务观念的要求。当组织结构和服务形态制约着员工为顾客提供更好的服务时，应主动调整组织结构，优化服务形态，使两者起到更便于客户接触商业银行的服务和员工，使服务达到有效递送。

第三，全面提高员工素质。商业银行员工的素质是商业银行素质的基础。国内外先进的商业银行无不把提高员工素质作为企业文化，服务文化建设的基础性工作。低素质的员工队伍难以推行现代商业银行的服务观念和接受优秀的服务文化，使服务文化建设的有效措施难以得到积极的响应和贯彻。从一定意义上讲，"文化"本身就包含着对素质的要求。因此，全面提高员工的素质是我国商业银行服务文化建设的当务之急。

第四，强化员工的企业意识。如果商业银行员工能够把工作真正当作个人生活的组成部分，他们就会自然地对银行产生感情。当商业银行在众多的竞争对手面前取得成功时，管理人员不仅应该向顾客和公众而且要向全行的员工进行宣传，以强化员工的企业意识。强化员工的企业意识，往往依赖于有效的民主管理，创造条件并鼓励员工积极参与经营决策是树立员工主人翁责任感的重要途径。同时，在强化员工的企业意识中，领导者、管理者的民主意识十分重要，特别要注意以身作则，并通过实际行动体现商业银行的企业精神，达到潜移默化地影响广大员工的目的。可以说，在商业银行组织内部能否创造一个员工与领导者，员工与管理者进行有效沟通的渠道，营造与之相适应的氛围，对树立员工的民主意识十分重要。

第五，设计各种仪式和活动。商业银行的员工只有在亲身实践中感受到本行的价值观念，才能对本行的服务文化产生兴趣。商业银行的管理者应善于设计和组织一些仪式和活动,来营造培育服务文化的环境、气氛。别出心裁的文化活动,对于增强企业凝聚力,会起到意想不到的效果,如服务承诺万人(千人)签名仪式,每位员工用一句话表达对客户的承诺,领导者或管理者向一线员工赠送带有自己签名的服务承诺卡等。

第六,树立英雄人物或服务明星。英雄人物或服务明星是把抽象的精神层面和文化层面的内涵形象化,对商业银行服务文化的成型和强化有着不可忽视的作用。不同行为有着不同特点的英雄人物或服务明星,而且对英雄人物或服务明星的选择应坚持高标准,其言行应体现本商业银行的服务观念和价值观念。

第七,完善文化网络。企业文化或服务文化的实践表明,文化网络能够广泛快捷地传递大量的信息。它在服务文化的形成过程中往往起到正式传播渠道无法替代的作用。因此,在商业银行服务文化培育中,应重视文化网络的作用。如切实抓好各种联谊会、兴趣小组等,使之起到交换信息、密切联系的作用。除此之外,还要善于发现和引导各种特殊的文化网络,如师徒关系,与英雄人物或服务明星结对子等。商业银行应充分利用这些渠道传播商业银行的服务观念和价值观念,促进服务文化的形成与发展。

二、商业银行服务文化的传播

传播是消费者认知品牌的重要手段,传播建立了品牌的知名度,传播树立了品牌的形象。随着金融市场的开发,客户与商业银行的关系开始向松散型、市场化的方向转变,客户对商业银行服务的选择性增强。严峻的现实唤起了各商业银行强烈的市场危机意识,各家银行都在运用各种策略和手段积极地去争取现实和潜在的客户,争夺市场份额。黄金时段的广告平面媒体、网络、营业厅都在传递着同样的声音和视觉信息,实现商业银行的品牌形象的树立及其相关产品、服务的推介。

商业银行与客户之间经常会存在信息不对称的现象,这就要求商业银行和客户要保持很好的信息交流和沟通,使客户充分了解商业银行及其产品和服务。在"信息爆炸"的今天,怎样吸引目标客户成为目前商业银行最关注的问题。目前,世界上越来越多的商业银行投巨资建立客户数据库,运用现代传播技术,采用"自动化拥抱"的方式,主动接近和了解客户,并与之建立和保持良好的关系。

(一) 商业银行服务文化的传播内涵

商业银行服务文化包括营销理念的推广与制度化、市场调查与分析、目标市场与客户的选择、营销组合策略的规划与实施、新产品开发与创新、分支行或电子化销售渠道的选择与评价、企业形象系统的建设与维护、各类促销手段的运用、客户关系管理研究与实施等。

商业银行服务文化的传播是指商业银行综合协调使用各种形式的传播方式,以统一的目标和统一的传播形象,传递一致的产品信息,实现与客户的双向沟通,迅速提升产品品牌在客户心目中的地位,建立品牌与客户长期密切的关系,更有效地达到广告传播和产品营销的目的。

1. 确定传播方式。

商业银行服务文化的传播是一项系统工程,其实质是一种信息传递过程,其目的在于刺激和指导客户的欲望。传播手段基本上是以广告和友好服务为主,辅助以人员推销、营业推广、公共关系等其他传播方式的应用。商业银行要实现科学的传播管理，提高传播的效果，必须重视人员推销、营业推广和公共关系，把它们看作一个有机整体。

2. 设计传播信息。

（1）信息内容。信息是指内容必须能引起客户注意的核心思想。

（2）信息结构。信息结构是指商业银行运作过程中各类型信息及其功能，以及信息沟通的基本方式的总和。其特征表现为：经济结构日益复杂、市场规模日益扩大、信息技术迅猛发展、信息的生产能力大幅度提高、传播速度逐渐加快。

（3）信息形式。有四种常见的形式：印刷品传播、电台和电视传播、人员传播和网络传播。

（4）信息源。有吸引力的信息源所发出的信息往往可以获得有效的注意和回忆。例如，可以采用名人做广告代言人。在选择信息源时要把握信息源的可信度。

3. 选择传播渠道。

传播渠道是传播的基本要素之一，是指传播者发送信息、受传者接受信息的途径和方法。如口头传播、文字传播、图片传播、画面传播、声音传播等。必须选择有效的传播渠道来传递信息，而且应该在不同情况下采用不同的渠道。信息传播渠道主要有大众传播媒体、人际传播和网络传播三种。

4. 编制传播预算。

如何确定在目标市场上投入营销推广费用，这是最困难的营销决策之一。编制传播预算需要考虑商业银行的整体营销战略、区域营销目标等因素。不同的商业银行有不同的预算方法，经常采用的方法有量入为出法、销售百分比法、竞争对策法等。

（二）商业银行服务文化的传播策略

所谓传播策略，就是围绕主体的战略目标，基于媒体资源和媒介环境的梳理分析，就产品结构、产品群组、产品投放规模与时机作出设计，对品牌补强、资源拓展作出对应性的策划。

商业银行需要把活动传播、事件传播、新闻传播、广告传播、网络传播等工作融合做好，进而打造一个电视媒体、平面媒体、网络媒体、户外广告四位一体的立体式服务传播体系。

商业银行服务文化传播策略主要有以下几种：

1. 说服式策略。

说服本质上是一种沟通方式，是通过有效的信息诉求改变消费者头脑中已经形成的某种认知，促使其形成新的认知并由此改变他们的行为。说服式策略旨在通过广告活动让消费者对广告产品及品牌产生良好态度，进而购买广告传播的产品或服务。

说服式策略适用于专业性强、关注度低的产品传播。对于那些公众可理解性不强、信任感差的产品，单纯的说服式策略很难打开市场的缺口，要直接让目标客户接受相关信息也是困难重重。在这种情况下，往往需要别的传播策略的配合。当商业银行推出新的理财产品、新的贷款品种时，可采用说服式策略。

2. 合围式策略。

合围式策略的要点在于在短时间内将产品或服务的信息以多渠道的方式，向目标客户进行密集的信息传递。消费者无论是偏好哪一种信息接收方式或者媒体阅读方式，在如此密集的信息投放面前，都能够接收到产品或服务的传播信息。

合围式策略适用于竞争激烈的产品传播。其传播特点表现为，在短期内，在各种媒体上进行大量广告宣传。当产品信息相对透明时，商业银行则无须花费较长时间培养市场对产品的认知。当商业银行开发新的市场，在陌生的地方布局设点，并营销有特色的产品和服务时，可采用合围式策略。

3. 渗透式策略。

渗透式策略是一种占稳巩固原有市场，并采取稳扎稳打的方式，逐渐开辟新市场的传播策略。这种策略有赖于建立一个长期的传播战略和稳定的多元传播渠道，适用于功能复杂、市场启动缓慢的产品传播。

渗透式传播策略的优势在于细水长流般地将产品或者品牌渗透进客户的脑海中，使他们对产品的印象与好感持续增加。商业银行推出的网上银行、手机银行、电子钱包等业务可采用渗透式策略。

4. 情感沟通式策略。

传播学上的波浪原则及记忆曲线都在提醒传播者要注意传播时效。情感沟通既是对波浪原则的应用，又是一种高质量的传播策略。情感沟通式策略适用于认知度高、同质化高的产品传播。

对于技术含量不高但替代性强、竞争激烈的产品，想要在市场中取胜，情感沟通式策略是非常重要的。商业银行推出的信用卡、面向中高端客户销售的理财产品，可采用情感沟通式策略。

商业银行在具体应用上述传播策略时，要想达到理想效果，不能单一的使用某一种策略，应该多种策略配合使用。

【想一想】

你还能找出别的传播策略吗？试一试。

【知识链接】

商业银行加强企业文化社会宣传的实施策略

1. 对重点客户实行"人户合一"的目标宣传制。

这类客户是银行各类业务的营销重点，是决定银行现在和将来业务发展的关键，也是加强企业文化建设的重中之重。对这类客户，要按照客户层次与客户维护相对应的原则，根据与银行发生的业务规模不同，分类、分层次确定重点客户宣传责任人（客户服务小组）。对本级行业务有支撑作用的特大型客户，分行和一级支行行长要参与直接宣传，高价值客户要组建客户服务小组进行专业系统维护，一般公司客户和个人高价值客户也要按照"一人一户"或"一人多户"要求配备客户经理，做到目标到户、责任到岗、宣传到人。在宣传企业文化的过程中，不仅要使对方了解和熟悉银行的企业文化，还要主动询问和学习对方的企业文化，要积极发掘双方企业文化的共同点和相似点，使两者形成良性互动，为进一步巩固银企关系打下基础。

2. 对优良客户和有潜质的客户，实行"维护+开发"的差异化宣传制。

优良客户和有潜质的客户是银行未来重要的利润增长点，对银行进一步扩大市场份额，提高经营业绩意义重大。对这类客户进行企业文化宣传，要本着"加强关系维护，抓好深度开发"的原则，推行高层定期会晤制、客户经理定期访客制，主动向对方宣传银行的企业文化。要将企业文化宣传和产品服务推介相结合，积极筹备建立客户关系管理系统，加强对客户的动态管理，对不同市场层次、不同金融需求的客户，要以价值回报率为标准，以产品和服务创新为手段，分别制定深度开发目标和措施，明确企业文化宣传的责任，拓展和延伸客户价值。同时，要高度关注一般客户中具有潜在价值、规模相对较大客户的发展趋势，通过差异化服务，及时跟进与之相配套的低风险或有资产产品、高附加值的负债类产品，以及中间业务产品等。要以提供优质的产品服务为前提，以宣传银行企业文化为手段，赢得客户的信任，增进银企间的相互了解，为双方的下一步合作打下基础。

3. 对中小企业客户和普通个人客户，实行"产品＋文化"的捆绑宣传制。

广大的中小企业和普通个人客户，在银行各类客户中，数量最多，存款和中间业务份额最大，舆论效应的覆盖面也最广。这类客户对银行产品的需求比较相似，主要集中在代收代付、代理保险、网络结算及传统存、贷、结算业务等大众化服务产品。因此，在宣传企业文化时，可根据客户的共性，实行"产品＋文化"的捆绑宣传制。要将宣传企业文化和提高服务质量相结合，主动适应家庭金融资产多元化趋势，及时研究客户的金融需求，按照品种增加、性能提升、功能增强的要求，进一步简约规则、规范文本、简化程序、整合包装，提高业务效率，提升客户价值。

4. 对非银行客户的社会大众，实行"制式"的大众宣传制。

除了银行的现有客户之外，其他的社会大众也是银行实施企业文化社会宣传的对象。这类群体虽然目前没有和银行发生业务上的往来，但却构成了银行未来的客户开发对象。这类群体对银行的评价，对银行文化的认同，是商业银行树立良好市场形象的社会基础。对这类的社会大众，可以实行"制式"统一的大众宣传制，通过赞助各类公益事业、主办各种群众活动、举行有奖知识竞猜等，使他们对商业银行有所了解，对银行文化有所认同，对银行的业务优势有所熟悉，为最终发展成为银行的客户奠定基础。

【想一想】

商业银行服务文化的传播途径有哪些？各有什么优缺点？

（三）商业银行服务文化的传播途径

所谓传播途径，就是传播的渠道选择、渠道组合、媒体选择、媒体组合等因素的全面融合所形成的某一品牌（产品）、形象传播的综合途径或行为措施。传播途径是由影视广告、平面广告、新闻传播、事件行销、促销活动、展示会等多个渠道有机组成的。

1. 活动传播。

活动传播包括公益性活动传播和促销活动传播。活动传播一般是公益性或社会性的行为，追求的是创造产品的形象力。而一般商业银行进行活动传播旨在提升销售力，通常以降价、赠送、折扣等不同形式刺激消费者，以期产生即时的购买行动。

2. 事件传播。

所谓事件传播是指商业银行通过运作公共事件来迅速提升银行及其品牌的知名度和美誉度，达到"一举扬名天下知"的目的。进行事件传播时，商业银行必须整合自身资源，通过具有吸引力和创意性的事件，使之成为大众关心的话题、议题，从而吸引媒体的报道与消费者的参与，进而达到宣传的目的。

事件传播的实施就是一个事件本身的传播过程，借助事件这一载体来传播商业银行所希望传播的关键诉求点。如2008年中国银行参与北京奥运会，借助体育赛事宣传、营销商业银行产品和服务，树立美好的形象，打造其金字招牌。

3. 新闻传播。

新闻传播包括新闻报道、广告、公共关系等。有效的新闻传播与成功的品牌营销具有相同的终极指向。因其可采取的方式较丰富，所以可以将产品的优势与特点发挥得淋漓尽致。新闻传播一般采取记者、专家评论与报道的形式，给予消费者权威、公信的印象。

新闻传播的另一大优势就是信息量大，这为立体呈现品牌形象、巧妙发扬个性创造了足够的展示空间，容易从文化的高度让消费者与该品牌的历史、文化、理念等产生共鸣，进而提升品牌美誉度、忠诚度。

4. 网络传播。

随着互联网的迅猛发展，网络用户和宽带用户数量急剧上升，使得商业银行不得不重视网络媒体的使用。网络传播已经成为各行业领先品牌整体传播策略中不可或缺的组成部分，使用互联网的在线互动营销给商业银行提供了丰富的传播手段和应用方式。

网络传播不仅影响商业银行的既得利益，还决定着银行未来的发展。商业银行的网络营销，不仅改变了其营销渠道和业务拓展方式，还给商业银行带来新的发展机遇。

【补充阅读】

花旗银行的营销策略

一、市场细分策略

任何产业都是一连串价值活动所构成的，这些价值活动提供客户附加价值，更是企业竞争优势的潜在来源。商业银行如果要形成独有的竞争优势，就必须站在产业价值链角度反思商业银行自身的条件与资源，并以市场细分为依据，确定自身的策略定位。市场细分策略是着重开发消费金融市场，以高价值富裕的阶层为锁定的目标客户群，并以信用卡作为扩张开发的工具，以达到全球10亿客户的既定目标。

二、服务营销策略

由于金融业服务业务与形象是很容易被模仿的，花旗在这方面非常看重服务质量与技术，提供客户高质量与高技术含量的服务是保持竞争差异化的重要因素，因此强调"个人化、专人处理、全套一对一"的服务，使得花旗须具备专业技能及产品知识人员来服务客户。

1. 全面质量管理。

专注于建立客户满意度及忠诚度。要求缺失循环发生时的显著减少，也要求针对个人行为特征来设计，以提供最适合个人的产品服务。此外，每一季的客户满意度调查，以及24小时服务专线，使高级主管能立刻掌握客户需求的核心。而调查结果及对客户抱怨的追踪也是评估高级主管重要指标。花旗设置每一季的最佳服务奖，不只是为了鼓励员工对外有良好的服务态度，也希望对内成为其他员工的典范，使得客户服务质量得以提升。

2. 全面品牌建设。

花旗投入很多资金在品牌上，重视广告营销，为花旗传递优良的服务形象，以影响客户在消费金融商品时的偏好。花旗集团追求成功的差异化策略在于向全球消费者建立专业知名品牌形象，让个人客户可以感受到其存在的重要性，并通过全球分行网络来满足其需求，同时花旗也提供企业客户全球知名品牌与全球分行资源。

3. 重视客户关系管理。

所谓客户关系即是：由于身处于服务业，花旗尽其所能地提供高质量的服务以满足客户需求，针对客户年龄层的差异，发展出配合各个人生阶段的营销计划，以确保提供完整的商品服务，创造兼具深度与广度的关系。

4. 传送便利。

允许消费者随时随地和花旗联络。

三、整合营销策略

整合就是最大限度地调用媒体，整合营销强调营销即传播，运作应摆脱粗放的、单一的状态，走向高效、系统和整体。本着以客户为导向的精神，花旗银行试图从客户及潜在客户那里得到最大的回报，建立长期关系。花旗能够成为最大的信用卡发行者，除了一些坚定的理念外，更决定于它的整合营销策略。花旗银行的整合营销传播提供一个战略平台，在平台上可以展开银行所有的基本活动。并且在客户为导向的战略指导下，进行营销与销售的整合，强化营销导向。它利用各种传播渠道，在电视、印刷、户外、店头等广告媒体上，以及包装、促销、营销等事件与推广渠道上进行协调，奏响整合传播交响乐。目标客户接受不同的营销传播信息，如广告、直邮、电话直销等方式。与此同时，他们受到品牌的影响，如来自朋友的建议，花旗银行开始定义新的或者广义的传播概念，重新界定营销传播范围。它考虑更加广泛而不是局限于传统的功能性广告活动，销售促进、直接营销等。它综合使用了新闻宣传、广告、公关等传播手段，相对集中地传递信息。一般用户能够从新闻报道，特别是广告立体轰炸中潜移默化接受花旗的理念。如有名的"长尾巴"，强调花旗银行信用卡失卡免风险的广告。整合营销传播广告发挥着先导作用。

项目小结

（1）商业银行服务文化可以被定义为：它是这样一种文化，在其影响之下，人们推崇优质文明服务，并且给内部的、外部的客户提供优质文明的服务，它是组织内每个成员顺其自然的生活方式和遵守的行为准则。商业银行服务文化是经济、文化一体化的产物，是一种高智慧的文化，集中鲜明的体现着商业银行价值观和经营理念，贯穿于商业银行产品设计、生产、经营和终端服务的全过程。它是商业银行企业文化的灵魂和核心。

（2）商业银行服务文化由四个层面构成，分别是表层的物质文化、浅层的行为文化、中层的制度文化和核心层的精神文化。商业银行服务文化具有四种功能：导向功能、约束功能、激励功能和凝聚功能。

（3）商业银行服务文化理念是指商业银行在为客户提供服务的过程中，所有指导服务的思想、观念、概念与规则的总称。商业银行服务文化应该具有鲜明的人性化特征，体现的是人与人之间的关系，因而应突出"以人为本"的服务文化理念，把服务文化建立在对人的尊重、关心、理解、爱护和帮助的基础上。

（4）商业银行服务文化的培育包括以下步骤：分析和规划、组织与实施。商业银行服务文化传播策略主要有以下几种：说服式策略、合围式策略、渗透式策略、情感沟通式策略。商业银行服务文化的传播途径有活动传播、事件传播、新闻传播、网络传播。

项目实训

实训一　服务文化认知

1. 实训内容：认识服务文化。
2. 实训目的：认识服务文化。
3. 实训素材：事先收集好的银行资料。
4. 实训场所：校内教室或室外。
5. 实训步骤：

（1）每位学生利用10天时间通过各种途径收集某一家银行的宣传资料；

（2）学生多次去该银行观察体会其服务文化，总结该银行的服务水平，写出自己的心得体会；
（3）教师进行总结和点评。

实训二　感知服务文化传播途径

1. 实训内容：认识各种服务文化传播途径。
2. 实训目的：对服务文化的传播途径有初步的了解。
3. 实训素材：事先收集好的银行资料。
4. 实训场所：校园教室或室外。
5. 实训步骤：

（1）学生通过各种渠道提前收集某家商业银行的营销策略（如平面广告牌、电视广告、网络宣传等），对该银行的各种营销策略进行分析，并结合现状评价该银行营销策略的实际效果，作出评价报告；
（2）教师进行总结和点评。

项目自测

一、单选题

1. 商业银行企业文化的灵魂和核心是（　　）。
　　A. 产品　　　　　　B. 服务　　　　　　C. 员工　　　　　　D. 利润
2. 商业银行服务文化应突出（　　）的服务文化理念，把服务文化建立在对人的尊重、关心、理解、爱护和帮助的基础上。
　　A. 客户至上　　　　B. 诚信至上　　　　C. 真情贴心　　　　D. 以人为本

二、多选题

1. 商业银行服务文化由多个层面构成，分别是（　　）。
　　A. 物质文化　　　　B. 行为文化　　　　C. 制度文化　　　　D. 精神文化
2. 商业银行服务文化的特征包括参与主体的多样性和（　　）等。
　　A. 服务文化的互动性　　　　　　　　B. 服务文化的差异性
　　C. 服务文化的延展性　　　　　　　　D. 服务文化的适应性
3. 商业银行服务文化具有（　　）功能。
　　A. 导向功能　　　　B. 约束功能　　　　C. 激励功能　　　　D. 凝聚功能
4. 商业银行服务文化建设的条件包括（　　）。
　　A. 制定服务战略　　　　　　　　　　B. 优化组织结构
　　C. 强化领导者及管理者的职责　　　　D. 强化服务培训工程

三、判断题

1. 服务文化作为一种现代管理科学理论，其实质是一种以经营管理为载体的企业经营性、竞争性文化，是企业的经营竞争哲学。（　　）
2. 商业银行在具体开展服务文化时不需要考虑面向客户的差别。（　　）
3. 商业银行服务文化的传播是指商业银行综合协调使用各种形式的传播方式，以统一的目标和统一的传播形象，传递一致的产品信息，实现与客户的单向沟通。（　　）
4. 说服式策略适用于专业性弱、关注度低的产品传播。（　　）
5. 2008年中国银行参与北京奥运会是典型的事件传播。（　　）

四、简答题

1. 商业银行服务文化的内涵是什么？
2. 商业银行服务文化有哪些功能？
3. 商业银行服务文化传播的策略有哪些？
4. 商业银行服务文化传播的途径有哪些？

推荐阅读

1. 宋炳方著，经济管理出版社出版的《银行客户经理培训教程》。
2. 满玉华著，中国人民大学出版社出版的《商业银行客户经理》。
3. 孙建林著，中国金融出版社出版的《优秀信贷客户经理》。

参考文献

1. 宋炳方. 银行客户经理培训教程 [M]. 北京: 经济管理出版社, 2006.
2. 满玉华. 商业银行客户经理 [M]. 北京: 中国人民大学出版社, 2009.
3. 孙建林. 优秀信贷客户经理 [M]. 北京: 中国金融出版社, 2009.
4. 杨明生. 商业银行客户经理必读 [M]. 北京: 中国金融出版社, 2003.
5. 万仁礼等. 现代商业银行客户经理 [M]. 北京: 中国金融出版社, 2004.
6. [日] 野口吉昭. 客户关系管理实施流程 [M]. 杨鸿儒译. 北京: 机械工业出版社, 2003.
7. 戴相龙. 商业银行经营管理 [M]. 北京: 中国金融出版社, 1992.
8. 藏景范. 金融安全论 [M]. 北京: 中国金融出版社, 2001.
9. 王卫东. 现代银行全面风险管理 [M]. 北京: 经济科学出版社, 2001.
10. 张丽华. 商业银行经营管理 [M]. 北京: 经济科学出版社, 2002.
11. 巴伦一. 香港银行客户经理制 [M]. 北京: 华夏文化艺术出版社, 2001.
12. 宋炳方. 银行客户培育与维护 [M]. 北京: 经济管理出版社, 2002.
13. 万后芬. 金融营销学 [M]. 北京: 中国金融出版社, 2004.
14. 孙国辉, 王海姝. 商业银行战略营销 [M]. 济南: 山东人民出版社, 2003.
15. 商世文等. 商业银行差异化营销 [M]. 上海: 上海译文出版社, 2003.
16. 菲利浦·科特勒. 营销管理 [M]. 北京: 中国人民大学出版社, 2001.
17. 陆剑清. 金融营销管理 [M]. 上海: 立信会计出版社, 2002.
18. 陈私贵. 现代商业银行业务创新 [M]. 成都: 西南财经大学出版社, 2000.
19. 刘忠燕等. 商业银行营销管理学 [M]. 北京: 中国金融出版社, 2002.
20. 沈蕾等. 金融服务营销 [M]. 上海: 上海财经大学出版社, 2003.
21. 武捷思. 中国国有商业银行行为研究 [M]. 中国金融出版社, 1996.
22. 洪珍玲, 蒋兆岗. 现代商业银行营销概论 [M]. 中国经济出版社, 1998.
23. 刘红, 徐筱凤. 美国金融面面观 [M]. 学林出版社, 1995.
24. 多米尼克·卡瑟利. 挑战风险 [M]. 商务印书馆, 1997.
25. 李青. 营销绩效评估实操 [M]. 广东经济出版社, 2001.
26. [美] 罗伯特. 营销与规划 [M]. 机械工业出版社, 2000.
27. 郑学益. 营销新世纪与思想对话 [M]. 北京大学出版社, 1999.
28. [美] 丹尼斯. 内部营销 [M]. 机械工业出版社, 2002.
29. 吴佐夫. 品牌营销 [M]. 中国华侨出版社, 2002.
30. 庄毓敏. 商业银行业务与经营 [M]. 中国人民大学出版社, 2000.
31. 彼得·K. 奥本海姆. 跨国银行业务 [M]. 中国计划出版社, 2003